U0535288

除了野蛮国家，整个世界都被书统治着。

司母戊工作室

拓荒的夏娃

21位改变英国历史的杰出女性

A History Of Britain In 21 Women

[英] 珍妮·默里 著
Jenni Murray

周颖 李博婷 译

人民东方出版传媒
东方出版社

图书在版编目（CIP）数据

拓荒的夏娃：21位改变英国历史的杰出女性/（英）珍妮·默里著；周颖，李博婷译. —北京：东方出版社，2018.7
书名原文：A History of Britain in 21 Women
ISBN 978-7-5207-0520-2

Ⅰ.①拓… Ⅱ.①珍… ②周… ③李… Ⅲ.①女性—传记—英国 Ⅳ.① K835.618.5

中国版本图书馆 CIP 数据核字（2018）第 177002 号

A HISTORY OF BRITAIN IN 21 WOMEN: A PERSONAL SELECTION
By JENNI MURRAY
Copyright: © Jenni Murray 2016
This edition arranged with BARBARA LEVY LITERARY AGENCY
through Big Apple Agency, Inc., Labuan, Malaysia.
Simplified Chinese edition copyright:
2018 People's Oriental Publishing & Media Co.,Ltd（Oriental Press）
All rights reserved.

版权合同登记号：01-2018-4051

拓荒的夏娃：21位改变英国历史的杰出女性
（TUO HUANG DE XIA WA：21 WEI GAI BIAN YING GUO LI SHI DE JIE CHU NÜ XING）

作　　者	（英）珍妮·默里
译　　者	周　颖　李博婷
责任编辑	黄珊珊
出　　版	东方出版社
发　　行	人民东方出版传媒有限公司
地　　址	北京市东城区东四十条113号
邮政编码	100007
印　　刷	北京联兴盛业印刷股份有限公司
版　　次	2018年11月第1版
印　　次	2018年11月第1次印刷
开　　本	855毫米×1092毫米　1/32
印　　张	10.75
字　　数	220千字
书　　号	ISBN 978-7-5207-0520-2
定　　价	52.00元
发行电话	（010）85924663　85924644　85924641

版权所有，违者必究
如有印装质量问题，我社负责调换，请拨打电话：（010）84086980-823

推荐语

这本书来得正是时候，它提示我们，个人史往往就是一部政治史，古今皆然……从博阿迪西娅到以其名字命名月亮环形山的卡罗琳·赫谢尔，从计算机先驱埃达·洛夫莱斯到艺术家格温·约翰再到政治家玛格丽特·撒切尔，珍妮·默里遴选21位改变世界的女性，以她独有的智慧、激情与敏锐目光讲述她们非凡的故事。她是一位完美的向导，让我们透过伟大女性的生平亲近英国历史——这样的启示，正如她在书中指出，我们急迫需要，不论是在从前，还是在21世纪的当下。

——海伦·卡斯托（Helen Castor）

这本有趣、长见识、研究深入的书深深吸引了我。书中许多女性，我只知其名，却不知其事，借珍妮·默里温暖而精彩的文笔读到她们的故事，真是奇妙的阅读体验。妙趣横生、令人愉悦、学识渊博！

——畅销书《阿基坦的埃丽诺三部曲》作者伊丽莎白·查特维克（Elizabeth Chadwick, bestselling author of *the Eleanor of Aquitaine trilogy*）

访昔日之英才而知往昔，仿佛她们是同处一室的朋友，我想不出还有哪种方式比这个更有吸引力。这是珍妮·默里赠予我们的礼物，一份相当珍贵的厚礼，因为这些英才全是女性。假如每个国家都有人来写一册这样的书，也许学者们最终不得不承认历史与往昔是两个概念——它们压根不是一回事。

——格洛丽亚·斯泰纳姆（Gloria Steinem）

珍妮·默里邀我们参加她举办的杰出女性盛宴：女王、艺术家、作家、音乐家、科学家、政治活动家都会集于此，群贤毕至，济济一堂。所有人都生机盎然，各自携着才华来赴宴，自信的南希·阿斯特紧挨着害羞的格温·约翰，范妮·伯尼向英国女医生先驱伊丽莎白·加雷特·安德森讲述她无比痛苦的乳房切除术。作为主持人，珍妮堪称无与伦比，她给予客人尽情展现的空间，让她们讲述自己或卓越或奇特的故事，与此同时，她巧妙地添入自己相当成功的一生中所经历的逸事：少女时期如何渴望玛丽·奎恩特那样引发"性别地震"的装扮，采访铁娘子玛格丽特·撒切尔之前如何感到恐惧不安。这不是一个封闭的小圈子事件，此书邀请我们所有人加入。一场不容错过的盛会！

——珍妮特·托德，阿伯丁大学荣休教授，著有《死亡与少女：范妮·沃斯通克拉夫特与雪莱的圈子》（Janet Todd, professor emerita, University of Aberdeen, and author of *Death and the Maidens: Fanny Wollstonecraft and the Shelley Circle*）

此书的问世恰逢其时，给读者提供了一个看待英国史的新视角，而默里讲述女性故事驾轻就熟的本领和无人能及的丰富经验更使本书熠熠生辉。她所描绘的 21 帧画像，不论赫赫有名还是鲜为人知，均受益于她那熔热情与质疑为一炉的风格。这风格标志着长期以来她对英国国民生活所做出的贡献。

——萨拉·格里斯特伍德（Sarah Gristwood）

《拓荒的夏娃：21位改变英国历史的杰出女性》让人难以释卷，无从忽视。富有传奇色彩的珍妮·默里为我们开启仍然活着的和早已故去的伟大人物的生平。作为一名经验老到的资深采访人，其声音贯穿始终，探查、质询却从不淹没由她精挑细选的话题。此书原为青年而作，却令所有人，不分年龄，不分性别，受益匪浅。

——沙米·查克拉巴蒂（Shami Chakrabarti）

"在一个反男权的时代,千万要切记,是男人制造飞机,浴血沙场,铺设铁轨,发明汽车,建设医院,发明药物,也是他们驾船扬帆,使这一切成为可能。"

——史蒂夫·比达尔夫(Steve Biddulph),《养育男孩》(*Raising Boys*)

"一派胡言!"

——珍妮·默里(Jenni Murray)

21位改变英国历史的杰出女性

03 阿芙拉·贝恩
035

04 卡罗琳·赫谢尔
049

05 范妮·伯尼
061

09 玛丽·西科尔
125

10 埃达·洛夫莱斯
137

11 伊丽莎白·加雷特·安德森
147

15 康斯坦丝·马克维奇
203

16 格温·约翰
213

17 南希·阿斯特
223

21 妮克拉·斯特金
273

后记 282

致谢 286

译者随笔一 不止21
287

译者随笔二 女亦英雄
313

目 录

02 伊丽莎白一世 *017*	*01* 博阿迪西娅 *005*	导论 *001*
08 玛丽·萨默维尔 *113*	*07* 简·奥斯丁 *099*	*06* 玛丽·沃斯通克拉夫特 *081*
14 伊瑟·史密斯 *191*	*13* 艾米琳·潘克赫斯特 *173*	*12* 米莉森特·加雷特·福西特 *159*
20 玛丽·奎恩特 *263*	*19* 玛格丽特·撒切尔 *249*	*18* 芭芭拉·卡索 *235*

导 论

"整个世界的历史,就是一部伟男子的传记。"说这话的是托马斯·卡莱尔(Thomas Carlyle),时间在1840年前后。作为20世纪五六十年代成长起来的女孩,我几乎就是被他这套哲学灌输着长大的,而且信以为真。没错,我3岁的时候见过女王加冕,可是大人告诉我,她并不握有实权。她的职责就是看上去可敬可爱、优雅迷人,延续这个国家以国王或女王为名义元首的传统。

有权有势,掌控我们的生命,在政治上运筹帷幄,规定我们的肉体与精神生命该如何度过的,是男人。女人的本分就是学做贤妻良母,烹饪洒扫、滋养家人,受一点教育,以便恪尽母职,养育后代。

正是教育使我逐渐意识到社会对于女人的期望并不合理。当我就读于巴恩斯利一所优秀的女中时,我发现也有女性曾经影响历史进程,于是对女性空间仅限于家庭的论断产生了怀疑。有几位女性引起了我的注意,她们激励着还在求学时期的我。

同父母去伦敦旅游,让我初次接触到几位著名女士的雕像,这样的人物即使在今天也是凤毛麟角。大学则有点形同荒漠:主修法语和戏剧3年,居然没有人跟我提起阿芙拉·贝恩(Aphra Behn),靠写剧本赚钱谋生的第一个女性,也没有人告诉我，西蒙·德·波伏娃（Simone de Beauvoir）的每一篇文字堪与其情人让-保罗·萨特（Jean-Paul Sartre）的作品媲美，一样铿锵有力、掷地有声。

随着我日渐成熟并在BBC电台多年主持第四频道的《女性时间》（*Woman's Hour*）栏目，随着妇女运动开始注重挖掘更丰富的女性历史，我接触到其他一些我闻所未闻的杰出女性，我终于判定，卡莱尔所谓"世界史乃大丈夫传记"的说法是一个错得不能再错的论断。

有成千上万的女性影响过英国历史，本书只涵盖其中一小部分，但我选择了她们。正是她们，促成了我自幼年到今天的觉醒，使我意识到成为一个女人，要做的不仅仅是让身边的男人过得更舒服。用一个现在比较老套的说法，她们是我的"榜样"，我希望——我想无须为此感到抱歉——这些励志人物的生命得到传扬。

我的书必然有明显的遗漏。譬如，有人问我：为何避而不谈玛丽·斯托普斯（Marie Stopes）？她的《婚后之爱》（*Married Love*）是第一本在行房与避孕上给读者以忠告的书。尽管她热衷于行善，我仍然没有办法原谅她对种族优生学的兴趣。还有人问：为何只重点介绍一位女王即伊丽莎白一世？理由是，自十来岁起，我就痴迷于这位女王。她也许生来就适合当女王，然而她登上王位的过程既漫长又艰苦。她先后听命于异母弟爱德华（Edward）、不幸的简·格雷夫人（Lady Jane Grey）、异母姊玛丽（Mary Tudor），还要给危险的亨利八世（Henry VIII）这位动辄要把激怒他的人送上断头台（包括她亲生母亲在内）的君王当女儿，故而，恐怕没有人比伊丽莎白的童年和少女时代经受更多的困难与风险。

当然，维多利亚女王（Queen Victoria）主宰了英帝国的扩张，伊丽莎白二世（Elizabeth II）延续了英联邦的统一。她已成为英国有史以来在位时间最长的君主，精力旺盛，刚毅坚忍，卓尔不群。当我在电视上看到她以90岁的高龄，一边骑着马，一边神色和婉地同陪侍一旁的侍从官款款而谈，我相信再没有哪个场景比这一幕更令我印象深刻。她比我年长24岁，到了她那个年纪，我是否还能上马都值得怀疑，甭说轻松舒坦地待在马上了。对于她，我唯有"敬重"二字。然而，引发我主要兴趣的，是这样一些女性：她们对世界发生影响，不是因为世袭了某种身份，而是因为她们尽管家境平凡或身为女性，却能反抗偏见并最终破除偏见。

2015年11月，有人提议将女权主义从高级程度考试①的政治学大纲中删除。妇女争取选举权运动也被压缩成一节，并入"压力团体"。只有一位女性政治家的名字被允许提及，即18世纪的女权主义者玛丽·沃斯通克拉夫特。所以，尽管人们普遍认为21世纪的女性已经彻底实现机会的均等，然而，直至今日，仍然有人认为那些筚路蓝缕的先行者，那些在男权主导的社会劈波斩浪的女性，其故事毫无讲述的必要，无须纳入课程大纲。

我的一个儿子把学校发给他的"20世纪英国史"高级课程的课本拿回家，我记得当时我很愤怒。"妈妈，"他说，"我认为这没有道理。这本书除了有半页讲到妇女争取选举权运动，其余再也没有一处提及任何女性。"好吧，他是我

---

① A-level，即 Advanced level，英格兰和威尔士中学生通常在18岁参加的高级程度考试。本书原文无注，所有注释均为译者添加。

的儿子。伴他成长的妈妈保证儿子首先要明白，家务和育儿不单是女人和女孩的事，而是每个家庭成员应该分担的职责，将来他们成年后要找的另一半，很可能同他们一样成为律师、兽医或记者。

我还教给他们——他们也许认为我过于喋喋不休——女性为了争取选举权，为了进入大学念书，成为医生、工程师、航天员、飞行员、火箭专家、艺术家、作曲家，为了实现男孩怀抱的长久以来被认为不适合女孩的一切雄心壮志，进行了多么艰苦卓绝的抗争。并不是每一个男孩或女孩有机会在家中学到这些，但关键是每一个人，不论男女，都应该知道，性别歧视在我们今天这个时代绝无容身之地。

让我们把卡莱尔彻底过时的观点抛到一旁，让所有孩子都认识到世界史是由伟大的男人与女人合力创造的。至于女性面临的偏见，坦白说，仍然会在一段时间内持续，尽管女权主义运动在持续壮大。这意味着我们要加倍努力，锲而不舍，才能达到目的。本书讲述的 21 位女性，超越了社会对于女性的期望，也给那些坚称"女孩这也不行那也不行"的人一记狠狠的回击。通过几个世纪缓慢而逐步的努力，她们为我们后来者重新绘制了性别图景。52% 的人口撑起半边天，终成现实！

01

A History Of Britain In 21 Women

罗马暴政的反抗者

博阿迪西娅

Boadicea

生年不详——60/61

"他们鄙视我们的部落,
称我们不列颠人为野蛮族类。
我哀求的时候,他们可曾聆听,
可曾有半点的怜悯?
难道要我怜惜他们的痛苦?
容许被他们的哀求打动?"
　　——丁尼生为博阿迪西娅代言

我坚持用博阿迪西娅这个名字，因为小时候老师就是这么教我的。现在更时髦的称呼是布狄卡，可在我看来，布狄卡念起来远没有博阿迪西娅好听。究竟如何称呼才算正确，一直存在争议。1577年问世的《霍林斯赫德编年史》(*Holinshed's Chronicles*)，将她唤作沃尔迪西娅。而埃德蒙·斯宾塞（Edmund Spenser）在史诗《仙后》(*The Faerie Queene*)第二卷称她为邦杜卡。当代小说家曼达·斯科特（Manda Scott）关于爱西尼女王（Iceni Queen）的系列小说中，给她安的名字是布雷卡·妮可·格兰妮，突出她作为部落女祭司执掌行巫与占卜的角色。我没有找到斯科特的材料来源，不过似有证据表明，博阿迪西娅曾将一只野兔藏于袍下，然后撒手，根据其逃跑踪迹来卜测吉凶。

博阿迪西娅这个名字是在19世纪流行起来的，有可能源自中世纪以降对塔西佗（Tacitus）的误译。这位罗马历史学家兼同时代记录员是我们了解博阿迪西娅的主要信息来源。他称她为布狄卡，所以我猜想，严格来讲布狄卡才是正确的称呼。

不过在我这里,她永远是博阿迪西娅,因为我在10岁的时候偶然遇见她,然后成为第一个催我觉醒的女性:正是她让我意识到,对于在20世纪50年代出生的女孩,社会给她规定的前程——甜美、温驯、随和、娇柔——并非牢不可破的铁律。

父母头一回领我参观伦敦,进行为期一周的首都风光游。白金汉宫、议会大厦、西敏寺、国家美术馆——每个景点我们都逛遍了,可是,父亲骄傲地指着那一排排没完没了的雕塑,向我介绍"真正伟大的历史人物",把我弄得有点心烦。这些雕塑包括霍雷肖·纳尔逊(Horatio Nelson)、奥利弗·克伦威尔(Oliver Cromwell)、查理一世(King Charles I)、公爵甲、公爵乙……忽然,泰晤士河畔,西敏寺桥的东北角,大本钟投下的阴影里,某种性质迥然不同的东西赫然出现。

《博阿迪西娅与女儿们》(*Boadicea and Her Daughters*)在我面前升起,宛如天启一般。她正驾驭着马车。车轮两边伸出致命的刀片。身躯庞大的马腾空后仰,它们完全在她的掌控之下。对于马,我倒是略知一二。我爷爷在一战末期当过列兵,同曾为蹄铁匠、负责照管矿上驮煤小马的煤矿工友一起参的军。他们加入皇家骑炮兵团,却从未真枪实弹地打过仗,因为被征入伍已经是1918年,而且据我所知,他们俩的整个行伍生涯就是绕着伦敦的公园与练兵场纵马疾驰。

我两岁的时候,正赶上机械运输代替马力运输,爷爷战友的女儿趁机利用自煤矿退役的驮煤小马开办了一家骑术学校。爷爷把他对马的一腔热情灌入我的血脉,于是我自幼开始学习骑马。博阿迪西娅那两匹由托马斯·桑尼克罗夫特(Thomas Thornycroft)操刀雕刻的骏马,正是我梦寐以求的。而我梦中的博阿迪西娅，也正是这副模样。

她站在那里，头戴皇冠，双臂高举，右手紧握长矛，怒目而视，傲骨铮铮，两个女儿在她身后，随时准备与母亲一同迎接罗马铁军的挑战，保卫她的领土。她是"女王战士"，是英国反抗外来侵略的象征。要她吞下耻辱，乖乖顺从，那可办不到。

这尊雕塑，原本是桑尼克罗夫特受维多利亚女王之夫阿尔伯特亲王（Prince Albert）的委托而创作的。但是，作品一直延至1905年方告完成，此时距女王驾崩已有4年，离亲王薨逝亦逾40年。博阿迪西娅在维多利亚女王统治时期成为受欢迎的历史人物。Boadicea，词根为"Bouda"，据说原有"胜利"之意，而维多利亚女王的名字"Victoria"也代表"胜利"，故而两位女王之间明显有一层紧密的联系。

可是，两人的形象却判若云泥。维多利亚主政期间，正是英国工业化和帝国扩张的时期。她的九个孩子纷纷与欧陆皇室联姻，为她赢得"欧洲祖母"的称号。她的画像和雕塑往往显得阴沉刻板，及至晚年则更呈现一个忧伤妇人的形象。

博阿迪西娅则不同，历代以来，她被刻画成一个强悍、愤怒的战士：身材高大，一头红色的长发随风舞动，决意以牙还牙，狠狠报复曾经以骇人听闻的手段对待她和女儿的罗马人，并且铁了心要从他们手里讨回她的土地和人民。

维多利亚女王治下的桂冠诗人艾尔弗雷德·丁尼生勋爵（Alfred Lord Tennyson）1865年根据罗马历史学家塔西佗的记述，写成诗歌《博阿迪西娅》（*Boädicéa*）。塔西佗生于51年，卒于117年，博阿迪西娅发动起义的年代，他恰好在英国居住。其岳父阿格里科拉在罗马军中服役，效力于总督苏埃托尼乌斯·保利努斯，故而这个版本很可能是亲历者的历史，尽管是罗马人的立场。丁尼生倚重塔西佗的描述，却用了英国人的爱国主义视角。

  东边的尽头，博阿迪西娅站在高高的战车上，
  狂怒中愤慨陈词，滔滔不绝，搅得群情汹汹，
  周围是半数的不列颠部落，靠近移民地卡木洛杜努姆，
  她在两个女儿中间，冲着狂热的盟军尖叫、怒吼。
  他们鄙视我们的部落，称我们不列颠人为野蛮族类。
  我哀求的时候，他们可曾聆听，可曾有半点的怜悯？
  难道要我怜惜他们的痛苦？容许被他们的哀求打动？
  听着！爱西尼人、卡提奥克尼人、科里塔尼人、特里诺邦人！
  难道让他们掠夺成性的鹰喙与利爪将我们摧毁？
  让他们撕扯不列颠人高尚的心，任由它血淋淋地颤动？
  回答我，不列颠的鹞鹰们！厉声啼叫吧，聚成黑压压一片，
  围绕罗马人这具腐尸，将它啃啮成一副骨架，

让来自旷野的鸢与小隼、狼与狼崽们在它上面打滚,

　　直到贝尔人的面容生辉,直到塔拉尼斯人的怒火平息。

　　看哪,卡木洛杜努姆,他们的移民地,防范并不严密!

　　那儿,成群的罗马强盗正嘲弄他们野蛮的对手。

　　成窝的罗马骗子正朝拜一个饕餮的白痴皇帝。

　　这就是罗马,这就是她的神明:听听吧,卡西维拉的神灵!

　　真够生猛彪悍的!而在塔西佗与稍晚一些的罗马历史学家卡修斯·狄奥(Cassius Dio,150—235)的笔下,博阿迪西娅的故事真是相当恐怖。她早年生活不详,生于何年,亦无记录,但她出身爱西尼部落(今诺福克地区)的贵族家庭,这一点却众所公认。

　　曼达·斯科特以博阿迪西娅生平为蓝本创作的当代小说中,布雷卡·妮可·格兰妮成长于其中的凯尔特部落是一个相当宁静的世界,男女享有平等权利。斯科特写她自小谙习兵器,男孩和女孩在将来的部落事务中有可能共担职责,因而均被授予防身之道。

　　博阿迪西娅嫁给爱西尼国王普拉苏塔古斯。罗马皇帝克劳狄乌斯(Emperor Claudius)入侵不列颠,致使他们在公元43年左右遭遇罗马人,其领土与财富因而受到威胁。普拉苏塔古斯与罗马统治者之间达成一个协定,他被允准保留

土地和财物，但条件是做罗马的藩王。据塔西佗讲述，普拉苏塔古斯在遗嘱中将王国的一半留给博阿迪西娅与两个女儿，另一半赠予罗马皇帝。

这个安排却不符合罗马人的规矩。罗马社会的女性不享有财产所有权与继承权。他们也许给我们留下了笔直的马路、温泉浴场、漂亮的马赛克壁画，但同时也摧毁了对于不列颠部落女子而言极为重要的社会机制——平等。普拉苏塔古斯于公元60年去世，罗马人拒不尊重其遗愿。博阿迪西娅要求行使自己权力的意愿也遭恶意拒绝。她的王国惨遭罗马军队洗劫，财产被没收，两个女儿被蹂躏，她自己被鞭打，臣民则被赶出家园与农场。

博阿迪西娅这时的容貌与个性分别引起了塔西佗和后来狄奥的注意。塔西佗向我们通报，她"身材高大，黄褐色的头发垂及腰部，一副粗嘎的嗓音，一双喷射怒火的眼睛"。狄奥则告诉我们，她"拥有比寻常女人更多的智慧"。听上去很令人窝火！描绘一个聪明、强有力、能言善辩的女子，这是司空见惯的伎俩，在今天也依然常见。

趁罗马总督苏埃托尼乌斯忙于威尔士的战役不在指挥现场的机会，怒火中烧、复仇心切的博阿迪西娅启动起义计划，要为她和女儿在罗马人手里遭受的令人发指的折磨找回公道。她召集自己领导的爱西尼部落以及以埃塞克斯（今科尔切斯特地区）为基地的特里诺方特部落。约有8000人响应号令，公元60年，她被推选为起义军领袖。有着清晰战略意识的她选择罗马人力量最薄弱、主要兵力被牵制在威尔士的时机发动进攻。

塔西佗描述，博阿迪西娅在战车上向军队发表演说，两个女儿侍立一旁。她说，她不是以贵族血统的妇人身份，讨回她被掠夺的财富，而是以普通子民的身份，讨回她被剥夺的自由，要为她被毒打的身体，为女儿被玷污的贞节报仇。不成功便成仁，这是她一个女人的决心。如果男人们想苟全性命，甘受奴役，那是他们的选择。

狄奥报告的内容相仿，记录时间则比塔西佗晚许多。他补充道，女王强调不列颠人乃一特殊民族，因海洋之故自成一体，不受异族影响，在罗马人入侵之前，他们享有别处闻所未闻的自由。

首轮攻击的目标是科尔切斯特。考古证据表明，破坏是有条不紊照计划进行的。罗马第九军团被彻底摧毁。城市被付之一炬，考古学家发现了厚厚一层博阿迪西娅烧城时期的红烟煤。在今天科尔切斯特高街的乔治酒店，透过其地下室一方玻璃窗格，可以看见烧过的红黏土形成的一个洞。

起义蔓延至伦敦。那时伦敦还只是小规模的商人定居点。起义军将它夷为平地，复将未能撤离此城的人尽数屠杀。考古研究再次显示有大火焚城的痕迹：厚厚一层红色粉尘，同科尔切斯特发现的烟煤很像，还有公元60年以前的银币与陶器。

接下来被焚为平地的罗马定居点是圣奥尔本斯，然后是维路拉米乌姆。据塔西佗描述，起义军专挑"可以夺取最丰富的战利品且不易防守的地点"进行攻击。他也描写攻击如何残忍，博阿迪西娅的军队如何坚信复仇的正当、坚信自己会赢得最后的胜利。"他们对胜利抱有如此坚定的信念，竟把妻子带来观看，并且把她们安置在战场边的马车上。"他还称不列颠人的队伍有一半以上是女人。

不列颠人报复之残忍无情，塔西佗工笔细描，不吝笔墨。惨遭屠戮的罗马人有七八万，他说，不列颠人对收容战俘、贩俘为奴毫无兴趣，一心只想绞死、烧死、杀死敌人。狄奥对屠杀的细节有更生动的描述："他们一边献祭、宴饮、作乐，一边将最高贵的女士们钉在长钉上，割下其双乳，缝到其嘴唇上。"

博阿迪西娅虽有人数优势，但要挫败苏埃托尼乌斯·保利努斯领导的有准备有秩序的复仇，却显然不太可能。双方在中部某地遭遇。保利努斯集结十万人的军队，在他选定的战场将不列颠人诱入一场血腥的战斗。结果罗马人轻易取胜。据塔西佗形容，不列颠人战死八万，而罗马军团只有四百人阵亡，少数人负伤。

博阿迪西娅最终如何死去，历史学家对这个问题争执不下。最早描述这段历史的塔西佗的《编年史》，认为她是战败后服毒自尽。狄奥的著作写于一个世纪后，宣称她的队伍达23万之众，决战的结果也并非不列颠人被悉数屠杀，而是双方几乎势均力敌。他还说许多不列颠人成功逃生，正准备重新集结，女王却生病离世。

狄奥写道："不列颠人深切悼念他们的女王，给她安排隆重的葬礼。但是，意识到自己最终是吃了败仗，他们星散而去，各自回家。"谁知道究竟发生了什么？科尔切斯特与伦敦城被焚的确是证据确凿，然而，博阿迪西娅的军队乃至女王战士本人的遗骸究竟埋在何处，却几乎没有实在的凭据。2010年的考古调查使人们相信，她应该是率领军队在圣奥尔本斯北部移动，准备迎击朝这个小镇推进的罗马步兵，最后在诺桑普顿郡的岩石教堂被击败的。

我们仅有的历史文献，由罗马人写成，尤其塔西佗的版本，由于他身为见证人并且是保利努斯手下军士的亲戚，很可能含有一定宣传的色彩。几个世纪以来，博阿迪西娅已被刻画和书写为民族英雄，然而关于她的史实却匮乏得很。

考古学家在诺福克郡塞特福德镇郊区发现了位于东英吉利地区的爱西尼部落的首都。最早的考古发现将这块区域命名为"布狄卡宫殿"。现在它虽然被称为布狄卡圣所而非布狄卡宫殿，但塞特福德无疑在爱西尼部落的历史中占有重要地位。这里的古屋博物馆藏有一批武器，被认为是罗马人对她的反抗实施报复性打击的证据。

其他文献也提到类似地点，虽然能证实的可能性更小。16世纪的英国史《霍林斯赫德编年史》说她生于诺森比亚，曾经火烧唐克斯特城。苏格兰有一部编年史称她来自福尔柯克。1614年，约翰·弗莱彻（John Fletcher）写成题为《邦杜卡》（*Bonduca*）的戏剧，在她周围布满祭司（传说巨石阵乃女王之坟墓），将她刻画为一名女巫，一个最令人讨厌的女人。

并非人人都敬爱、仰慕她。有一位6世纪的不列颠作家，名叫吉尔达斯，出身贵族，其家庭曾经受益于罗马人的占领。他将博阿迪西娅形容为"一头背叛的母狮，杀害那些留在原处为罗马统治辩护的治理者"。从这类描述可以推想他的偏见。

关于她的墓葬地，也是众说纷纭。有说在巨石阵的，有说在伦敦国会山平野的，还有说在弗林特郡戈普山的。戈普山的居民称亲眼见过博阿迪西娅的幽灵驾驭战车。甚至有人讲她被葬在国王十字车站9号与10号站台之间，这恐怕是最奇葩的说法。临近国王十字车站，原有一条弗利特河，河上有一座战争桥,博阿迪西娅与罗马人的决战一度被认为是在这座桥附近展开的。没有史料可以支撑这个观点。

不管其死亡真相是什么,这个女人在历史上一定存在过,这一点毫无疑问。维多利亚女王、阿尔伯特亲王以及当时的首相格莱斯顿①,都支持桑尼克罗夫特创作一尊杰出的雕塑。我也举双手赞成。维多利亚女王形容罗马人虐待她先辈的行径"不可容忍",一直心心念念要隆重纪念。这尊纪念雕塑如今仍矗立于泰晤士河边,但是被对岸的伦敦眼(London Eye)多少抢去了一些光彩。在雕塑旁边,有一家兜售纪念品的货亭,还有一个快餐台,我不免怀疑,她身边熙熙攘攘经过的游客们是否知道她是谁。

博阿迪西娅提醒我们,古代英国曾经有一段时间,男人和女人对权力、财产权与继承权享有同等权利;女人可以拿起武器反抗侮辱她与她女儿的男人,也可以同男人并肩作战,共同捍卫权利,护佑国家。对于这样一位女性,我们理应予以褒扬,予以更多的尊重。

博阿迪西娅被更强大的罗马人打败,在她死后,罗马人继续统治不列颠达350年。他们在岛上遍设堡垒,以防"野蛮人"再次反叛。但是,据说他们在见识了博阿迪西娅的反抗精神后,对不列颠原住民的尊敬大大增加。可我多么希望她赢得胜利。假如我们继承的性政治是凯尔特部落而非罗马人的,英国两性之间的关系也许会是另一番迥然不同的面貌。

---

① 威廉·尤尔特·格莱斯顿(William Ewart Gladstone, 1809—1898):英国政治家,曾作为自由党人四次出任英国首相。

02

A History Of Britain In 21 Women

英国历史上最伟大的君王

伊丽莎白一世

Queen Elizabeth I

1533—1603，1558—1603 年在位

"这张脸,我承认,或许羞于露面,
但含藏于这副头脑的思想,
我绝不羞于展现。"
　　——伊丽莎白 1549 年致兄弟爱德华六世

每当有人请我列一个清单，在众多历史人物中选几个我认为"头等重要的女性"①，在我的名单里名列榜首的永远是伊丽莎白一世。我有海量的问题想问问这位杰出的女子，这位英国史上公认的最伟大的君王。

譬如，亨利八世捕风捉影，以微不足道的证据将她母亲斩首，她如何能保持对父亲的尊敬？众所周知，亨利八世施予恩惠全凭心血来潮，对忤犯龙颜者则动辄囚入伦敦塔或斧钺相加，在这样一位父亲的统治下，童年时期还被当成私生子的她如何能做到迂回求生？她如何应对天主教—新教—天主教如此反复震荡的宗教情感？如何理解异母姊玛丽同西班牙国王的联姻？她是否真爱过罗伯特·达德利（Robert Dudley）？果真是处女之身吗？她怎样回避结婚与生子的压力？又怎样让自己的国家避免举债，维持长达45年的安定？

---

① "Top girls"，或许同1982年卡里尔·丘吉尔（Caryl Churchill）创作的同名戏剧相关。在这出戏的开场，女主人公马琳举办了一场晚宴，将历史上著名的女性人物请上她的餐桌。

伊丽莎白的诞生伴随着一系列宫廷动荡。亨利八世与兄长亚瑟的遗孀阿拉贡的凯瑟琳（Katherine of Aragon）结合24载，所生女儿玛丽活了下来，儿子亨利却只活了52天，其间还有数次流产与死产的痛苦经历。正当亨利心急如焚，迫切想得到一个男性继承人的时候，他遇上了安·博林（Anne Boleyn）。安很聪明，拒绝他上床的要求，坚持婚前不同房，使她平添亨利难以抵抗的魅力。

托马斯·克伦威尔（Thomas Cromwell）巧作安排，让亨利八世先与虔诚的天主教徒凯瑟琳王后离婚，再与安结婚。离婚将导致英格兰与罗马教廷一刀两断，促成英国国教的诞生，还将造成亨利一朝天主教徒与新教徒之间旷日经年甚至延续到玛丽与伊丽莎白两朝的密谋与冲突。如此费尽周折，安竟然又生了个女孩！神圣罗马皇帝驻英大使尤斯塔斯·乔比斯给皇帝的信中报告：新生儿的性别"让国王大失所望，王后自己也深感失望"。

听到婴儿被尊为伊丽莎白公主，异母姊玛丽宣称："我所知道的英国公主就我一人，没有第二个。"她从此嫉恨上伊丽莎白，一恨就是一辈子。

伊丽莎白才3岁，母亲就失去亨利的欢心。王后毫无诞下龙子的迹象，国王于是另结新欢，将注意力转向简·西摩（Jane Seymour）。他还伙同自己的密探罗织安不贞的罪名，指控她同好几个年轻人有染，甚至包括她自己的哥哥。1536年5月19日，安被送上断头台。同时，国王的两个女儿玛丽和伊丽莎白被宣布为私生子，尽管私生的污点日后被证明为无中生有，因为1544年出台的《嗣位法》（Succession Act）将她们同时列为亨利的继承人。显然，两个女孩对于要玩王室联姻游戏的亨利大有利用价值。一旦要与其他强权结盟，公主就成了宝贝。玛丽与伊丽莎白简直太有用了，她们的父亲哪会舍得把她们废弃呢！

亨利同简·西摩的婚姻很快开花结果，诞下男性继承人爱德华。可是，他出生没几天，其母就死于产褥热。他后来成为第一位作为新教徒培养的英国国王，但他执政仅有短暂的 6 年，而且被各种动荡和保护人之间的内讧搅得一团糟。1547 年，亨利逝世，爱德华继位，1553 年就患病去世，年仅 16 岁。在亨利八世的 6 个妻子中，爱德华的母亲是唯一享受国葬待遇的王后，也是她陪伴亨利长眠于温莎城堡的圣乔治礼拜堂。

伊丽莎白是个聪明迷人的小女孩，有一头遗传自父亲的红发，自小也作为新教徒养育，却从不当众流露宗教热情。她心向新教徒，因为只有他们才承认她父母的婚姻，认可她的合法性。1536 年，原本是皇家女仆的凯瑟琳·钱珀瑙恩，即后来的凯特·阿什莉，被任命为伊丽莎白的侍从女官。受过良好教育的凯特成为伊丽莎白的家庭教师，向她传授历史、地理、数学和各门语言。她还教授当时淑女必备的才艺：缝纫、刺绣和舞蹈。伊丽莎白后来盛赞凯特是一名优秀的老师，说她"养育我成人，授我以知识，教我以正直，呕心沥血，鞠躬尽瘁"。16 世纪 40 年代，凯特遂成为伊丽莎白家庭的一员。

迨凯特将生平所学倾囊相授，伊丽莎白又觅得威廉·格林德尔（William Grindal）做导师。格林德尔是那时最著名的教育学家罗杰·阿谢姆（Roger Ascham）的得意门生。两人均就学于当时被公认为执人文主义牛耳的学术中心——剑桥圣乔治学院。伊丽莎白已为将来做好充分准备,只是眼下她根本没有想到自己会有君临天下的那一天。但是,她十分清楚教育和智慧所具有的价值,这在她1549年写给兄弟的一封信中表达得很明白:"这张脸,我承认,或许羞于露面,但含藏于这副头脑的思想,我绝不羞于展现。"

年轻的公主与父亲保持距离的同时也维系着感情。他娶第六任妻子凯瑟琳·帕尔(Katherine Parr)的时候,发现帕尔竟同成长中的伊丽莎白结成同盟,两人都喜欢智力活动。亨利第四任妻子是克里维斯的安(Anne of Cleves),被抛弃被离婚,但保住了性命。第五任凯瑟琳·霍华德(Catherine Howard)因不贞被斩首。帕尔比亨利长命。后者于1547年驾崩,其时伊丽莎白年仅13岁。

帕尔聪慧睿智,受过良好教育。身为王太后的她掌管伊丽莎白的教育,1548年任命阿谢姆为公主的老师,接替已经辞世的格林德尔。阿谢姆如此评价学生:"论头脑,她毫无女性的弱点,论毅力,她可同男子比肩。"

她享有同王子一样的教育,学习修辞学、古典学、哲学、历史和神学。她也喜欢娱乐,热爱音乐和舞蹈,一直爱到生命的终结。她还有坚定的独立意识,被允准管理自己的家务,威廉·塞西尔(William Cecil)充任她的首席秘书兼顾问。他亦毕业于圣乔治学院,后成为伊丽莎白的国务大臣。

伊丽莎白在历史上一直享有童贞女王的声誉。我想,她之所以不愿忍受婚姻,不愿屈从于任何男子,不愿丧失权力和独立,或许有以下两重原因。

首先是父亲几任妻子的悲惨下场，包括其母亲及其他几位触怒龙颜者。诚然，她母亲被控通奸并被处死的时候，她年仅3岁，也没有迹象表明她与安的母女关系有多么亲密；然而，生母被处死，这个事实对一个成长中的女孩一定有深刻影响，而且，头脑敏锐也一定使她特别清醒地意识到，作为一个女人，她几乎没有可能选择自己的未来。未来可能意味着纯粹为政治利益而缔结的一场婚姻，意味着面临丈夫心血来潮时将她剪除的危险。

其次是父亲死后她住进其遗孀凯瑟琳·帕尔家的经历。据菲莉帕·格雷戈里（Philippa Gregory）的历史小说《王后驯服记》（*The Taming of the Queen*）所说，凯瑟琳狂热地爱上了海军大臣托马斯·西摩，国王爱德华六世的护国公爱德华·西摩之弟。两人在亨利死后迅速成婚，有议论说闪婚得有失体面。此前，西摩这个一心要往上攀爬的头号野心家曾经向伊丽莎白求婚，但遭到拒绝。不过，有证据显示，她虽然不愿嫁给他，却仍然为英俊的西摩所吸引。不单有关于"卧室嬉闹"的流言，还有凯瑟琳·帕尔有一次也参与其中的传闻。据凯特·阿什莉描述，帕尔曾将伊丽莎白按倒，而西摩把"她的衣裙铰了个粉碎"。

这些嬉闹发生的时候，伊丽莎白只有14岁。当然，在那个时代，女孩在这个年纪上谈婚论嫁甚至被期望完婚，也并非什么稀罕事儿。可是，伊丽莎白是否如宫廷流言所暗示，喜欢这样的调情嬉闹？我倾向于赞成历史学家大卫·斯塔基（David Starkey）的分析。他说，西摩的行为在今天会被认为是骚扰未成年人。伊丽莎白在面对他的挑逗的时候，我猜想她可能同今天十几岁少女怀有一样的恐惧。

西摩也许是一个长得漂亮的恶魔，但我疑心冷静、理智、极度独立的伊丽莎白是否会选择同她继母兼保护人的丈夫调情。1548年，凯瑟琳生下西摩的女儿，因产褥热而死，西摩居然又向伊丽莎白提出求婚。伊丽莎白再次拒绝。从她父亲和西摩身上，她得到一个教训：将自己整个交给你必须承诺爱、尊敬与服从的男人，恐怕不是什么高明的做法。

伊丽莎白人生中的下一个阶段，是她迈入成年必须经受的另一场考验。托马斯·西摩密谋取代兄长成为小外甥的护国公而遭到逮捕，他在疯狂的政变中竟射伤了爱德华王的爱犬。伊丽莎白与亲近随从均被怀疑参与谋反，接连几周不断接受审问。被囚伦敦塔的仆人交代她与西摩关系暧昧，并曝光其中细节。然而，15岁的伊丽莎白拒不承认与西摩有任何牵连："今日身首异处者机智风趣，却毫无判断力。"这是当继父兼追求者、骚扰者被处死时，她所做的冷静回应。

1553年，小国王驾崩，他让表亲简·格雷夫人继位的计划也告失败。玛丽·都铎加冕为女王。她迅速取缔爱德华在位期间颁布的一切宗教法令，主动接近罗马教廷寻求和解。据资料显示，伊丽莎白对宗教从未怀有特别的热忱，她表面服从玛丽的天主教，迁入赫特福德郡的阿什里奇。这是她所拥有的好几处房产中的一所。

随着玛丽实现与西班牙菲利普国王（Philip of Spain）的联姻计划，进一步强化天主教统治，她与伊丽莎白渐行渐远。1554年，伊丽莎白卷入一起旨在推翻天主教统治、以她取代玛丽的谋反事件。托马斯·怀亚特爵士的叛乱以失败告终，简·格雷夫人与丈夫横遭处决，而伊丽莎白再一次被关入伦敦塔，住进她母亲临死前住的房间。

伊丽莎白受到枢密院的盘问,她再一次凭借机智与口才替自己洗清了嫌疑。约翰·福克斯(John Foxe)讲述玛丽朝被处决的新教殉道士的史学著作就将伊丽莎白视为侥幸未被当成异教徒烧死于火刑柱的寥寥几人。他写道:"伊丽莎白夫人即今天的英格兰女王,奇迹般地幸免于难,得以保全。"

当然,她挺过了玛丽的统治。西班牙的菲利普王劝说玛丽同妹妹和解,不要理会那些所谓伊丽莎白阴谋复兴新教统治的谣传。对于他,伊丽莎白无疑是可以利用的联姻资源,将来她若嫁入他选定的欧洲皇族,还能为他控制英国助上一臂之力呢。当伊丽莎白入住哈特菲尔德的另一处宅邸、抵制各种求婚的时候,姐姐玛丽迫切想要一个儿子兼继承人,她误以为自己怀孕,结果却以闹剧收场(很可能是患子宫癌)。1558年,玛丽终于承认伊丽莎白为继承人,并于此后11天即11月17日驾崩。

于是,伊丽莎白登上女王之位。同年,苏格兰神学家约翰·诺克斯(John Knox)宣称:"女人的愚蠢使她们根本不适合做领头羊。"伊丽莎白终其一朝的统治证明了这句话如何虚妄不实。诺克斯反对女王的论辩文叫作《擂响第一通反对可怕的女人军团的战鼓》(*First Blast of the Trumpet Against the Monstrous Regiment of Women*),还有哪个标题比这个更不合时宜呢!伊丽莎白迅速掌控局面,任命亲信为顾问和间谍,并在登基的当天告知玛丽的枢密院,她要亲定枢密院人选,"只有她亲定的人她才愿意咨询,并将尽快任命"。

11月17日,塞西尔已经到岗,坐到了接下来40年他要坐的那张桌子的边上。11月23日,伊丽莎白骑马进入伦敦,举行加冕仪式。这是一场耗资靡费的盛典,花费达16000

镑。女王显然很受爱戴，民众欢喜雀跃，现身伦敦街头夹道欢迎他们的新君王。

借用盛典亲历者理查德·马卡斯特（Richard Mulcaster）的表述，首都变成了"一座舞台，高尚的女王作为一道壮观的风景，展现给最爱戴的民众，而他们目睹如此可敬的君王，亲耳聆听如此优雅高贵的声音，得到无比的安慰"。伊丽莎白在整个统治中展示出几乎现代才有的公关意识，凡在公共场合出现，她总以华贵美丽的格罗丽亚娜①形象示人。她还不时身着白服，以童贞女王（似乎是仿效童贞玛丽）的形象出现。

她独身统治英国长达47年，倚重诸如罗伯特·塞西尔（Robert Cecil）或弗朗西斯·沃尔辛厄姆爵士（Sir Francis Walsingham）这类或聪明或狡诈的大臣，对所有想劝服她结婚的企图不予理会。一旦新教最终占了上风，宗教纷争尘埃落定，她身边的男人就主要悬心一件事，想替她找个丈夫。女人掌管不了比家庭更复杂的领域，抱有这等信念的人，可不止约翰·诺克斯一人。

即使她最亲近的大臣也急于替她物色一系列条件合适的追求者：莱斯特伯爵罗伯特·达德利、西班牙的菲利普二世、哈布斯堡王朝的查理大公及法国安茹公爵。他们的主要目标当然是为英国准备一个继承人，也许有点来不及了，女王同安茹公爵调情时，已经45岁，往后怀孕生子的希望更加渺茫。大臣们的另一个主要疑虑是女王如何履行带兵打仗

---

① Gloriana，斯宾塞献给女王的寓言体颂诗中的仙后。

这一传统上由国王履行的军事职责呢？

幸运的是，她从未遇上必须御驾亲征的局面，也成功避免了在欧洲进行公开战争。她还曾尝试收复法国的加莱港——掌权之际，恰逢英国与苏格兰、法国交战，造成国库空虚——她同枢密院一道巧妙解决了这些问题。在她主政期间，唯一真正有威胁的外敌来自西班牙。弗朗西斯·德雷克（Francis Drake）伙同其他海盗劫掠西班牙的船只，由此激怒西班牙人。在这桩惹毛了西班牙国王的"虎口烧须"事件中，德雷克起了关键作用。他在加的斯摧毁数只敌舰，自亚速尔群岛掠回令人难以置信的价值高达 14 万英镑的财富。

1588 年 5 月 30 日，130 只舰船自里斯本起航。西班牙的无敌舰队揎拳捋袖，准备入侵英格兰，却因为海上天气恶劣，结果阵容庞大的西班牙舰队遭遇滑铁卢。

正是为应对这次可能发生的侵略，才促成伊丽莎白在公开场合最赫赫有名的一次露面。她由莱斯特伯爵陪同，检阅驻扎在泰晤士河北岸蒂尔博里港的军队。其时她已 55 岁，健康状况堪忧，却胯下骑一匹白马，身穿白色丝绒服，外披银色胸甲，发表了一场意义非凡的演讲：

> 让暴君们去恐惧吧！朕将一如既往，在上帝的恩眷下，从臣民的忠心与善意中汲取最大的力量与安全的保障。所以，此刻朕来到你们中间，正如你们所见，不是为了寻求消遣、娱乐，而是抱定决心，要在自热化的战场上，与你们同生共死，为了朕的主、朕的国、朕的臣民，奉上朕的荣誉、热血甚至躯体！朕知道，朕只有一个柔弱女子的躯体，

但朕有一颗国王的心，一颗英格兰王的心！朕鄙视帕尔玛、西班牙或欧洲任何一个进犯我国土的君主，只要他们胆敢这么做，朕定要拿起武器反抗，绝不任由自己受辱。

可是，关于演讲的真实性，存有一定争议。据苏珊·弗莱（Susan Frye）所著论文《伊丽莎白在蒂尔博里的神话》，莱昂内尔·夏普博士（Dr Leonel Sharp）1623年写信给白金汉公爵报告这篇演讲的时候，很可能刻意拉近了他与蒂尔博里港事件的距离，以凸显他作为目击者的地位。

另有一篇蒂尔博里演讲，由威廉·李（William Leigh）于1612年刊印的布道文转述。相比之下，这篇没有那么戏剧化：

为了主，也为了你们的女王和国家，投身战场吧，身披战甲的同胞们战士们……朕是你们和平年代的君王，现在朕将成为你们战时的君王。敌人也许因为朕是女人而发出质疑，朕倒要问问，他们不也是依着人的模子做成的吗？不也要用鼻子呼吸吗？……面对武力，朕无所畏惧！

两通演讲，也许伊丽莎白都发表过，也许都没有；然而，她在蒂尔博里现身的事实以及天才的驾驭公共关系、无时无刻不居于国家权力核心的能力，让我这个对这位非凡女性的迷恋可追溯至学生时代的"铁粉"打心眼里相信，她确实发表过"我只有一个柔弱女子的躯体"的版本，不管那是不是神话。这故事既美妙又振奋人心。

唯一可能令女王心动到结婚的男子，是那个自称"在伊丽莎白8岁以前就同她建立亲密关系"的罗伯特·达德利。有很长一段时间，宫廷流言不断，传言两人发展出成熟的恋情，可达德利是有妇之夫。其妇神秘亡故，有可能死于谋杀，也有可能是自杀，之后，舆论揣测女王会下嫁情人。不久，伊丽莎白染上天花，病势危重，继承人的问题变得前所未有地急迫。

伊丽莎白继续抗拒结婚，她封达德利为第一任莱斯特伯爵。她还考虑过让达德利娶苏格兰女王玛丽（Mary Stuart），玛丽却嫁给了与自己同外曾祖父（即亨利七世）的达恩利。这桩婚姻纯属一场孽缘，尽管育有一子詹姆斯，玛丽一直未能摆脱参与谋害亲夫的指控。她再嫁博斯韦尔伯爵詹姆斯·赫伯恩[①]，复使之在苏格兰声誉每况愈下。信奉新教的苏格兰贵族迫切想除掉笃信天主教的女王。她年仅24岁就身陷囹圄，此后19年都过着监禁生涯，先是在苏格兰，后被软禁于英格兰。

照我的猜想，伊丽莎白那些在宫廷引发如此多流言蜚语被说得有鼻子有眼的艳史，我们永远不会知道它的真假。苏格兰女王玛丽写给她的信中，曾经提到关于她性欲旺盛的传闻，并警告说流言已经有损她的清誉。也许确有其事，也许是空穴来风。为她掌管寝宫的年轻人被钦赐一笔丰厚的遗产，这倒是真的，有可能是他谨言慎行获得的奖赏。我倾向于认为她同莱斯特伯爵、埃塞克斯伯爵体验过激情时刻，却

[①] 谋害达恩利的嫌疑人。

掌握了足够有效的避孕法。让自己的孩子像她曾经历的那样背上私生子的污名，我想这不太可能。

十几岁再游伦敦的经历将我领入西敏寺，自那时起，伊丽莎白与其苏格兰表亲的关系就令我着迷。当然那会儿我已经从历史课上学到，伊丽莎白曾给玛丽写过一封长信，希望她在苏格兰稳稳当当做她的女王。可玛丽终究败在了伊丽莎白一直理性对待、慎之又慎的婚姻赌注上。当苏格兰贵族将玛丽驱逐出境，扶持其子詹姆斯六世上位，而她逃往英国寻求庇护的时候，伊丽莎白别无选择，只能将她软禁。始终让理智驾驭情感，伊丽莎白在这一点上可不像玛丽，毫不含糊。

玛丽作为亨利七世的曾外孙女，也有继承王位的权利，如果考虑到出身的合法性，她甚至还有很充足的理由排在伊丽莎白的前头呢。况且，玛丽是一名天主教徒，必然得到英格兰北部天主教贵族的支持，他们很可能随时让玛丽取代伊丽莎白成为英格兰女王，恢复天主教的国教地位。

两位女王一生不曾谋面。光阴流转，随着一个接一个的叛乱阴谋被揭露，伊丽莎白的谋臣劝她处死玛丽，她却迟迟不肯接受。她深信君权神授，深信这是上天赐予君王的权利。是否要剥夺玛丽的统治权？她在这个问题上苦苦挣扎，难以决定。其逻辑不难理解：如果她处死一位加冕的君王，其自身地位当然也岌岌可危。

1586 年，巴宾顿叛乱计划暴露，玛丽走到了末日。安东尼·巴宾顿是一个年轻的天主教贵族，他负责向玛丽传递加密信件，其中含有谋害伊丽莎白、解救玛丽并将她扶上英格兰王位的计划。伊丽莎白手下的超级间谍弗朗西斯·沃尔辛厄姆爵士将信件截获、解密并呈送女王。玛丽因密谋反对女王被判处死刑。就在伊丽莎白准备签字批准的时候，她又犹豫起来。早先处理天主教徒诺福克公爵的反叛，她也是这般纠结。公爵被斩首前，她三次拒绝在死刑判决书上签字。显然在这一点上，她跟她父亲判然有别！

玛丽的死刑判决书随一叠需要伊丽莎白签字的文件呈上来。她后来称，文件在签署之后仍留中不发，以避免引发后续叛乱。她还说，一直到玛丽被处决的1587年2月8日，她都不想把它送往玛丽的关押地佛斯里亨城堡。据说她"怀着或假装怀着深切的悲哀和愤怒"。她的策略似乎是将玛丽之死诿罪于伯利和枢密院，以使自己免除杀害领受过教会涂油礼的女王的罪名。甚至她在弥留之际，还表达了对处死玛丽的后悔。

我在十几岁的时候，西敏寺的伊丽莎白墓最令我着迷。她与异母姊玛丽·都铎同葬于大教堂内亨利七世礼拜堂的耳堂。玛丽墓没有雕塑；伊丽莎白的棺椁显然高于玛丽，墓上覆有一尊相当华丽的雕像。拉丁文的墓志铭写着："这里躺着我们两姐妹，伊丽莎白和玛丽，生同为女王，死共处一穴，希望能够同享重生。"读来颇觉古怪，因为尽人皆知她俩谁也不喜欢谁。

礼拜堂的南侧，与她们并排的位置，是更引人注目的苏格兰女王玛丽之墓。墓旁边的墙上摹刻着苏格兰王詹姆斯六世、英格兰王詹姆斯一世（伊丽莎白后继者、玛丽之子）写给彼得伯勒人民的书信。他请他们掘出母亲遗体，护送至伦敦，好让他以她应得之礼遇为她举行盛大而隆重的葬礼："唯有如此，朕方能向最亲爱之母亲的遗体，致以同等之敬意,立同等之纪念碑,一如其他君王与朕亲爱表亲先女王伊丽莎白。"当年我读到这里,单纯被詹姆斯的恳切孝心所感动,根本没有意识到他其实只是在书写历史,强调他继承王位的正统性。

那么,为什么伊丽莎白一世与毫无共同点的姐姐同葬一个墓室?茱莉娅·M.沃克(Julia M.Walker)的文章《解读伊丽莎白一世墓》提供了一种解释。据她说,詹姆斯一世加冕后不久,就在西敏寺内部着手修建工作,希望借此提醒他的新臣民,自己与都铎王朝乃一脉相承。他源自斯图亚特家族,但同时也是亨利七世的玄外孙,都铎王朝的直系后代。

伊丽莎白的盛大葬礼——据戏剧家托马斯·德克尔(Thomas Dekker)描写,"英国还没见过哪个葬礼像她的葬礼那样,有那么多人着黑色丧服"——在詹姆斯抵达伦敦前已经举行完毕,她被安葬于亨利七世礼拜堂的中心位置,"与其祖父同处一个墓室"。这原是亨利八世最初为自己选定的埋葬点,紧邻伊丽莎白兄弟爱德华六世的墓。詹姆斯将她挪开,把这个地方预留给自己。

玛丽·斯图亚特的墓与伊丽莎白、玛丽·都铎的墓相比,要高大、气派许多,造价也显然昂贵许多。墓摆放的位置意味深长。詹姆斯计划将自己同亨利七世一道置于中心。玛丽·斯图亚特墓后边是詹姆斯祖母伦诺克斯伯爵夫人玛格丽特的纪念碑,同时与亨利七世母亲玛格丽特·博福特墓比肩而立。显然,他要强调的重点是,伊丽莎白的王位,苏格兰女王有主张拥有的权利。他还将玛丽置入诞下继承人的王室谱系。伊丽莎白与玛丽·都铎无嗣而终,均被隔离于完成生育任务的女性之外。

因此，詹姆斯一世要告诉我们，自己母亲才是继承亨利七世大统的合法曾外孙女，而伊丽莎白的合法性曾经受到连她父亲在内的质疑。

伊丽莎白宣布玛丽死刑时那样痛苦挣扎，玛丽又死得那样惊悚，两人的墓却挨得如此之近，直到今天，我依然觉得这安排颇为怪诞。但詹姆斯一世把伊丽莎白当作对王朝伟业既无奠定之功亦无推进之力的童贞女排挤到一旁的做法，我不赞成。

詹姆斯尽管在安置墓穴的事宜上表现得气量狭小，却至少保留了对传统的尊重，在悬于伊丽莎白头顶的墓碑上刻下颂辞：

永远的纪念

献与英国、法国、①爱尔兰女王，亨利八世之女，亨利七世之孙女，爱德华四世之曾孙女伊丽莎白。彼乃国之母亲，哺育宗教，培育学问，精通多国语言，天赋异禀，身心俱美，而为君之道尤超乎女辈。当世无双之王子，大不列颠、法兰西、爱尔兰国王，美德与王位继承者詹姆斯敬立此碑，以兹纪念。

伊丽莎白维护国家安定长达 45 年，缔造了苏格兰与英

---

① 英格兰王室对法国王位的主张最先由爱德华三世于 1340 年提出，当时英格兰贵族包括爱德华自己多为法国诺曼人后代。以后历任英王延续这一传统，自称拥有法国王位继承权。该主张直至 1801 年才告结束。

格兰的统一局面。她解决了前朝遗留的宗教纠纷，为后世树立起勇气、教养与智慧的标杆，是我少女时代的最佳典范，这证明约翰·诺克斯所言纯属谬妄。我们并非"不宜承担统率治理任务的……可怕军团"，只要予以机会，就能做到巾帼不让须眉。我们还须牢记，在 21 世纪，不管是君主还是平民百姓，生儿育女都不是衡量女性价值的唯一职责。

03

A History Of Britain In 21 Women

第一个女职业作家

阿芙拉·贝恩

Aphra Behn

1640（？）—1689

> "你借以审判我的法律,
> 是由谁制定?是男人!"
> ——《游荡者》(*The Rover*)

我在大学主修法语与戏剧3年，竟然从未听说英国首位靠写作谋生的女剧作家，直到今天我仍然为此感到惊讶。我们当然得学莎士比亚，然后是剧作家约翰·韦伯斯特与托马斯·米德尔顿创作的詹姆斯一世时期颇为流行的血腥复仇剧。再接下来是内战和清教革命引发的政权更迭期，查理一世被处死，其子查理二世被流放，在奥利弗·克伦威尔的严峻统治下，剧院关闭，其他一切娱乐项目也被叫停。

1658年克伦威尔辞世的时候，阿芙拉·贝恩大约17岁，英国社会的性质开始发生剧烈变化。查理二世被请回来当英格兰、苏格兰、爱尔兰的国王，昔为流放者，今为"快乐王"，君主制死灰复燃。剧院重新开张。女人首度粉墨登场参与舞台表演。查理的一名情妇，内尔·格温，就是一名很有才华的演员，有她领风气之先，其他女子纷纷仿效。王政复辟时期的喜剧成为最受欢迎的戏剧种类。约翰·德莱顿（John Dryden）、威廉·威彻利（William Wycherley）、威廉·康格里夫（William Congreve）也是我们在大学的研习对象。这些领军的剧作家将笑声带回英国舞台，嘲笑伦敦新近形成的淫邪之风。

因此，我的研习称得上广泛，却限于清一色的男剧作家。真正熟悉阿芙拉·贝恩（有时拼作阿芙拉·本，Benn），要等到在斯特拉特福和伦敦奥德维奇剧院表演的皇家莎士比亚剧团来上演她最出名的喜剧《游荡者》，当时领衔主演是杰里米·艾恩斯与其妻西内阿德·丘萨克。那是1988年。"你借以审判我的法律，是由谁制定？是男人！"——我听到这句台词，便心生进一步了解她的愿望。

阿芙拉·贝恩早年生平不详。据传记作者珍妮特·托德（Janet Todd）教授，有两个说法较为可信。一位名叫托马斯·科尔佩珀的上校说自贝恩孩提时代起就认识她，说她生于坎特伯雷，其母亲做过他的奶妈，父姓为约翰逊，还讲贝恩是"最美的娇娃，最优秀的诗人"。安·芬奇，温奇尔西的伯爵夫人，是另一个与贝恩同时代的记录者。照她的描写，阿芙拉被认为是"一名理发师的女儿，曾经住在肯特郡一个被称作瓦伊的（现已凋敝的）小市镇"。

这些生平信息与一位生于1640年、出生地为坎特伯雷附近的哈博唐，名唤伊芙雷·约翰逊（Eaffrey Johnson）的女子恰好吻合。据信她是坎特伯雷理发师巴塞洛缪·约翰逊的女儿，母亲伊丽莎白生于商人家庭，其兄弟教养很好，是牛津毕业的博士。

英国首位桂冠诗人、剧作家约翰·德莱顿在贝恩过世后写她家境卑微，看来此言不虚，虽然1698年与小说一并出版的回忆录暗示她有更高贵的出身。贝恩在回忆录中，在其小说《奥鲁诺克》（*Oroonoko*）对主角带有自传性色彩的描写中，都说到自己父亲是一位绅士，做过"紧邻苏里南大陆的36座岛屿的副总督"。《奥鲁诺克》讲述一名非洲黑奴被捕获至苏里南的殖民地,被迫给英国殖民者当奴隶的故事。有证据显示,贝恩的故事取材自亲身经历,她在17世纪60年代初期曾经到过苏里南,而小说的叙述者也是一名依据经历现身说法的英国年轻女子。她给自己安上了一段比史实远为有趣的家史。

托德在传记中如此评价贝恩:"出身寒微、举动神秘、风格夸张,她集这三重要命的特性为一身,使任何关于她的描述,不论是推测还是依据史实,都让人感觉没把握。她可不是那种轻易就可以除去面具露出庐山真面的女人,而是一个面具套另一个,没完没了,神秘莫测。"

伊芙雷或阿芙拉的少女时代是英国历史上的空位期(1649年查理一世被处决至1660年查理二世复辟期间)。复辟伊始,她将近20岁,见证了被清教徒关闭的剧院的复兴。

英俊的浪荡子,老男追少妻,专门瞄准易受诱惑的女子,花花公子讲究风度与时髦到令人笑话的地步,如此等等,都是复辟时期戏剧常见的桥段。这些剧通常以浪荡子与女主人公的结合收尾,并给予男女双方一定程度的平等和独立。

这个时期的戏剧,常被斥以"淫荡"二字,阿芙拉却倾力投入,打拼出成功事业,成为一名剧作家。但她对性的露骨描写,让后来者感到震惊,他们认为女人就不该写这方面的事情。她迅速淡出公众视野,直到20世纪70年代女权主义运动重新将历史上的女性风云人物挖掘出来。我的学位课程始于1968年,这或许是大学课程未能将她纳入的原因。

早在靠写作成名之前,她就有过一段风云跌宕的奇特经历。克伦威尔空位期末几年及查理二世复辟头几年,她被雇为王室间谍。不知何种机缘,她遇上了剧作家兼剧院经理托马斯·基利格鲁。此人曾陪伴查理二世流放,也替他做过间谍。托德提示我们,她写得一手好字,很可能是被基利格鲁聘为抄写员。

1663年年底,阿芙拉抵达英国在南美洲北岸新取得的殖民地苏里南。此地由副总督威廉·拜厄姆统治,后转让给荷兰。她在母亲和姐妹的陪伴下——传说其父亲在她出发执行这项任务之前就已经身故——住进罗伯特·哈利爵士的种植园,开始介入殖民地政治。有证据表明她当过间谍,副总督在信中称她为阿斯特蕾娅(Astrea,她日后用它做过笔名),并对她与"持不同政见的危险分子"威廉·斯科特过从甚密表示不满。

威廉·斯科特的父亲是当年的弑君者之一,托马斯·斯科特。1660年,托马斯因曾在查理一世的死刑判决书上签名而被处决。威廉逃亡荷兰。英国和荷兰为争夺北海与多佛海峡的控制权开战,阿芙拉的工作就是要接近威廉,从他身上套取荷兰的战争计划。

1664年年初,阿芙拉和家人离开苏里南。返回伦敦后,她嫁给名唤约翰·贝恩的德裔商人。但这场婚姻持续时间不长。据推测,约翰不久撒手人寰,丢下没有任何经济来源的阿芙拉。于是,她重返荷兰,重做间谍。1666年,也许受基利格鲁指使,由国务大臣阿灵顿爵士(Lord Arlington)授意,她化名阿斯特蕾娅,作为政府特工被派往安特卫普。其任务是联络当时正为荷兰效力的威廉·斯科特,设法策反他做双重间谍。据称她给政府提供了一些有用的信息,包括荷兰人准备沿泰晤士河而上烧毁港口船只的密谋。

阿芙拉发现安特卫普的生活成本很高，于是向基利格鲁与阿灵顿申请经费，但他们一毛不拔。不得已，她只好筹钱回到伦敦，却发现自己根本无力偿还150镑的借款，面临被投入债务人监狱的危险。没有证据表明她为此坐牢。可是，对于一个初出茅庐的作家而言，还有哪种需要比等钱花更能激励她笔耕不辍呢！

她回到戏剧舞台的时间应该不晚于1670年。当年9月20日，《逼婚》(*The Forc'd Marriage*)（或者是《吃醋新郎》，*The Jealous Bridegroom*）为公爵剧团在林肯律师苑广场的演出季揭开了序幕。这出戏连演六场，她得到第三场与第六场两晚挣得的毛利。《逼婚》的开场白既提到她的性别，也提到她以前的工作："我们的女诗人据传还在国外当过间谍。"

《逼婚》是一出悲喜剧，所涉话题在今天也未见得不合时宜。包办婚姻（有别于父母安排的已征得双方同意的婚姻）尽管在英国已于2014年宣布为非法，但有些地方仍然在上演。贝恩这幕剧讲述女孩厄米妮娅被父亲和国王逼迫着要嫁给自己不爱的青年武士阿尔西普斯。她和王子菲兰德相爱。与此同时，国王女儿加拉提娅同阿尔西普斯相互钟情。当然，结局是皆大欢喜，真爱赢得了胜利，贝恩十分清楚地表达了她的信念，女人同男人一样也有选择恋爱对象的权利。该剧被认为大获成功，次年另一个剧本《多情王子》(*The Amorous Prince*)被搬上舞台。贝恩于是开启职业剧作家的生涯，替演员兼剧场经理托马斯·贝特顿手下的公爵剧团写戏。

复辟阶段的早期，也有其他女性为舞台表演写剧本，包括凯瑟琳·菲利普斯（Katherine Philips）与弗朗西丝·布思比（Frances Boothby）。但贝恩惊人地高产，职业生命还相当长。其他女作家写过一两部戏，她却至少有19部上演，还很有可能参与了更多戏剧的创作。她的作品即使在早期也展示出圆熟驾驭剧本的能力。主题则反映出她对政治——既有国家政治又有性别政治——的兴趣。《逼婚》呈现棒打鸳鸯的计划如何受挫，颂扬为爱而婚的理念。《多情王子》大胆触碰雷区，公开涉及通奸与同性恋的话题，同时揭露权力的滥用，表现王子利用自己的地位强逼女子就范的故事。

作为伦敦夜间剧场上一颗熠熠生辉的明星，阿芙拉交游甚广，朋侪甚众，曾主编包含其作品在内的戏剧诗歌选集《考文特花园谐语录》（Covent Garden Drolery），还写过一封慰问信，题为"致一位痛苦的同道人"，安抚同为剧作家、接受梅毒治疗的爱德华·雷文斯克罗夫特（Edward Ravenscroft）。

经历了短暂的婚姻后，贝恩给好些人写过情意绵绵的书信或写到他们的时候柔情溢于言表，但真正擦出火花的只有约翰·霍伊尔（John Hoyle）。他是一位双性恋律师，传闻他性格暴烈，是一名拥护共和政体的自由思想者。这两人的名字在贝恩的整个职业生涯中都始终纠缠在一起。1687年有一本手稿提到两人，说"谁都知道，霍伊尔先生养了贝恩太太10年或12年"。霍伊尔的品行很可能是她刻画浪荡子或风流才子的参照，而她身后发表的以短篇故事呈现的一批书信，取名"致一位绅士的情书"（"Love Letters to a Gentleman"），满篇都是抱怨情人不理她、吁求更多关爱的话。

贝恩还涉足以罗切斯特伯爵约翰·威尔默特（John Wilmot, the Earl of Rochester）为首的朋友圈。威尔默特是一名诗人，擅写讽刺诗，在查理二世的宫廷以行为浪荡不羁闻名，他机智敏捷，贪酒好色，堪称复辟时期浪荡子的典范。可惜33岁死于梅毒和酗酒。阿芙拉最近乎淫秽的诗歌，有一部分正是写成于与这个群体交往的期间。这些诗语涉情色，尺度大过当时女诗人发表的任何诗歌，一度还被误认作罗切斯特伯爵的作品，后来才被归入她名下。她的主题常常是女子在爱情欢场的得意失意，其中有一首《黄金时代》(*The Golden Age*)最有名，吁求超越金钱利益的爱情以及不被权力绑架的肉体之欢。

《游荡者》是贝恩名气最大的戏剧，直至近两个世纪仍然享有盛名。此剧于1677年首演，故事主角是一名典型的复辟时期的才子，好酒贪杯，名唤威尔莫。他邀朋友贝尔瓦尔同游那不勒斯，"漫无目的地寻欢作乐"。贝恩的女主角积极主动，颇有掌控力。海伦娜钟情于威尔莫，化作伴童追随，而其姊妹弗罗琳达爱上贝尔瓦尔，最后两对情人终成眷属，显然各自琴瑟相合，意气相投。两对夫妇既确保经济上相互独立，又不要求对方保证百分百忠诚，绝不变心。真是心意相通的婚姻。

1685年，查理二世突然驾崩后，贝恩继续为剧院写戏。然而待到詹姆斯二世一朝，她那些颇有情色意味的作品就不像以往那么受欢迎了。她的最后一部喜剧是1687年发表的《天赐良机》(*The Lucky Chance*)。尽管她作为诗人和剧作家相当成功，手头却总是紧张。1685年的一张借条显示，她借了一笔6英镑的钱，将扣除下出戏的收益来偿还。这下部剧就是《天赐良机》，现在被认为是她所有剧目中最好的一出。故事主要讲述上了年纪的好色富翁要求独享娇妻，而妻子——照这类剧的桥段——当然是爱上了不名一文的小伙。

043

丈夫还有一个同样丑陋可憎的朋友,也娶了年轻女郎做新娘,女郎也爱上了与她年龄相当、穷得叮当响的青年男子。年轻人想方设法走到一起。又是真爱无敌、女性有选择恋爱对象的权利,这反复回旋于其作品的主题,再一次被推向舞台中央。

尽管相比于早期作品,这部戏在道德风纪上收敛一点,但因为审美趣味已经彻底转向,它遭到了部分批评家的炮轰,被斥为不适合女剧作家表现的淫秽剧目。阿芙拉挺身为自己辩护,称自己只是像男子那样写作,所写内容如果要说淫荡,那也同他们相差无几:

> 我所要求的,无非是我身上的男性特质即诗人的特权……无非是追随前辈们之所以长期兴盛的成功之路。我爱惜名誉,像生来是一个英雄那样爱惜它;假如你们要毁掉它,那我只能退隐,远离这个忘恩负义的世界,并对它暮楚朝秦的偏好不屑一顾。

接近 1686 年年底的时候,原本身体不好的阿芙拉健康进一步恶化。她发现自己不仅迈步艰难,提笔也艰难,很可能是罹患关节炎。有人讽刺她得了痛风(一种饮酒过量、饮食过腻而导致的疾病),还有人指责她患了梅毒且穷困潦倒。1687 年,她致信一位朋友,说自己"病得一塌糊涂,一年来都在鬼门关口徘徊"。但她显然是急着用钱,仍然笔耕不辍。正是在职业生涯晚期,她创作了奠定其作家乃至英国第一位小说家(此说有争议)声誉的几册小说:《美丽薄情女》(*The*

Fair Jilt)、《奥鲁诺克》、《阿格尼丝·德·卡斯特罗》(*Agnes de Castro*)、《幸运的误会》(*The Lucky Mistake*)。前两册是她现在最出名的小说,均借用了她在苏里南与荷兰的经历,而且都有一个显然以贝恩自己为蓝本、冷眼观世界的女性叙述者。

《美丽薄情女》写一个意志坚强的薄情女如何利用美色牟取权力,掌控男人。她最有名的《奥鲁诺克》被诠释为废奴主义宣言,为她赢得了反帝国主义、反种族主义的名声。20世纪的最后20年,它被列入文学经典,各种版本如雨后春笋,层出不穷。

小说开头以第一人称的口吻描述苏里南殖民地和土著人。昔日的年轻王子奥鲁诺克现在沦为奴隶,被安上"加纳"之名带往苏里南。他并非圣贤,也曾经参与将本国人卖身为奴的交易。但他受过良好教育,出身高贵,而且——当然啦——相貌堂堂。

在小说最后一节,奥鲁诺克领导了一场黑奴起义,宁可死为鬼,不愿生为奴。我们也许可以说,这是英国文学中第一个"高贵野蛮人"的形象。他杀死已有身孕的爱妻,自己下场也极为悲惨:遭到鞭打,伤口被灌入辣椒,最后被肢解而死。叙述者/作者目睹这一切,深感不安,但她也表明,身为女人,她实在没有干预、阻止暴行的能力。

还有不少故事值得注意。尤其是短篇小说《修女传》(*History of the Nun*),讲述一个年轻女子因为过早地圈禁于修道院而跌入罪途。另一篇《幸运的误会》带有比较强烈的女性主义色彩,描写一个易受诱惑的姑娘秀外慧中,却也被一个老男人瞧上,招来他令人厌恶的注意。这篇小说在作者死后于 1689 年出版。

阿芙拉·贝恩于 1689 年 4 月 16 日威廉和玛丽登基后的第五天谢世。她身处饶有趣味、乱象横生的时代，却作为一名历经克伦威尔空位期、查理二世、詹姆斯二世的三朝作家，走出了一条相当成功的道路。其墓志铭由本人写成，内容如下：

让我跻身于萨福（Sappho）与奥林达（Orinda）之列
永远圣洁的仙子呀，让我的诗篇
在你的点缀下流芳千古吧！

阿芙拉葬于西敏寺东廊。直到 18 世纪上半叶，她仍然是颇有分量的剧作家、小说家和诗人。有一小群女剧作家也承认受她影响。但是随着时间的推移，社会要求女性写作展现更多的"女性气质"。像亚历山大·蒲柏（Alexander Pope）、塞缪尔·约翰逊（Samuel Johnson）、塞缪尔·理查逊（Samuel Richardson）这样的大作家，批评她像男人一样写作。《游荡者》在 18 世纪下半叶"被改编，以适合当代的文雅品味"。而在 19 世纪，在托德教授笔下，她经常被形容为"声名狼藉的复辟文化的代表人物"，或者"淫妇一个，其作品除挽回一点声誉的《奥鲁诺克》以外，其余根本不值一读"。茱莉娅·卡瓦纳（Julia Kavanagh)1863 年出版的《英国女文人》（*English Women of Letters*）谴责贝恩"粗俗成癖"，还说她的"戏剧鄙俗不堪，哪怕在品味低俗的时代也令人反感"。

直到 20 世纪，阿芙拉作为作家的声誉才逐渐回升。1915 年，作家兼牧师蒙塔古·萨默斯（Montague Summers）将其作品辑成六卷出版。照他的看法，她完全可以踏入一流剧作家的行列。维塔·萨克维尔－韦斯特（Vita Sackville-West）于 1927 年出版的《阿芙拉·贝恩：无与伦比的阿斯特蕾娅》（*Aphra Behn: The Incomparable Astrea*），强调贝恩在女人所能获得成就上的典范作用，比她作为文人更重要。然而，真正让阿芙拉·贝恩在我这里变得如此意义非凡的，还是弗吉尼亚·伍尔夫在《自己的一间屋》的那段评论：

> 所有女人都应该到西敏寺阿芙拉·贝恩的墓前——她的墓安在这里看上去耸人听闻，但其实最合宜不过——撒下鲜花，因为是贝恩替她们挣得了说出自己想法的权利。

假如你愿听命于伍尔夫，给阿芙拉撒花，你会发现她的墓并不在诗人角，而在西敏寺的东廊，墓前刻有一行字："才智永远抗不过道德，躺在这里的人便是明证。"

04

A History Of Britain In 21 Women

她的双目仰望星空

卡罗琳·赫谢尔

Caroline Lucretia Herschel

1750—1848

"她极娇小、极温柔、极谦虚、极朴实。她的一举一动,是未经尘世侵染的做派,不流俗,不畏怯,却让你很想去接近,回报她的微笑。"

——范妮·伯尼

你也许会奇怪，像卡罗琳·卢克雷蒂娅·赫谢尔这样的女子为何能在英国女性历史上据有一席之地？她1750年3月16日生于汉诺威，所以论出生地其实要算德国人，但她作为天文学家的科学成就却是在英国取得的。她与迈克尔·法拉第（Michael Faraday）、爱德华·詹纳（Edward Jenner）[①]同处一个时代，在天文学的研究上则直步闻名遐迩的科学家伽利略（Galileo）与艾萨克·牛顿爵士（Sir Isaac Newton）的后尘。当我这位科学门外汉找来自公元前4世纪至今重大科学发现的时间表时，竟然没有找到她的名字。有趣的现象。不过毫不奇怪，为什么呢？因为这张表在1898年玛丽·居里（Marie Curie）出现之前根本就没有女科学家。

赫谢尔是一位伟大的科学家，完全可以与她那些大名鼎鼎的前辈相提并论。她是首位因科学贡献获取薪酬、首位被皇家天文学会授予金质奖章并提名为该学会荣誉会员的女

[①] 英国医学家、科学家，以研究、推广牛痘疫苗，防止天花而闻名，被称为免疫学之父。

性。提名是在 1835 年，一道获此殊荣的还有后文将要介绍的苏格兰科学家玛丽·萨默维尔（Mary Somerville）。她获金质奖章则是 1828 年，该学会要等到 1996 年才向另一名女性，美国天文学家薇拉·鲁宾（Vera Rubin），再度颁发这种奖章。

所以，她完全有资格被纳入英国女性的历史，何况在今天，我们仍然需要大力鼓励女孩子，告诉她们科学是适合女孩学习的科目。在我看来，假如有更多的女科学家在前面开路，效果当然会更好！

能够在自己的领域闯出一番天地的女性，往往有一位关心她、让她接受良好教育的父亲。年轻的卡罗琳正是如此。家里所有子女中，她排老八，论女孩次序排在第四。父母属于异教通婚：父亲艾萨克·赫谢尔是信奉犹太教的音乐家，母亲安娜·伊尔丝·莫里岑则为一名基督徒。

艾萨克曾在军乐队当指挥。卡罗琳出生之前，他长年不在家。1743 年代廷根战役之后，他得了病，于是，迨小女儿降临人世，这位父亲就时常待在家里了。

卡罗琳的前景并不美妙。10 岁，她染上了很可能致命的斑疹伤寒，虽然幸运地活了下来，甚至日后还活到了 97 岁，但这场重病给她的成长带来了灾难性的影响。她长到 1.3 米左右就再也不长个了。父母认定，这么一个毫无魅力的小不点永远不可能谈婚论嫁。父亲鼓励她多受教育，没念过多少书的母亲却执意要把她训练成女仆，同时学习缝纫和女帽制造，好让她将来养活自己。父亲于是趁母亲不在时亲自给女儿授课，教哥哥威廉（William Herschel）的时候也叫上她旁听。

1757年，19岁的威廉为逃避兵役前往英伦，最先怀抱的志向是当作曲家、音乐家，后来才培养出对天文学的兴趣。他在巴斯新国王街19号（今赫谢尔天文博物馆所在地）演奏风琴，给学生上音乐课。

1767年，父亲辞世，威廉随即请卡罗琳前来巴斯与他同住，毫无疑问，他希望妹妹在家务方面接受的训练能派上用场。他答应支付母亲一笔年金，雇一名女仆替代妹妹。卡罗琳则认为兄长的目的是要"试验一下，看她能否在他的调教下学会唱歌，为他的冬季音乐会和礼拜堂演奏助一臂之力"。

她真的学会了唱歌，当然也替忙碌的兄长管家。她成为威廉音乐会的主唱，还有人请她去伯明翰唱歌，但她拒绝同兄长以外的任何指挥合作。据说她多数时候守在家里，只有在兄长陪伴下才走出家门，她几乎没有朋友。

威廉对天文学发生兴趣，她又扮演助手的角色，尽管其回忆语含愤懑："我为兄长所做的，同训练有素的哈巴狗没什么两样，换句话说，他叫我做什么，我就做什么。"不过，她也在回忆录中清晰地表述了对自食其力和经济独立的渴望。

正当卡罗琳的歌唱日臻圆熟，先后在《弥赛亚》《参孙》《犹大马卡白》等作品中担任女高音歌手的时候，威廉在事业上陡然拐弯，导致卡罗琳的轨迹也随之改变。

他变得雄心勃勃，想要探索他称之为"天体结构"的那种东西。而这样的探索需要尽可能大的望远镜。满足要求的型号没有寻着，但他通过光顾伦敦的眼镜店，自己摸索着学会了造望远镜。威廉指望卡罗琳全力支持他的新事业。她在1775年夏天写道，她的时间被占得满满的，"抄乐谱，练唱，一边擦拭（望远镜的）镜片一边侍候哥哥，甚至为了让他活下去，还不得不把维持生命必需的食品塞进他的嘴巴"。1781年，威廉在做巡天观测的时候发现了天王星。他在科学界的朋友劝说国王乔治三世（George III）发给他薪俸，让他可以放下乐师工作，以天文学为职业。条件只有一个，他得在皇室需要的时候给他们展示天象。威廉认为卡罗琳也该放下歌唱事业，协助他开展新工作。她照做了。

1782年，兄妹俩迁入距离温莎城堡很近的达切特村，"我发现，"卡罗琳写道，"兄长要把我训练成天文学家的助手。为了鼓励我，他将一支专为巡天观测改造的望远镜……送给我。我拿它来扫测彗星……到了这一年的最末两月，是我觉得最需要鼓励的时候，因为每个星光照耀的夜晚，我都要趴在寒露或冰霜覆盖的草地上，周围连一个人影也没有。"

她熬过了艰难时刻，兄长奖给她功能更强大也更方便移动与操作的望远镜。威廉描述其中一支："它动起来太方便了，当仪器从地平线扫向天顶的时候，眼睛可以得到休息。"

卡罗琳同威廉通力合作20年，造出更多精密复杂的装备。他们所发现的最重要的彗星与星云，其中有不少直接归功于卡罗琳。小行星"卢克雷蒂娅"以她中间名字命名，为了纪念她，月球上还有一个环形山被称为C.赫谢尔。

卡罗琳不仅自己观察星星，同时还负责记录兄妹俩的观测结果。威廉要求她写下他俩的一切发现。哥哥在架设望远镜的房间大声报出细节，妹妹坐在邻屋的桌边，"面前展开一册《弗拉姆斯蒂德星图》（*Flamsteed's Atlas*）。听到他报告，她便录下赤经、赤纬以及其他观测信息"。

她需要借助《弗拉姆斯蒂德星图》找到威廉报出的星座，以便定位他要求记录的星云。《弗拉姆斯蒂德星图》为首位皇家天文学家约翰·弗拉姆斯蒂德（John Flamsteed）所著，1712年由牛顿与埃德蒙·哈雷（Edmund Halley）出版。后来她将记录整理誊清，完成必要的计算，1802年在《皇家学会哲学学报》上刊发，却是以威廉的名义！

卡罗琳还负责纠正一直被视为标准目录的《约翰·弗拉姆斯蒂德不列颠星表》当中的错误。她费时一年零八月，将兄妹俩发现的错误整理成《星云及星团表》，1786年由皇家学会发表。

1787年，她实现了经济独立的梦想，被皇家授予50英镑的年金，成为科学领域首位挣钱养活自己的女性。尽管同工并不同酬，因为国王发给威廉的薪俸为每年200镑，但50镑已经是一笔不小的数目。

与她同时代的职业天文学家极其敬重卡罗琳。1799年8月，她甚至还被请至格林尼治天文台，同皇家天文学家同处一周。在小说家范妮·伯尼的笔下，这位"闻名于世的彗星发现者"，"她极娇小、极温柔、极谦虚、极朴实。她的一举一动，是未经尘世侵染的做派，不流俗，不畏怯，却让你很想去接近，回报她的微笑"。

她凭自身能力跻身于受人敬重的科学家之列，而不仅仅是兄长的帮手，尽管她似乎依然要为他打理家务——这是女人的常态。1788年，她失去管家角色，因为49岁的威廉娶了富有的寡妇玛丽·皮特做妻子。曾经亲密无间、不容外人插足的兄妹关系，因兄长结婚而不可避免出现了矛盾。

卡罗琳此后日记尽数销毁。常有人揣度，她之所以销毁这部分日记,是因为其中对嫂子、对她曾经尊崇有加如今却疏远她的兄长充满怨言恨语。我却没有看到任何证据,可以说明她从此变成妒意浓浓、敌意深深的老处女一个。如伯尼描述,卡罗琳性格阳光,而且迁出哥哥的家后,还住在他附近,每天回去继续观察天象。她一如既往地支持兄长的事业,同时也进行自己的研究,有自己独立的发现。可以安心继续工作,且不必替哥哥烧饭扫屋,这对她必然是一个解脱!

威廉年长卡罗琳11岁,自1810年开始,其身体一天天衰弱。1822年,威廉谢世,卡罗琳悲痛万分,决定返回家乡汉诺威。在那里,她却发现无法继续她在英国孜孜以求的天文事业。她在回忆录中写道:"我在这里的天穹毫无所获,对面楼房的屋顶实在太高了。"

但她有个侄子可以疼爱,约翰(John Herschel)继承了父亲的未竟事业。她又当起助手,襄助约翰重新整理星云表。借用皇家天文学会戴维·布鲁斯特爵士的话来形容,这项工作是"一位75岁高龄的女士以不可遏止的热情在抽象科学领域树立的伟大丰碑"。

卡罗琳原以为返回家乡就是默默等待死亡降临,这样的预判实在是错得离谱。1832年,约翰启程去好望角观测南半球天穹之前,先去探望了姑母。他记录道,82岁的姑姑"跟着我在市镇东颠西跑,还蹦蹦跳跳地跃过了两段楼梯。一整个上午,一直到十一二点,她都沉闷无语,一副疲倦的模样,可是随着白天消逝夜晚降临,她就来了精神,等到夜里十点十一点,那简直是'生龙活虎'了,唱着旧曲,甚至还跳舞呢,谁见着她都觉得欢乐"。

卡罗琳·赫谢尔的漫长一生成就斐然,她最终获得的认可，远远超出了兄长助手的角色。她持续激励着后来的女性，不论是在科学还是诗歌艺术领域。朱迪·芝加哥（Judy Chicago）于1974—1979年创作的女权主义艺术品《晚宴》（*The Dinner Party*），所摆放的39套餐具——每一套纪念历史上一位著名女性——中就有卡罗琳·赫谢尔。餐盘中央为一只眼睛，令观者联想到她通过望远镜获得的伟大发现。花体字母C怀抱着一架望远镜，很像威廉送给她的那支牛顿型号。环绕其名字的图案，取自卡罗琳自己绘制的银河。盘底下的长条饰布上绣着宇宙的形象，中间的同心圆代表她曾经制作的图表与地图。《晚宴》为布鲁克林博物馆的常设展品。

2012年谢世的美国女诗人阿德里安娜·里奇（Adrienne Rich）也受卡罗琳的成就激励，写诗纪念。这首"天文馆"在诗行前边有一句话，是为"引"：

念天文学家、威廉妹妹及其他角色的卡罗琳·赫谢尔（1750—1848）有感

怪物模样的女人
女人模样的怪物
布满了天穹

一个女人"在雪地里
在仪表与仪器中间
用天极测量着大地"

九十八年的生命之旅

发现八颗彗星

月光笼罩着她
如同笼罩着我们
她升向夜空
乘着擦亮的镜头

成群的女人,在那里
为她们的冲动忏悔
肋骨在思想的
空间变得冰冷

一只眼
"犀利,精准,毫不犹疑"
在天王星云的疯狂之网

遭遇那颗新星

光的每一次脉冲
均源自核心的爆炸
如同生命飞出我们

第谷① 最终喃喃细语

---

① Tycho,月球上的环形山,又名月坑,取名多借自著名天文学家的名字,譬如以卡罗琳·赫谢尔命名的环形山。

"不要叫我好像白活了一遭。"

卡罗琳·赫谢尔卒于1848年1月9日,享年97岁,伴随父母长眠于花园自治区教堂墓地。墓碑上刻着一行字:"她在凡尘得到荣耀,她的双目仰望星空。"卡罗琳的棺椁里,有兄长的一绺头发。

英国小说之母

范妮·伯尼

Fanny Burney

1752—1840

05

A History
Of Britain
In 21 Women

"英国小说之母。"
——弗吉尼亚·伍尔夫

要论英国文学经典作家，范妮·伯尼算不上最有名气的，虽然她生前名声很响，也颇受欢迎。她入选本书，是因为她曾经写下我所见的最勇敢也最卓尔不群的一部作品。读到它的时候，大约正是我，像21世纪许多英国妇女那样，被确诊为乳癌的时刻。

敢将乳癌诊断以及乳房切除这样私密的经验写下来，据我所知，范妮是古往今来第一人。这事即使放在今天也需要非凡的勇气。她的这番壮举对于相似困境中的病人实有莫大之裨益，让她们明白就诊完全不必难为情，完全不必在说起这个病的时候只敢低声嘟哝"那个癌"，连"乳"字都不敢提，还有，让她们明白这病可以忍受，可以挺过去——这些我们都承认。可是请大家别忘了，在1811年的时候，富有成效的麻醉剂根本不存在！让我们鼓起勇气继续往下读，以纪念伯尼，纪念她无与伦比的勇气和生存意志。

1810年，住在巴黎的伯尼发现自己患上乳癌。以下是她给姐姐埃丝特的描述，取名"巴黎手术惊魂记（1812）"：

8月左右，我始觉乳房有点疼痛，一周比一周厉害，痛得密集，但还没有到剧烈的地步，也没让我对后果感到任何不安：唉！"这是怎样的无知啊！"可是，天底下最体谅的丈夫比我更着急……他催我去看外科医生……我的闺密梅宗纳夫人同达布莱先生（M. d'Arblay）①联手，迫使我同意去做检查。我认为他们的担心纯属杞人忧天，费了好大劲才止住反感。现在，我把这样荒谬的自信告诉亲爱的埃丝特，是想提醒我的姐妹们、侄女们，你们当中如果谁有任何相似的痛感，千万要像他俩一样保持警觉。

接下来的几周，她见了很多医生，全法国最好的医生，其中甚至有夏洛特王后的产科大夫，并很快被确诊，大夫们一致认为，手术是唯一的选择。她对手术场景进行了细描：

> 莫罗医生马上进入我的房间，看我是否还有意识。他递给我一杯甜葡萄酒，然后去客厅。我打铃叫女仆和护士过来，还没顾得上跟她们说话，只见——事先没有任何通知——房间里进来七位黑衣男子，分别是拉里大夫、杜波依斯先生、莫罗大夫、奥蒙大夫、里波大夫，还有两个是拉里大夫和杜波依斯先生的学生。我从昏迷中清醒过来——一

---

① 范妮的丈夫。

阵愤怒涌上心头——为什么这么多人？连声招呼也不打吗？——但我一个字也说不出口。

杜波依斯先生担任手术总指挥。拉里大夫不在我的视线之内。杜波依斯先生叫人抬进一张床，放在房间中央。我大为震惊，转向拉里大夫，他保证过的，说只要一张扶手椅就完全能应付，可是，此刻他低垂着头，就是不看我。杜波依斯先生又要来两个旧床垫，一条旧床单。这一刻，我开始剧烈地颤抖……等一切按他的吩咐安排好，他希望我爬上床去。我站在那里，犹豫了一会儿，拿不准是不是该拔腿就跑——我看了看门，又看了看窗户——感到绝望——但只一会儿的工夫，我的理智占了上风，恐惧与情感徒然地反抗着……

我被迫……顺从地脱下睡袍，我原本希望能保留的。唉！那一刻，我多么想念我的姐妹们——这样可怕的时刻，没有一个在身边保护我——帮助我适应——看护我……我多么渴望——渴望见到我的埃丝特——我的夏洛特！

……这时我看到连杜波依斯先生也焦躁起来，拉里大夫总是离我远远的，我瞥了他一眼，发现他已面如死灰。那时我还不确定危险就在眼前，但一切都让我确信它就在我头顶盘旋，只有这个手术能把我从它的魔爪下救出来。于是，我不等吩咐就爬上床去，杜波依斯先生将我扶上床垫，用一方细棉手绢盖住我的脸。

可手绢是透明的！透过它，我看见七个男子，还有我的护士，立刻围到床边来。我不让他们按住我；可是，当透过那层细棉布，见到锃亮的钢刀闪闪发光——我闭上了眼睛，不想让自己看到狰狞可怖的切口而害怕得发抖。然后是悄无声息的沉寂，持续了好几分钟，我猜想他们在打手势、发指令、做检查——噢！多么可怕的停顿！——我屏住呼吸——杜波依斯先生徒劳地在找我的脉搏。寂静最终被拉里先生打破，他的声音郑重而忧郁："谁来帮我扶住这边乳房？"

没人回答，至少没出声音；不过，这倒让我从被动听命的状态中醒过来，我怕他们认为整个胸部都被感染——其实他们的担心再合理不过——还是透过那块细棉布，我看到杜波依斯先生的手举起来，食指先画了一条直线，自胸部顶端一直到底部，然后做了一个十字，最后画了一个圆；暗示双乳都要被拿掉。受到这个想法的刺激，我一跃而起，扔掉遮脸布，冲他刚才那句"谁来帮我扶住这边乳房"的提问，大声答道："我来，先生！"我伸出手，从底部托住它，向他们解释疼痛尽管朝四面发散，但其实都源自一个点。他们很认真地听着，却一言不发，杜波依斯先生又把我放下，像方才那样，用细棉布遮住我的脸。天哪，我说什么都没用！紧接着我又看到那根致命的手指画着十字——然后是圆圈——无助和绝望之下，我把自己交了出去，再次闭上双眼，放弃所有的观察、所有的抵制、所有的干预，黯然决定彻底听命于他们。

我亲爱的埃丝特——所有聆听我这哀曲的家人哪,你们肯定会高兴地得知,一旦决心已下,我就义无反顾,不管那恐怖多么巨大,根本无法形诸语言,也不管那痛苦多么折磨人!可是,当可怕的钢刀切入胸乳,一刀一刀割开静脉、动脉、皮肉、神经,根本不需要任何"想哭就哭"的提示,我开始尖叫,整个切割过程一直叫个不停——现在这叫声在我耳朵里居然不再回响,简直就是奇迹!撕心裂肺的痛啊!切割完毕,钢刀撤下,痛苦却不减一分一毫,因为空气突然冲入那些裸露的敏感部分,像千万把微小、锐利、带着叉子的匕首,撕扯着伤口的边缘。突然我意识到那钢刀又来了,画了一个弧线,顺着肌肤的纹路——如果可以这么说——切割,这时我的身体造反了,剧烈地抵抗着主刀者的手,弄得他精疲力尽,不得不从右侧换到左侧——那一刻,我真以为自己已经断气。

我再也不打算睁开眼睛——它们好像被密封了,死死闭着,眼睑仿佛嵌入双颊。钢刀再次放下,我以为手术结束了。噢!没有!不久,恐怖的切割重新开始——比刚才更糟,这回是要把乳房底部——可恶的乳腺基座——从身上切除。痛苦啊!又是说不出的痛苦——一切还没有结束!拉里大夫只歇手一会儿,然后——噢!天哪!——我感到刀在胸骨上咯咯作响——它在刮骨!这一步完成,我还在忍受无言的剧痛,忽听见拉里先生开口说话(余者保持死一般的沉默)——他正以近乎悲壮的语调问其余人,还有哪个部位需要处理,不然他认为手术已经完成。多数人表示同意,但杜波依斯的手指——虽然他什么也没碰,我什么也看不见,但我真的感觉到它就举在伤口上面,指着那个敏感到难以言喻的点——要求做进一步处理,于是又一轮刮骨!弄完这个,莫罗大夫又认为他发现了一个病灶(乳腺组织上的病变部分)——然后,再然后,如此反复,杜波依斯先生要求一个点一个点地清除。最亲爱的埃丝特啊,一说起这件可怕的事,它就如在眼前,仿佛又亲身经历一遍,这不是几天,也不是几周,而是几个月都如此啊!……谁若问我一句,我都觉着恶心,浑身不对劲——即使现在,已经过去九个月,还是一提起这事就头痛!这篇凄惨的讲述——至少是在三个月以前开始提笔的——我不敢改,也不敢读。回忆依然痛彻心扉。

总之,病魔侵入如此之深,情况如此微妙,为了避免复发,又采取了如此繁复的预防手段,整个手术,包含治疗与穿衣在内,持续了 20 分钟!然而,这段痛得肝肠寸断几乎不可忍受的时间——我却拼尽最大的勇气熬了过去,没有动弹,没有阻止他们,没有反抗,没有埋怨,没有说话——除了穿衣时说了一两次:"噢,先生们,我真同情你们!"我确实能体会到他们看着我经受这一切所流露的关切之情,虽然这话主要是说给拉里大夫的。除了这个——还除了他们重新切割时,我会大喊:"提醒我,先生们,提醒我!"——我几乎一个字也没说。

我相信有两次我晕了过去；所以回忆有两处空白，我没法把一切原原本本地连缀起来。

当手术所有环节结束，他们将我抬起来，把我置于床上。我的力气耗得一干二净，只能任他们抬着，连举手伸胳膊的力气也没有。它们耷拉着，仿佛长在死人身上；而我的脸，正如护士所说，没有一点血色。他们这一动，倒叫我睁开了眼——接着我看到了我的好大夫拉里先生，他脸色跟我一样惨白，脸上溅满了一道道血印，含着悲伤、同情、几乎恐怖的表情。

当然，这个悲惨的故事结局不坏。范妮·伯尼做乳房切除术是在59岁（很典型的罹患乳癌的年龄），后来她又活了29年，活到将近88岁。而且有充分的证据表明，关于乳癌治疗，医学人士从这次成功的手术中获益匪浅。

弗朗西斯·伯尼总被人称为范妮，生于诺福克的金斯林。她在家里排行老三，父亲查尔斯是一位音乐人兼作家，母亲埃丝特也是一名音乐家。长女埃丝特（以上信札的收信人）生于两人婚前的1749年，对于当时这个阶层的夫妻来说，这是相当惊世骇俗的。接下来是儿子詹姆斯，然后就是范妮。大约从11岁开始，她被家人戏称为"老夫人"。可见她从小就老成持重。范妮之后还有三个弟妹（苏珊、查尔斯和夏洛特）活下来，他们一家和睦而亲密。

范妮在家里接受教育，她近视得厉害，而且据父亲的回忆录，"幼儿阶段完全没有展露任何才女潜质，也不显得头脑机敏"。她到8岁还不识字，老是被哥哥狠狠奚落，多亏有姐姐的影响，她才培养出对文学的热爱。"早在我自己开始阅读蒲柏之前"，就听姐姐诵读蒲柏诗文，听着听着就学会了。

她不到10岁已经熟练掌握英语，写出第一部小说。这部《凯瑟琳·伊芙琳传》未能存留，很可能是在继母的敦促下，在她15岁生日的时候同其他作品一道被销毁。1762年，其母亲死于肺病，此前不久，全家迁入伦敦，定居苏豪区的波兰街。

父亲在伦敦当音乐教师。虽有丧母之痛，他们一家仍然广结朋友，同文化名流如塞缪尔·约翰逊、大卫·加里克（David Garrick）等人过从甚密。范妮继续涂鸦，试验各种文体。她和姐妹们同继母带过来的兄弟姐妹相处甚好，同继母本人伊丽莎白·艾伦却关系紧张。伊丽莎白是一个寡妇，伯尼夫妇在金斯林就与她相识。范妮留下大量书信并终生保持日记习惯，写家人或社交圈的熟人，也秉笔实录，无所避讳。她对继母印象不佳，据她说，兄弟姐妹和她都认为伊丽莎白"喜怒无常、神经过敏、为人不可靠"。

父亲查尔斯·伯尼的音乐事业蒸蒸日上，范妮家的住宅规模也节节攀升。查尔斯既是风琴手、作曲家，也是那个时代最受敬重的音乐史家。他遍游欧洲，一边演出一边研究，自1783年起担任切尔西医院风琴手并在这个职位上退休。在女儿的帮助下，他写成《音乐通史》（*General History of Music*），1776—1789年分四册发表，既推动了18世纪晚期伦敦人热爱古典音乐的风潮，也鼓励他们欣赏当代音乐。他是亨德尔、海顿、巴赫与莫扎特的捍卫者。

范妮发现，位于布鲁斯伯里区的王后广场南侧的新家

"是一座可爱的宅子，景色十分宜人"。那个时候，王后广场的北翼还没有大规模的建设，从她家的窗户可以眺望汉普斯特德公园和海格特区。

1774年，随着父亲的演奏家名声越来越响亮，他们的居住条件又百尺竿头更进一步。这回是迁入雷塞斯特广场圣马丁街上艾萨克·牛顿爵士于17世纪90年代曾经住过的房子。画家乔舒亚·雷诺兹爵士（Sir Joshua Reynolds）就住在他们隔壁，正是在他家晚宴上，范妮父亲结识了酿酒业富商亨利·史雷尔（Henry Thrale）。范妮从此进入史雷尔的社交圈，经常参与有约翰逊博士及其他文学、艺术、音乐名流在场的聚会，包括由伊丽莎白·蒙塔古（Elizabeth Montagu）和汉娜·摩尔（Hannah More）领衔的"蓝袜子群体"。"蓝袜子"的称呼并非恭维之辞。当时穿精美的黑色长丝袜才算入时，比丝袜便宜厚实的蓝毛袜，只适合做日常家居的打扮，够实用，却不够优雅。因此，蓝袜子是一个贬称，指代关注思想多过时尚的才女。

范妮的日记是一帧描绘18世纪晚期英国社会场景的绝妙图画。其中有一篇讲到意大利歌手加布里埃尔·皮奥齐正弹琴娱乐大家，史雷尔太太跑到他身后做出各种滑稽模仿的动作嘲弄歌手。史雷尔后来嫁给了皮奥齐，这则逸事日后将激发弗吉尼亚·伍尔夫的灵感，挥毫写成"伯尼博士的晚宴"一文。

日记还详尽刻画了塞缪尔·约翰逊——日渐衰老的散文家、词典学家。从范妮这边的描述来看，她对约翰逊似乎既爱又烦。1778年，她这样写道：

星期一，9月21日：我跟约翰逊博士聊了千万句开心的话。不管他喜不喜欢我，有一点我可以肯定，他多少看好我的谨慎，因为他推心置腹地把我们这家人跟我聊了个遍，既不遮掩缺点，也不夸大优点。

只要他在楼下，我就形同他的囚犯，他不愿意我走开，一刻也不行。我只要起身，他就不停地嚷嚷："你不是要走吧，小范妮？"

另一次，1782年11月2号星期六，她写雪莱夫人请客请了她，却没请约翰逊博士。

要么是出于太敬重，要么是太害怕，总之，人家经常不请他。我为此感到难过，因为他讨厌一个人待着，而且，他尽管骂别人，自己倒是很满意，发了一通火，出了一通气以后，又准备卷土重来，根本留意不到那些被他如此攻击的人不可能热切地盼望家里来这么一位趾高气扬的访客。

两天后，她和家人被德·费拉尔斯夫人请去用早餐，这回约翰逊博士也在被邀之列。

所有女士进来的时候，我恰好站在约翰逊博士身边……可是，在生人面前我害怕跟他在一块儿，不然就得面对他为自己和谈话对象招来的睽睽众目。于是我使劲想换个位置。可是，不管我愿不愿意听，他东拉西扯地说着无聊的笑话，把我绊住了几分钟。等我们都到餐桌旁边准备落座的时候，我再度尝试开溜。还是白费心机。他抽开我旁边的座椅，开始喋喋不休起来，拿他自己同我做一番滑稽的比较——我一个字也听不进，一个字也记不住，因为急着要从他那里脱身。

显然，相较于博士与其传记作者詹姆斯·鲍斯威尔（James Boswell）的关系，她同博士更为亲密。其实鲍斯威尔（她在日记里常叫他"博兹"）写传记的时候，还曾向范妮求助，请求复制约翰逊写给她的信。他说："我想从一个新的角度刻画他。庄重的萨姆[1]、伟大的萨姆、严肃的萨姆和博学的萨姆，这是他反复出现的形象。现在我要在他额前添上一只优美的花环；我希望展现快活、可亲、愉悦的萨姆。所以你务必要帮帮我，让我看一看他那些文采斐然的书信。"

范妮不喜欢鲍斯威尔，说此君咄咄逼人。她拒绝了阅信要求，并在日记里记下两人的第一次会面，地点是位于斯特雷特姆街的史雷尔太太家，时间大约在《伊夫琳娜》（*Evelina*）出版前后。

他对在座其他人的态度，如果算不上傲慢不恭，也称得上毫不在意。可一旦遇上约翰逊博士，

---

[1] 萨姆（Sam）是塞缪尔（Samuel）的昵称。

不管人家说什么，他这厢总能做到无话不应……生怕把他一心关注的人物——倒也值得他这样关注——说的哪个字不小心漏了去。只要那个声音一响起，鲍斯威尔先生就会支起耳朵凝神细听，凝神到几乎痛苦的地步。

范妮的家人也免不了在她的日记里曝光，哪怕是被当作丑闻的事件。继母的两个女儿同情人私奔到欧洲，范妮起先还觉得挺浪漫，但后来认定这是不顾廉耻的骇人之举。1777年，弟弟查尔斯因图书馆窃书事件被当场抓住并被剑桥开除。查尔斯谢世后，范妮谓其子曰其父亲"渴望拥有一座图书馆的愿望强烈到近乎疯狂的地步"。晚年查尔斯确实收集了海量的图书和报纸，其中许多今藏于大英图书馆。而他更可能的窃书动因，是想到伦敦把书卖掉，偿还因酗酒和赌博而欠下的债款。家人同心合力，想掩盖家丑，可偏偏范妮在书信和日记里无所不写，无所不记。也许她从来没有想过出版。

兄弟偷窃给范妮带来负面影响，意味着她第一本小说《伊夫琳娜》只能匿名发表，以免其姓氏引起公众注意。这本书不署名，还无中生有，虚构了一个金先生来当中间人，被第一位出版商詹姆斯·多兹利拒绝。1776年圣诞节前后，查尔斯又尝试了一次。他拿着小说的前几章，去找舰队街的出版商托马斯·朗兹，"在一个漆黑的夜晚"，他裹在"一件破旧的大衣里，戴一顶破旧的宽檐帽，一副过时、俗气的装扮"。朗兹答应出版并支付20个畿尼作为稿酬。范妮点头同意。

《伊夫琳娜》匿名问世，大受欢迎，还博得《伦敦评论》（*London Review*）和《每月评论》（*Monthly Review*）的好评。与范妮相熟的文人圈也注意到这本小说。约翰逊借来一本，阅毕不吝赞美，说它比广受读者喜爱的小说家塞缪尔·理查逊或亨利·菲尔丁的任何一部作品都要有趣、好看。

据史雷尔太太的报告，乔舒亚·雷诺兹爵士"捧着这册小书读得如醉如痴，叫别人喂他吃饭，还不肯离开餐桌，埃德蒙·伯克（Edmund Burke）则熬了一个通宵一气把它读完"。一时洛阳纸贵，据说在书店和当时流行的矿泉疗养地都供不应求，造成出版界的轰动事件。但作者是谁一直秘而不宣，直到牧师乔治·赫德斯福德发表题为《沃利》的讽刺诗：

> 怂恿蹩脚诗人写诗，实乃罪恶一桩，
> 不如让公共水泵和饮马池填饱他们的肚囊。
> 那污言秽语的打油诗能否保证你们的正餐？
> 让你们保有德鲁里房产的绝对所有权？
> 你们的诗行能吸引住哪个议员或律师，
> 或者得到亲爱的小范妮的表扬？

"亲爱的小范妮"[①]旁边标有星号并附有注释，说明她就是《伊夫琳娜》的作者"，这一下就毁掉了她和家人为了隐瞒作者身份苦心运用的复杂伪装。范妮大为生气，在日记里

---

① "亲爱的小范妮"是约翰逊博士用于范妮的称呼，乔治·赫德斯福德写这首诗的时候，还是画家乔舒亚·雷诺兹爵士的学生，后来才成为牧师。

记述了一次晚宴，餐桌上乔舒亚·雷诺兹与帕默斯顿（Lord Palmerston，第二代勋爵，其子后为英国首相）谈起这首诗。她说，她那会儿"怕得要命，浑身直哆嗦"，感到"无比的心烦意乱"。

《伊夫琳娜》讲述一个孤女（后来发现是女继承人）的故事，很典型的灰姑娘情节，敏锐的社会观察是小说出彩的部分。它采用书信体的形式，带领读者穿梭于当时位于伦敦与布里斯托尔的热门景点；故事活泼有趣，人物刻画令人击节，尤其还有对庸俗新贵们的抨击，笔锋犀利，毫不容情。

第二部小说《塞西莉亚》（Cecilia：Memoirs of an Heiress）同样大获成功，头版印制两千册，迅速售罄。小说描绘了一幅上流社会的生活画卷，笔锋幽默，不讨好，不奉承。塞西莉亚的监护人，势利男德尔维先生与他傲慢的妻子，深受读者喜爱。埃德蒙·伯克、爱德华·吉本（Edward Gibbon）和约翰逊纷纷宣称自己是"范妮粉"，伯克赞誉其小说的同时，还宣告"如今已进入女性时代"。

出版商以 250 镑买断版权，约合今天的 34000 镑，她现在凭自己的本事可以过得相当宽裕了。1784 年，塞缪尔·约翰逊辞世，她失去一位最亲密、最支持她的挚友，同年，她被作家、艺术家玛丽·德拉尼（Mary Delany）当成了朋友。此人 18 世纪上半叶曾与乔纳森·斯威夫特（Jonathan Swift）过从甚密，在宫廷颇受荣宠。

范妮被引荐给国王与王后，授予御前女官一职，负责掌管夏洛特王后的礼服，年薪 200 镑，并配有男女仆人各一名。这个工作她并不情愿接受，1786 年 6 月她写信给埃丝特说："远离亲朋好友，于我太残酷，况还有那不可松懈、不得消停的陪侍、装扮和束缚。"可是，一向爱攀高枝的父亲极力主张她接受。此时，她与继母的关系进一步恶化，姊妹们纷纷出阁成家，密友圈也因朋友衰老或谢世而日益凋零，作为一名三十五六岁的老小姐，能有多少选择呢？她接受了这个职位。

范妮的顶头上司伊丽莎白·施韦伦伯格夫人要求凡事恪守礼仪，不得有任何偏违，范妮把被管束的丧失自由的五年写进了日记。她发现这位夫人同继母堪有一比，简直由一个模子刻成："阴沉、忧郁、多疑、粗暴，喜欢横挑鼻子竖挑眼。"

不过，她倒是在最佳的位置上目睹了乔治三世的疯癫。第一次严重发病是1788年，日记描写国王各种可笑又可悲的举动——有一次他围着邱园追她——笔端蕴含范妮式幽默。国王发病加重了她的压力，她以健康为由向王后请辞，最后终于脱身。1791年7月，她辞去女官职位，退出王宫，得年薪一半。

范妮重返文艺界。1793年，即法国国王路易十六被处决的那年，她遇上一群法国流亡者，其中包括查尔斯·莫里斯·塔利兰、斯塔尔夫人（Mme Germaine de Staël）和一个名叫亚历山大-让-巴普蒂斯特·皮奥夏·达布莱的人。达布莱是一名职业军人，同他这几位贵族朋友交恶于雅各宾派。他们赞成宪法改革，却并非保皇党人，范妮被他们的自由政治思想所吸引。她虽然倾慕斯塔尔夫人的才华，却因其行为不检而不愿与之交往。性格狡诈的塔利兰，她也不喜欢，却独独青睐达布莱。她嫁给了他，读者朋友们！那时她41岁，而这场婚姻结局甚美，两人过得无比幸福。他们的儿子亚历克斯于1794年婚后第17个月出生。

范妮继续挥毫创作，1796年出版《卡米拉》（*Camilla: A Picture of Youth*），得版权费1000镑。出版商还发起征订活动，文坛名流蜂拥而至，争相要花一个半畿尼订阅三卷本。而地位没那么崇高的征订者中，有一位尚寂寂无闻、年方二十、名唤简·奥斯丁的年轻女士第一次当众表明自己是范妮·伯尼的信徒。《卡米拉》并非范妮最受欢迎的小说，但是它描绘女性受教育的艰难，堪称细致入微——也有作家关注类似主题，譬如与她同时代的玛丽·沃斯通克拉夫特。

19世纪开始的头几年，达布莱夫妇过得相当艰难，因为他们在极为动荡的年代往来奔波于英法两国之间。范妮创作了大量剧本，却没有一部在伦敦戏院上演。直到1814年，她的最后一部小说《流浪者》（*The Wanderer*）（或《女人的艰辛》，*Female Difficulties*）才获发表。再一次，我们看到一位女作家将强有力的性政治植入其小说，描写一名身无分文的老小姐如何左冲右突，寻求突围。手头不再拮据的她又添一笔收入，初版获稿酬1500镑。

范妮晚年备尝丧亲之痛。其兄死于1817年，其夫卒于1818年，两个姊妹分别于1832年、1838年谢世，其子亚历克斯于1838年突发高热，不幸身亡。她本人于1840年1月6日在伦敦逝世，葬于巴斯圣斯威辛教堂，紧邻其子亚力克斯。

范妮死后名气随日记的出版而上涨。其日记生动刻画了乔治晚期的英国与大革命之后的法国。20世纪上半叶，弗吉尼亚·伍尔夫主张应该将范妮当作小说家来景仰敬重，并称之为"英国小说之母"。2002年，西敏寺诗人角为范妮专辟纪念窗，为之揭幕的是其家族后人查尔斯·伯尼。

所以，熬过了那个可怕的手术——坦白说，它会永留我的脑海，或许也会永存于你的记忆，范妮·伯尼比她爱的每一个人，包括其儿子在内，都要长寿。我热爱她的作品，喜欢听她闲聊，看她绘声绘色描写18、19世纪伦敦文人圈的生活。但最爱她的一个理由，是她让我们所有人意识到，不管诊断有多么可怕，手术（即使有全麻）多么令人难受，乳癌可以挺过去，并且在挺过以后可以活得很长，活得有成就！

06

A History Of Britain In 21 Women

女性主义先锋

玛丽·沃斯通克拉夫特

Mary Wollstonecraft

1759—1797

"我不想要她们拥有支配男子的力量,而希望她们拥有支配自己的力量……女人缺乏的不是帝国,而是平等与友谊。"

——玛丽·沃斯通克拉夫特

我有不少藏书。若寓所起火，除三狗一猫一帧家庭合影外，唯有一册书需列入必救清单：玛丽·沃斯通克拉夫特的《为女权辩护》（*A Vindication of the Rights of Woman*）。这书费了我不少银子，贵得离谱，竟然还不是初版。《为女权辩护》问世是 1792 年，甫一刊行，迅即热销。我收藏的这本，1796 年刊印，比初版晚了四年。

伦敦东区有一所老龄妇女图书馆，设在伦敦城市大学内。我曾经在那里戴着白手套，手捧罕见存世的首版《为女权辩护》，第一部真正伟大的女权主义宣言。这是我双手捧过的最珍贵的物品。此书现藏伦敦政治经济学院图书馆。

我通常不会陷入恋"物"热情。可是，当我手捧这些书，甚至自己那本论珍贵度略逊一筹的第三版，我的内心激流腾涌，澎湃之状超乎一切预想。它们似乎将我直接连通到一位远超其时代的杰出女性。她敢于下笔，就女性曾经（今天有时仍然）被认定的唯一命运，纵横捭阖，无所不论。她好像对同时代的女同胞很有意见，批评她们成天迷恋浪漫故事和衣饰打扮，只在意自己漂不漂亮，迷不迷人。她形容她们"满脑子无常的幻想",还在《为女权辩护》里说:"所有女子经温顺与驯良的刮削,修成同一种个性:顺服的温柔、温柔的顺服。"

在最具批判力的一个段落里,她宣称:

> 女人轻浮的头脑里只有一件固定不变的要务:凭婚姻……立身立足。这欲望把她们造成了纯粹的动物,一旦结婚,行为举止与人们所期望于孩童无异——打扮、化妆,给上帝的造物取各种昵称。这些软弱无力的人自然只配做女奴!

为钱为保障而婚,她称之为合法的卖淫,但与此同时,她又理解女性在很大程度上是被逼入此等境地,因为她们通常享受不到男孩拥有的教育权,也罕有谋生、经济独立的机会。最终,尽管她确实敦促女性努力超拔被置入的境遇,却并未将其堕落归咎于她们自身。使女人"软弱可怜"者,非天性也,乃文化也,她强调说。

"社会必须更加平等",她说,"否则道德永无立足之地。符合道义的平等,哪怕其根基建立在磐石之上,只要占人类半数的女性被命运囚禁在那磐石的底层,它就不可能稳固,因为女性的无知与骄傲会将它不断侵蚀。"

18世纪晚期,女性谈不上有什么权利。对于她们当中的多数人,婚姻就是所能期望的最好职业,尤其是觅得家道殷实的郎君。一旦结婚,女子既不能分享财产权,也无权免受家暴的折磨,假如婚姻终止,对孩子拥有监护权的是父亲而非母亲。

女子没有投票权，也没有担任公职的权利。直到1929年，加拿大五名女性向伦敦枢密院提出人案（the Persons Case），才促使枢密院同意女性在法律中被界定为人。1929年之前的英国法律没有这一条，尽管议会在1918年已经通过限制条件下的妇女选举权，并于1928年通过全体妇女选举权。正是这几位加拿大女性为我们赢得了像男子那样被界定为人的权利。女人不是天生的，而是被造的，这个由沃斯通克拉夫特首倡的理论将在西蒙·波伏娃迟至1949年才发表的《第二性》（*The Second Sex*）中继续回旋唱响。

沃斯通克拉夫特的观点在她那个时代不受欢迎，这不奇怪。男人已经习惯了将妻子当作女仆、保姆、社交秘书、不爱替自己提要求的迷人伴侣，他们怎会希望改变呢？作家兼政治家霍勒斯·沃波尔（Horace Walpole）——其父亲罗伯特·沃波尔爵士（Sir Robert Walpole）曾任英国首相——就曾称她为"穿裙子的鬣狗"。

我书架上第二珍贵的收藏，是新版《为女权辩护》的头一版，女权之"女"还出现了纰漏，最早刊行的版本明明为单数"Woman"，这里却印成复数"Women"。出版年份为1891年，距最早版本一百年。导论由亨利·福西特夫人（Mrs. Henry Fawcett）执笔。今天我们以更恰当的方式称她为米莉森特·加雷特·福西特（Millicent Garrett Fawcett），妇女争取选举权运动的领袖之一。后文对她有更详细的介绍。

沃斯通克拉夫特的《为女权辩护》能够留存于世，惠及后代，显然得益于福西特热情洋溢的称赞。福西特写道：

玛丽·沃斯通克拉夫特超越了她的时代，也可以说超越了我们的时代,虽然人们的观念沿着她指出的方向一直在向前推进。她数次指出男性与女性的贞洁密切相关,不可分别而论。我们本以为这是明摆的事实,根本不需要证明;但是依据我们的经验,即使在今天民众对于同一行为下的男女双方,责难的程度全不对等,判断的标准也有霄壤之别……玛丽·沃斯通克拉夫特倾尽全力反对的,正是这道德和习俗在本质上的不道德、不公正。她曝露那自称是美德热爱者的虚伪,他们对越轨女子横加鄙斥,对以金钱、安逸和花言巧语诱惑她堕入深渊的男伴,却毕恭毕敬,礼遇有加。

福西特接着说:

在另一个重要的层面上,玛丽·沃斯通克拉夫特也超越同时代的妇女,而与我们时代最杰出的思想家同道同辙。亨里克·易卜生(Henrik Ibsen)在现代人中率先教导我们,女性除却对父母、丈夫、孩子负有责任,对自己也负有责任;养成真正美好的女性气质,同培养男性气概一样,需要真理与自由的滋养……

我已经援引过她的话:"我不想要她们拥有支配男子的力量,而希望她们拥有支配自己的力量"……"女人缺乏的不是帝国,而是平等与友谊"……"*对女性而言,一般地说,她们首先是要对作为理性人的自己负责。*"斜体部分几乎是一字不差地预演了《玩偶之家》（*A Doll's House*）中那一著名的场景：娜拉冲着一脸惊愕的丈夫说，她发现除了要对他和孩子们负责，也要对自己负责……女子需要教育，需要经济独立，需要选举权，需要社会平等和友谊……所谓女子必在当奴隶与当女王之间选择，"一朝失爱，即遭鄙弃"之类的话，都是无稽之谈……对于这些谬论以及由此衍生的种种歪理，玛丽·沃斯通克拉夫特发动了第一轮系统而集中的攻势；英美国家的女权运动得益于她，正如现代政治经济学得益于她同时代的名士亚当·斯密。

玛格丽特·沃特斯（Margaret Walters）的沃斯通克拉夫特传记认为，沃氏正像她第一部小说（《玛丽：一篇小说》，1788）中的女主人公，拒绝了父母的生活模式，她"没有榜样可模仿，没有道合者可认同，于是她不得不在'发明'的字面意义上发明出自我"。沃特斯指出一个事实：玛丽面对的阻碍，是所有决意独立思考的女性必须经历的，她同时暗示，正是这熟悉得不能再熟悉的抗争赋予其故事一种"奇异的现代"特质，也解释了我们今天仍然与她发生强烈共鸣的原因。

正如那许许多多靠自己努力积有所成、"首先做到对作为理性人的自己负责"的女子，玛丽身上如今我们名之为女权主义火苗的那种东西，也由她父亲点燃，不过在她这里起的是负面作用。她的家庭生活最典型地说明了个人经验如何可能演变为政治经验。

沃斯通克拉夫特1759年生于伦敦施皮陀费尔兹一户相

对殷实的家庭。祖父经营一家丝织厂,生意兴隆。1765年祖父离世,父亲继承了一部分家业。

父亲既无务农经验又无农业知识,却携妻将子来到埃塞克斯郡埃平镇的一处农场。爱德华·沃斯通克拉夫特尝试了各种行当,屡试屡败。据女儿玛丽日后的描述,他就像一个霸凌少年,酗酒后专拿妻儿撒气。她时常挺身而出,保护母亲不受家暴伤害。而其母伊丽莎白似乎从未替自己反抗过。

沃斯通克拉夫特家有7个孩子,分别是内德、玛丽、亨利·伍德斯托克、伊丽莎、埃夫丽娜、詹姆斯和查尔斯。内德无疑最受母亲宠爱。有感于母亲对长兄的偏爱,玛丽后来在小说《玛丽亚:女人之罪》(*Maria: The Wrongs of Woman*)中写道:"相比于给他的爱,可以说她不爱其余的孩子。"

所有的孩子中,只有内德一人接受"绅士"教育,为将来进入法律界做准备。这个家处于不断的迁移中,自伦敦迁往埃平、约克郡,回到伦敦,前往威尔士,最后又搬回伦敦,于是,玛丽接受的正规教育就只有在东约克郡贝弗利上的几年学,她在那里学会了读书写字。自此以后,她汲取的一切知识,包括几门外语,全凭自学习得。

聪慧如斯的年轻女子自然会坚决地认为,女孩应该享有同男孩一样的教育权。可是,她的刻苦与坚定并没有打动家人。她后来比较自己与兄长的生活,写道:"在他身上被称作勇气与才智的品格,在我这里就被当作胆大妄为而横遭压制,这真是顽固的偏见!"

在18世纪,年轻困窘的中产阶级女子外出谋生的机会很少,只能教书,当家庭教师,做些缝纫活儿或者给哪位太太相中了去做陪伴。这些工作,玛丽全部尝试过,没有一个不让她讨厌。因为家境贫寒，她在婚姻市场也没什么前途。当然，为钱而婚的人生设计与她日渐成熟的政治哲学也不可能搭调。

18世纪80年代，她尝试在伦敦的纽因顿格林区开设一家女校。她襄助妹妹伊丽莎摆脱无法忍受的婚姻，并替她安排合法分居。1784年，两人一起开办学校，却以失败告终。她决定变换思路，设法成为一名职业作家。

她日后称自己为"拓荒者"，可事实并非如此。这个时期以笔耕为生的女作家并不少见，虽然多数写畅销小说。玛丽不赞成写这样的小说，认为对于年轻的女读者，浪漫小说属于危险的消遣。她的第一部作品《女教论》（*Thoughts on the Education of Daughters*）是一本严肃的德育手册，对视女孩为次等生物的传统女教提出了批评。这本书替她挣得了10镑的收入，她为之欢欣，一年后还写信给伊丽莎说："但愿你没有忘记，如今我是一名作者啦。"

她在纽因顿格林遇见牧师理查德·普赖斯（Richard Price），与他相交甚厚。普赖斯同科学家约瑟夫·普里斯特利（Joseph Priestley）一道，领导一个被称为"理性不奉国教派"的知识分子群体。他们努力揭开宗教的神秘面纱，让良心与理性遵从道德的选择。普赖斯成为玛丽的导师，还介绍她结识当时的革新派领袖，包括出版商约瑟夫·约翰逊（Joseph Johnson）。正是他于1787年发行玛丽的《女教论》，后来他还出版了描写社会如何压迫、限制女性的《玛丽：一篇小说》以及童书《现实生活里的故事》（*Original Stories from Real Life*）。1788—1792年，她替约翰逊做翻译和评论工作，为他创立《分析性评论》杂志（*Analytical Review*）

推波助澜。

于是，她实现了自由女性先锋的目标，获得了她倡导所有女性都应该获得的思想与经济独立。她拒绝追逐时髦，其穿着打扮今天或可名之为波西米亚风格：一条粗布长裙，一双精纺毛线袜，长发随意披散于双肩，不像人们所期望于淑女的那样高盘于头顶。一位心怀不满的评论家称之为"哲学邋遢女"。她不沾荤腥，放弃其他生活必备物品，以便——用她的话来说——更好地发掘真实的自我。她在给一位女性朋友的信中写道："宁愿同一切障碍抗争，也不要陷入依附的境地……我感受到了千钧压力，要尽力让你避免这样的重压。"

发轫于1789年的法国革命，对于玛丽和她那派持自由主张的知识分子，成为至为关键的大事件。在她看来，这是一场争取个人自由、反抗腐朽豪阔之君主贵族专政的斗争。其朋友兼导师理查德·普赖斯撰文颂扬革命者，主张"英国人民同法国人一样拥有推翻腐朽君主统治的权利"。先前因颂扬美国革命曾受到强烈谴责的普赖斯，这一次遭到了英国政治家埃德蒙·伯克的批驳。伯克这篇机敏锐利的驳文题为《法国革命反思录》（Reflections on the Revolution in France），捍卫君主"世袭的固有权利"。

也许托马斯·潘恩（Thomas Paine）为回应伯克于1791年发表的《人的权利》（The Rights of Man）更广为人知，但玛丽的反应也相当迅速。1790年，她以《为人权辩护》（A Vindication of the Rights of Men）为题发表政论，声援普赖斯与法国革命，反对包括奴隶贸易在内的一系列社会现象，探讨人权与国际政治等问题。她还指责伯克同情法国贵族女性、视她们为革命牺牲品的立场："鉴于阁下的个性，您的眼泪自然是要留给那失势的法国王后的……至于许多昧旦晨兴、痛失伴侣的母亲的痛苦,孤苦婴儿饥饿的啼哭,这些普通百姓的悲苦,是触发不了您的同情的。"

玛丽的第一篇"辩护"反响良好,受到了包括威廉·葛德文(William Godwin)、塞缪尔·柯尔律治(Samuel Coleridge)、约瑟夫·普里斯特利、威廉·布莱克(William Blake)、托马斯·潘恩、威廉·华兹华斯(William Wordsworth)等人在内的伦敦激进派的激赏好评,使她名正言顺地在其中占据一席之地。这些伦敦激进派高扬启蒙运动(即颂扬理性,以理性为人类身份之绝对核心的社会革命)的旗帜,力求沿着启蒙开创的思路,重新界定家庭、国家和教育。这离玛丽提倡的两性平等的目标,即第二篇"辩护"(《为女权辩护》)主张的女性在道德与智力上等同于男性,只有跬步之遥。

仅仅费时三月,她就挥毫写成300多页的文字,但对于自己有没有尽全力做到最好,却并不自信。她致信一位朋友:"假如不是忙于《为女权辩护》的写作和出版,我早该给你写信了……今天要把最后一页交给出版商。我对自己不满意,因为没有充分展开话题。请不要疑心我在假谦虚——我想说,如果再给自己多一点时间,应该可以写出一本更好的书来。"

然而,《为女权辩护》甫一问世,迅即得到积极响应。传闻帕默斯顿夫人警告其丈夫:"我可是一直在读女性权利的书,日后你必定会看到我握住自己的权利与权益,紧抓不放。"在格拉斯哥,一位安·麦克维克·格兰特太太写道:"这本书在这里受到如此的追捧,根本不容你留住它细细品赏。"当然,说坏话的也有。福音派作家领袖、"蓝袜子"群体成员汉娜·摩尔致信霍勒斯·沃波尔,说自己不曾通读此书,却发现"标题本身就荒诞得可笑。没有哪一种动物像女性那样,须将其良好的举止主要归功于服从"。观念更保守的女性则普遍认为,此书纯属"不成体统的狂文一篇"。我们不免好奇,诋毁的人中究竟有几个真正读过这本书!

在振臂呼吁人权的同时呼吁女权的,在当时倒并非只有玛丽一人。法国大革命期间,奥林普·德·古奇(Olympe de Gouges)明智地指出,自由、平等、博爱的理想在相当程度上忽略了女性视角。她于1791年发表《女权与女公民宣言》(*Declaration of the Rights of Woman and the Female Citizen*),抗议革命派的《人权宣言》(*Declaration of the Rights of Man*)弃女性于不顾。她引发的反响不及沃斯通克拉夫特。因为持守女权主张,德·古奇最终以叛国罪被送上断头台。

男女平等接受教育,从而实现关系的平等,玛丽怀抱这样的希望,却并未在自己身上实现。她在《为女权辩护》中主张智力匹俦才是婚姻的理想境界,如此女性才可凭借品行与事业而无须假手婚姻来界定自我。然而,一旦遇上心仪的男子,玛丽也难将理论付诸实践。在伦敦期间,她与文人画家亨利·福塞利(Henry Fuseli)陷入热恋。亨利是有妇之夫,太太对两人情事浑无察觉。玛丽从不掩饰感情,遇事往往凭激情纵身一跃,断不会顾虑后果而左右徘徊。她决意将此事和盘托出。她找到福塞利的家,面见其妻索菲亚,同她说鉴于目前之困境,唯有三人共同建立家庭方为上策。索菲亚闻之震怒,认为其计划骇人听闻,将她驱出门外。这段情史由此画上句号。

1792年,她的女权主义宣言还在书店热销,玛丽启程前往法国，明面的理由是见证一下令她激情昂扬的大革命，实则是寻一个方便的托辞，好逃离伦敦，远离绯闻的旋涡。她抵达的时候，雅各宾派刚好准备实施暴政，不久便有大批人横遭处决，专制势力开始抬头。她此间写成《法国大革命起源及进展的历史观与道德观》(*An Historical and Moral View of the Origin and Progress of the French Revolution*)，于1794年发表，记录了她想在两种矛盾（一是暴力给她造成的恐怖，一是相信人可以完善的信念）之间进行调和的努力。她深感失望。

身处法国混乱的政局，作为一名英国女士，还面临极大的人身危险，玛丽再度陷入失望。巴黎有一群信奉思想自由的英美激进派，他们欢迎她加入。1793年年初，她认识吉尔伯特·伊姆利上尉（Captain Gilbert Imlay），此人曾经行伍，如今经商，既英俊又有魅力。玛丽不可救药地爱上了他。

同年11月，玛丽写信给他："我感到了一阵阵温柔的颤动，这让我意识到我正在滋养一个生命，不久它便能体会到我的关爱。每念及于此……心头就涌起对你的无限柔情。"

这"无限的柔情"，伊姆利并没有与她共享。不过，他去美国大使馆将她登记为妻子（两人并未真正成婚），确实对她起到了保护作用，因为当时骚乱不止，作为英国女子的玛丽很可能被投入监牢，而美国人凭国籍可以免受暴政侵扰。然而，他很快丢下玛丽一人，启程去做生意。玛丽追到勒阿弗尔，希望孩子的诞生能拉近他们的距离。1794年5月，范妮出生。伊姆利并没有如她所愿成为疼爱孩子的父亲。

玛丽给女儿取名范妮，是为纪念发小兼闺密范妮·布拉德。威廉·葛德文在玛丽辞世后为她所著传记中说，她与范妮的"友情是如此浓烈，经年累月，以至沉淀为她内心中支配性的激情"。没有证据表明两人是同性恋，但她们一同生活、工作达十年之久，连范妮的家人，玛丽也待如自己家人。

1785年，范妮前往里斯本，嫁给那里的一位爱尔兰人。她怀孕后，玛丽在临产前奔赴里斯本陪伴守候。结果范妮死于难产。葛德文写道，玛丽给女儿取名范妮，是为纪念"年轻时代的挚友，其形象永存她的记忆，一生都不会抹除"。

待女儿出生后，玛丽追随伊姆利来到伦敦。她希望他们能在这里组成一个家庭。他却忙于商业投资，并开始同其他女人约会，对家庭生活提不起任何兴趣。玛丽曾吞服过量鸦片，却被女仆发现，救了过来。这是她第一次企图自杀。

痛苦的关系仍然继续。如此理性、聪慧的一个女子竟然会听任自己被这样的男子利用、侮辱，这似乎令人惊讶。可是，当伊姆利请她前往挪威帮忙解决商务纠纷，玛丽二话不说，背起行囊带上幼女与女仆便赶赴斯堪的纳维亚。由于伊姆利船上的挪威籍船长偷了一船货物，她花了好几个月替他谈判调停，争取赔偿。

迨玛丽返回伦敦，却被厨师告知伊姆利已另结新欢，同一名女演员好上了。玛丽再度尝试自杀。她行至帕特尼桥，投入泰晤士河，恰好有两名船夫经过，又将她救起。她仍然希望同伊姆利再续前缘，反复恳求和好。直到1796年，她才彻底放弃希望，写信诀别。"现在我郑重表明，这是永远的告别……我会平静地离开你。"

玛丽初会激进派领袖威廉·葛德文，是在1791年约瑟夫·约翰逊举办的家宴上。两人因宗教问题发生争执，看上去互不喜欢对方。可是等到1796年,她与伊姆利结束关系不久,便主动追求起葛德文来——这可不是18世纪晚期女性的惯有做派!她上他家去,说是为借给他一本书,实则两人迅速展开激情四溢的情爱关系。

玛丽写给葛德文的信,满纸兴奋与愉悦,她显然为两人的亲昵欢爱感到高兴。1796年11月,她在信中写道:"如果昨晚的快乐能让你更健康,让我更美丽,你就没有理由哀叹自己意志不坚。梳头那会儿,我回想起昨晚,亲爱的,一阵愉悦的羞红涌上脸颊,我很少见到自己像今晨这样容光焕发,仿佛生命的火光就在我的脸上流淌。"

沃斯通克拉夫特与葛德文原本没有结婚的打算,两人对于婚姻均持保留意见,且玛丽仍以伊姆利为姓,大家都认为她在巴黎已经嫁人。可是1797年年初,玛丽发现自己有孕在身,于是两人决定结婚,却引发另一桩丑闻,因为那么多的朋友原以为玛丽是有夫之妇。范妮竟然是私生女!不少人在震惊之下,同她断绝来往。

玛丽与葛德文似乎实现了她所期望的婚姻。她迁入他安在伦敦萨默斯镇的家,白天他则另租一间书房工作。他们通常独自写作,独自拜访朋友,因为彼此渴望维护各自的独立。玛丽盼望着孩子的到来,在降生之前称其为"小威廉"。

8月30日,她生下另一个玛丽——未来的玛丽·雪莱(Mary Shelley),《弗兰肯斯坦》(*Frankenstein*)的作者——然而胎盘没能自然脱落,不得不由接生婆手动剥离,不幸引发产褥热,致使玛丽在产后11天离别人世。

葛德文致信友朋,谓此生不复享有幸福,可仅在两年之后,他成功地写出回忆录,对于玛丽的闺房之事,不吝工笔细描。这于提升玛丽声誉当然毫无裨益,却无疑给他和两个女孩挣得了一笔丰厚的收入。传记就像是复制,他们如是说。

回忆录给沃斯通克拉夫特招来种种谴责,其中比较突出的有 19 世纪社会学家哈丽雅特·玛蒂诺(Harriet Martineau),她写道:

> 女子如果想要改善境遇,增强机会,我确信必须有仁爱和奉献的精神,还要有理性和冷静的品质……玛丽·沃斯通克拉夫特能力超强,只可惜沦为激情的牺牲品,除非她个人性的需求得到满足,否则总无法得到内心的平静,终日不安宁、不甘心。

我们已经看到,臻至 19 世纪晚期,就有主张扩大妇女选举权、提升女性教育的米莉森特·加雷特·福西特和芭芭拉·博迪雄(Barbara Bodichon)等人站出来维护玛丽,视她为男女彻底平等的倡导者。迨及 20 世纪,伴随性别观念进一步开明,她已经成为女性主义英雄,这也是我们今天给她的定位。弗吉尼亚·伍尔夫总结其影响:

> 这样一个女人,她的生存意志是如此强烈,在极大的痛苦中仍然高喊:"一想到我就要死去——要失去我的生命——我就无法忍受,不!我的生命竟然要停止——这在我看来是不可能的!"但她终于在 36 岁(原文如此,其实是 38 岁)的年纪死去。

可是，她也实施了报复。在她下葬后的130年来，千百万死去的人被遗忘了；然而，当我们读着她的书信，听着她的辩论，思考着她进行的各种实验，尤其是最有成效的一次，即她与葛德文的结合，认识到她怎样不顾别人的看法、热血沸腾地开拓自己的道路，把握生命的根本，毫无疑问，她已经得到了某种形式的永生。她还活在当下，争辩着，实验着，生机勃勃；我们仍然听见她的声音，在活着的人当中仍然能寻获她的影响。

07

A History Of Britain In 21 Women

她代表英国人热爱的一切

简·奥斯丁

Jane Austen

1775—1817

"让别人去写罪恶和痛苦吧。"
——《曼斯菲尔德庄园》(*Mansfield Park*)

如果在长久以来令我心悦神怡的文豪里边挑选一位，谁才是"21位改变英国历史的杰出女性"这个题目的最佳人选？我踌躇再三，难以抉择。是否该选夏洛蒂·勃朗特（Charlotte Brontë）？她的《简爱》（*Jane Eyre*）对于无权无势、饱受贫穷与欺侮的女孩们无比重要。

我也考虑过乔治·爱略特（George Eliot）。她闺名唤作玛丽·安·伊凡思（Mary Ann Evans），却为避免形象刻板化，避免被当作那个时代典型的专写恋爱故事的女作家，用了一个男性笔名。她与乔治·亨利·刘易斯（George Henry Lewes）同居多年，却没有成婚。如此种种，在19世纪的英国可称不上合规合矩。《米德尔马契》（*Middlemarch*）是她的扛鼎之作，描绘19世纪中期英国乡村的生活画卷，以广阔的社会动荡与经济变革为背景徐徐展开。女主人公多萝西·布鲁克，聪明、美丽，怀抱理想，扶危济贫，却错嫁了夫婿。等丈夫咽了气，她才在另一桩基于平等伙伴关系的姻缘里觅得自己的幸福。

第三个候选人，也许是盖斯凯尔夫人（Mrs. Gaskell）。

我宁愿照其本名伊丽莎白·盖斯凯尔（Elizabeth Gaskell）来称呼，而不愿称之为某某夫人，仿佛她是某某先生的附庸。她完全当得起这份尊敬。其小说《玛丽·巴顿》（*Mary Barton*）和《南与北》（*North and South*），分别曝光曼彻斯特工厂里工人阶级的悲惨状况，是英国女作家作品中政治色彩最鲜明的两部。

可最终我还是敲定简·奥斯丁，因为在我看来，她代表了我身为英国人所热爱的一切。但凡她看不过眼的东西，从势利到残忍到攀缘，她都坦率地提出批评，不藏也不掖。她独具慧眼，机智风趣，英语在她的笔端得到最优雅的呈现。除了她，还会有谁这样给小说起头："有钱的单身汉必要娶个太太，这是一条举世公认的真理？"[1] 言外之意一目了然：没钱的单身女必得钓一个金龟婿，好借势拔高自己的地位。

这可不是奥斯丁的追求。她宁愿凭一支笔杆来养家谋生。事实上，她拒绝过一次缔结姻缘同时改善家庭经济状况的机会。那是1802年，她得到了后人所知的唯一一次求婚。通过老朋友比格姐妹阿莱西娅、伊丽莎白和凯瑟琳的介绍，她与三姐妹的弟弟哈里斯·比格·威瑟相识。两人在贝辛斯多克的比格家相遇，当时简和姐姐卡桑德拉（Cassandra）正在那里做客。这位哈里斯甫从牛津毕业，前程一派锦绣，还将继承一笔相当殷实的家产，只是——据奥斯丁侄女卡罗琳的描述——不大有吸引力："（此人）相貌平平，举止笨拙，甚至近乎粗野……唯一的优点是块头够大……他不受姑娘们

---

[1] 小说《傲慢与偏见》（*Pride and Prejudice*）开篇第一句。

青睐，原因显而易见，不必另寻隐微的缘由。"

简·奥斯丁起先接受了求婚，经过一晚的斟酌，又撤回了允诺。没有遗存的书信可以解释她为何认定自己不能嫁。这必是一个思之再三后才做出的决定，因为这桩姻缘原本可以带给她一笔丰厚的收入，还能使她为父母和姐姐提供一个舒适的家。

可惜，奥斯丁大部分书信未能存世。据估测，她一生所写书信约有3000封，仅有160封留存。简写给卡桑德拉的书信，多由姐姐销毁，保存的这部分据说亦有删改。另一些则毁于五哥弗朗西斯之手。我们关于她的生平信息，主要得自其亲戚在她辞世50周年左右写成的传记，当时她作为小说家正声名鹊起。他们将她主要刻画为"温柔沉静的简姑妈"，这样的奥斯丁，我们不得不说，只怕是含有一定偏见。

有一封信，是奥斯丁1814年写给侄女范妮·奈特的。范妮就感情问题征询姑妈的意见。简回信说："问题的一面，我已经写了这么多，现在我来谈谈另一面，我想请你不要进一步表态，不要想怎么接受他，除非你真正爱他。与没有感情的婚姻相比，其他任何事情都要比它好，比它容易忍受。"

简·奥斯丁的父亲乔治·奥斯丁（George Austen）是一位国教牧师，母亲是卡桑德拉·利（Cassandra Leigh）。两人虽然都出身富贵家庭，但他们本身并不富有。奥斯丁这家，有人做过毛纺厂厂主和地主，卡桑德拉则来自"利"姓贵族。父亲乔治在简的一生当中，多数时间在汉普郡斯蒂文顿县当牧师。除了从教会支取薪俸，他还在自己的牧师公馆办学，教授寄宿生以添补家用。

奥斯丁一家育有八个孩子，即詹姆斯、乔治、爱德华、亨利·托马斯、卡桑德拉、弗兰克、简和查尔斯·约翰。卡桑德拉随母亲取名，日后将成为简最亲密的朋友、终生的知己。

婴儿时期的奥斯丁曾寄养别人家，很可能是村里的某个奶妈。有一年半的时间，她由伊丽莎白·利特伍德看护和照管。8岁时，她与10岁的卡桑德拉同被送往牛津，在其姨父的姊妹安·考利太太手下接受教育，并于1783年随此太太迁往南安普敦。两个姑娘在这里害了斑疹伤寒，简九死一生。她后来英年早逝（41岁离世），与童年期的重病或有一定关系。

她们回到斯蒂文顿，接下来几年在家中学习。《诺桑觉寺》（*Northanger Abbey*）有一处提到凯瑟琳·莫兰德"滚下屋后的绿坡"，还喜爱板球胜过闺阁游戏。家里有这么多兄弟，板球也许是简和姐姐同他们一起玩过的体育项目。

1785年，奥斯丁家的女孩被送往瑞丁修道院女校当寄宿生。这段经历传说在简的创作中也留下了印迹。有人认为《爱玛》（*Emma*）里边戈达德太太开办的非正规女校就有它的影子。简那会儿10岁，按说女校的教育水准适合年纪更大的女孩，可母亲不想让两姐妹分开。她的原话据说是："要是卡桑德拉被砍头，简肯定会跟着抹脖子。"

她们在女校只待了一年，因为父母再也交不起学费。简在家庭以外受到的真正意义上的教育，就只有这一次。于是，她们又回到斯蒂文顿，学习钢琴和绘画，照当时的标准，淑女都得会这些才艺。简还可以利用父亲藏书丰富的书斋。她写道，自己和家人都是"小说迷，而且并不为此感到难为情"。

简谙熟亨利·菲尔丁和萨缪尔·理查逊的作品，而且是范妮·伯尼的"铁粉"。《傲慢与偏见》的标题，取自伯尼的《塞西莉亚》。1796年，伯尼另一部小说《卡米拉》问世，"斯蒂文顿的简·奥斯丁小姐"就是其中一位订阅者。她在《诺桑觉寺》里振臂"为小说辩护"，列举的三本书分别是伯尼的《塞西莉亚》、《卡米拉》和玛丽亚·埃奇沃思的《贝琳达》（*Belinda*）。

简日后称为"少年习作"的作品，创作于1787年至1793年。其中许多是对当时流行小说的滑稽戏仿，通常是为了娱乐家人而作，题献的对象也是家庭成员。很显然，奥斯丁的家庭一派和睦的气氛。他们坚持认为，接受良好的教育对于男孩与女孩同样重要，即使这教育因为经济拮据不得不在家进行。孩子们演戏、读书、讨论，家里没有人惮于抒发己见或不敢同持异议者展开争论。简的思想与才智养成于家庭，这是显而易见的。

正是在早年的练笔期（1795—1799），奥斯丁创作出了最终以《理智与情感》（*Sense and Sensibility*）、《傲慢与偏见》、《诺桑觉寺》为标题的那些小说的雏形。《傲慢与偏见》现在也许是她最有名、最受欢迎的小说，最初名为《初次印象》。奥斯丁父亲把它交给出版商，却横遭拒绝。他显然连看都没看一眼。我敢打赌，等他意识到自己的错误，肯定得狠踹自己一脚。

我们在小说里读到各种舞会和聚会，显然，汉普郡给简提供了这类社交活动的丰富经验。米特福德夫人（Mrs Mitford）作为旁观者，对简有一番古怪的描述，说她是自己记忆中"最漂亮、最傻气、最矫情、一心要钓个夫婿上钩的花蝴蝶"。不过,要说她在男士之间穿梭调情的证据,却几乎找不到。简曾经写给卡桑德拉一封信(这封信写了两天),其中的确提到一位托马斯·勒弗罗伊。这勒弗罗伊是简的老朋友安·勒弗罗伊在爱尔兰的穷亲戚,他们之间有过郎情妾意的迹象。

信写于简 20 岁:

> 告诉玛丽,我把哈特利先生连同他的一切财产都拱手相让,好叫她将来独自享用和受益,还不只这位先生呢,其他所有追求者,只要她能找得出来,我通通让给她,连 C. 波利特想给我的那个吻也包括在内,因为我准备专情于托姆斯·勒弗罗伊,那个我一毛钱也不关心的人……
>
> 周五——这一天终于来了,我同托姆斯·勒弗罗伊最后的调情时刻。等你收到信的那一刻,一切将结束。一想到这凄凉的前景,我不禁黯然垂泪。

众所周知,托姆斯·勒弗罗伊手头窘迫,娶不起简。多年以后,已经成为爱尔兰首席大法官的他向外甥吐露自己"对简·奥斯丁一度怀有男孩气的倾慕"。

简对巴斯与南安普敦的了解,是源自几次游览的经历。等到 1800 年年底,当她父亲年届古稀,决意退休的时候,全家才迁往乔治时代的温泉小镇和度假胜地——巴斯。这里却并非她心仪的家园。

简和家人定居巴斯,一直到父亲过世的 1805 年。夏天,她们会去海边度假,正是在莱姆雷吉斯西边的南德文郡,简似乎谈过一次假日恋爱。这位年轻人姓甚名谁，我们今天无从知晓，但是，许多年后卡桑德拉的确同侄女提到一名男子，并说她认为这位爱慕者同简很般配。"他俩互相告别，对方明确表示，他一定会再来，一定能找到她们。"

可是不久，她们便得到他的死讯。不少人推测，《劝导》(*Persuasion*)留下了这次偶遇的痕迹。简与那男子相遇，应该是27岁，这正是安·埃利奥特的年纪，另外，核心场景也发生在莱姆雷吉斯。小说写于作者离世之前，相比于早期作品，笔调更蕴含一缕忧伤，一丝苦涩的反讽。奥斯丁的传记作家克莱尔·汤姆林（Claire Tomalin）形容此书是奥斯丁"献给自己、夏普小姐、卡桑德拉、玛莎·劳埃德……献给所有在生命中痛失良机、无缘修得第二春的女子的礼物"。夏普小姐是获赠简亲笔签名的首版小说的闺密级朋友。而玛莎·劳埃德同简的亲密程度，仅次于姐姐卡桑德拉。不过，简所谓无缘第二春的预测于玛莎并不准确。简辞世后六年即1823年，五嫂死于难产，1828年，弗兰克娶玛莎为妻。其时海军军官弗兰克已被敕封为爵士。62岁的玛莎成为奥斯丁夫人。

当然，安·埃利奥特也修得第二春。她曾经听人劝说，在家境优越而自己正当妙龄的时候，同当时不名一文的温特沃斯上校解除婚约。迨两人再度相遇，安的家庭正走着下坡路。温特沃斯无意中听到安的一席话，说女人哪怕没有一丝希望，也永远不会放弃她们的爱。于是，有情人破镜重圆。

1805年，奥斯丁牧师逝世。父亲的离去带走了圣俸，剩下奥斯丁太太与两个女儿相依为命。她们原本手头拮据，如今收入大减，只好仰仗兄弟们的接济，还有卡桑德拉前未婚夫留给她的小笔遗产。姐姐的恋爱同妹妹一样无果而终。托马斯·福尔斯原是奥斯丁牧师的一名学生，后毕业于牛津大学。1794年，他向卡桑德拉求婚获得同意，但需要挣得一笔钱才结得起婚。他接受了给加勒比海远征军当随军牧师的职位，却不幸患上黄热病，于1797年身故，在遗嘱中赠予卡桑德拉1000镑。

奥斯丁太太、简、卡桑德拉与玛莎·劳埃德相互依伴，先是在南安普敦安家，靠近两位当海军将领的兄弟，后迁往汉普郡的乔顿。三哥爱德华将其名下一处房产拨为她们的居所。简很高兴离开巴斯，她在信里对卡桑德拉说，离开巴斯"是多么快意的逃离"。能够回到汉普郡，而且就离老家斯蒂文顿不远，这自然叫她欢欣惬意。

她在乔顿重新开展文学创作，先是修订《理智与情感》。1810年年底有书商答应给她出版，但条件是必须"风险自担"。小说以"一位女士著"的匿名方式问世，作者的姓名最初只有家人知晓。简的侄女，范妮·奈特，在1811年9月的日记里写道："卡姑姑来信，央求我们不要跟别人说简姑姑写了《理智与情感》。"另有一则逸事，发生于1812年的奥尔顿流通图书馆：简、卡桑德拉同侄女安娜造访这家图书馆，安娜的母亲拿起一册《理智与情感》，又随手扔下，"一边高声嚷嚷，'哎呀，从标题我就敢断定，这肯定是垃圾'，令一旁的两位姑妈忍俊不禁"。

小说赢得了几篇好评，还挣得140镑的收入。简受了鼓舞，继续挥毫修订日后更名为《傲慢与偏见》的《初次印象》，讲述伊丽莎白·班奈特与达西先生一波三折如今尽人皆知到令人匪夷所思之程度的恋爱故事。《女性时间》曾经做过一个调查，请听众列出对自己影响最大的作品，结果《傲慢与偏见》独占鳌头。这部被简唤为"亲爱的宝贝"的作品于1813年问世。大致在这个时候，作者的姓名才渐为人知。小说出版后不久，简在信中写道："亨利在苏格兰听到罗伯特·克尔夫人同另一位夫人大赞《傲慢与偏见》，激起他那当哥哥的虚荣心与爱心，竟一刻也耐不住，连忙告诉人家这书的作者是谁！"

她以110镑售出《傲慢与偏见》的版权，小说随之再版，未能再获报酬。等到《理智与情感》发行第二版，1814年5月《曼斯菲尔德庄园》问世，简明智地取得了四哥亨利的协助，请亨利充当代理人，有时就住在他的伦敦寓所修改校样。

简的秘密写作还有一则相当传奇的故事。她在斯蒂文顿有自己的衣帽间，在这里她不受干扰地完成少年习作与头三部小说的初稿。乔顿却没有这样私密的写作空间。另一个侄子詹姆斯·爱德华讲过"嘎吱门"的故事：门坏了，简请家人不要修理，因为只要有客人推门，它就会发出嘎吱嘎吱的声音，提醒她赶在客人进屋之前藏起她正在创作的手稿。

简在乔顿继续她的文学事业，尽管有生之年从未获得她应得的荣誉。1815年，《爱玛》面世。简将这部小说题献给显然是"粉丝"的摄政王。《曼斯菲尔德庄园》再版市场清淡，所造成的损失几乎耗尽她凭借《爱玛》得来的收益。《诺桑觉寺》与《劝导》在她身后才出版。

简在生命的最后几年，频频探访兄弟及其孩子，相当看重自己作为姑妈的角色。当她的一位侄女凯罗琳·克雷文·奥斯丁也成为姑妈的时候，她写信说："你既然做了姑妈，某种意义上，你就与众不同了，因为不管你做什么，一定会引发深切的关注。一直以来，我尽可能维持姑妈的重要地位，想必你正在做同样的事情。"

不过，对于自己的年龄和老姑娘身份，她也相当敏感。1813年，27岁的简在信中写道："顺便提一句，眼看就要告别青春的我，发现给人当年长的女伴也有诸多妙处呢，别人替我选座位，总要挑靠近火炉的那个沙发，喝起葡萄酒来，也没有顾忌，想喝多少就喝多少。"比这再早几天的信中，她写道："本人忝列老姑娘行列，购得音乐会一张，花一束，聊以安慰。"我猜想她时常抑郁，并确信这心境深深影响了《爱玛》的写作。《爱玛》一直是我钟爱的奥斯丁小说，头一回读是在初中，那时英国文学课的课程大纲列有这一本。

简如此描述她要创造的人物："我塑造的这个女主人公，除了我以外，没有谁会特别喜欢她。"小说第一句介绍"爱玛·伍德豪斯，漂亮、聪明、富有"。同简一样，我也特别喜欢爱玛，喜欢看她因为对别人感情毫不敏感而乱点鸳鸯谱，看她总听任自己的想象力脱缰疯闹。但她也有优良的品质。她对父亲抱有深切的关心，单纯地希望所有人快乐，再有，她会吸取教训。

小说最重要的一个场景是大伙儿结伴去博克斯山野餐，爱玛同弗兰克·丘吉尔开玩笑的时候，对贝茨小姐——那个十分友好却颇爱唠叨的老小姐，我想奥斯丁对她怀有深切的同情——出言不逊。爱玛是奥斯丁笔下唯一不需要为钱发愁的女主人公，却因其荒唐举止受到邻居奈特利先生的严厉责备。她羞愧难当，虔心弥补，最后同奈特利先生修成良缘，前景"圆满幸福"。正如简的一贯风格，婚姻须辅以相互敬重、倾慕与陪伴方可圆满，单有浪漫激情还不够。

令人感喟的是，简与姐姐都没有结成这样圆满的婚姻。1816年年初，奥斯丁开始感觉不适，却仍然笔耕不辍，继续创作《桑迪顿》(*Sanditon*)。这是她最后一部小说，没有写完，最终在1925年出版。她的健康每况愈下，于1817年辞别人世，享年41岁。关于奥斯丁为何短寿，近年来有各种解释。最奇葩的一种来自犯罪小说家林赛·阿什福德（Lyndsay Ashford）。她在一封信里发现奥斯丁描述自己"脸色一直难看，黑、白、各种不对劲的颜色交杂相呈"。这显然是砷中毒的典型症状。奥斯丁的一名传记作家，珍妮特·托德教授，拒绝接受她被谋杀的臆测，但赞成其死亡与砷可能有关的说法。药品里含砷，在18和19世纪很常见，简很有可能为了治疗关节炎而服这种药。

简不肯把自己的病当回事。但当她病势日沉以致不能行走之时，亨利与卡桑德拉把她带到温切斯特疗治。她在那里离开人世。所幸亨利在牧师圈有熟人，方得以将妹妹安葬于温切斯特大教堂的北侧耳堂。墓碑铭刻是一方铜板，为日后所添加，其中并未提及她的小说，只说她"因写作闻名于世"。

我从事新闻工作之初曾就职于南安普敦，那时常常去温切斯特教堂瞻仰奥斯丁。我真希望我能让她听到，她的作品对于我，对于千百万读者，不管他们是阅读她的小说还是看由小说改编的影视剧，具有何等重要的意义！她的小说尽管只有六部，却是真正的传世之作。

08

A History Of Britain In 21 Women

享誉欧洲的顶级科学家

玛丽·萨默维尔

Mary Somerville

1780—1872

"我一直热切盼望女性从英国流行的反对女子接受文学和科学教育的不合理偏见中解放出来,岁月从未磨灭我的这种激情!"
——玛丽·萨默维尔

2016年2月,苏格兰皇家银行组织了一场投票,决定在三位苏格兰名人中选一人作为新发行的10英镑货币的头像。多数国家只有政府才可以通过中央银行发行货币,而苏格兰仍然有三家清算银行有权发行自行设计的货币:苏格兰银行、苏格兰皇家银行、克莱兹代尔银行。

三位候选人分别为物理学家詹姆斯·克拉克·马克斯韦尔(James Clerk Maxwell)、土木工程专家托马斯·特尔福德(Thomas Telford),以及科学家、科普作家、翻译家玛丽·萨默维尔(Mary Somerville)。萨默维尔在投票中拔得头筹。

玛丽·费尔法克斯(萨默维尔婚前闺名)1780年生于苏格兰边区杰德堡的姨母家,在自己的家——离爱丁堡不远的福斯湾[①]本泰兰镇——长大成人。除了女红、音乐、绘画这几样淑女必备的才艺,童年几乎没有接受什么教育,人生的前景无非是在狭小的家庭圈内过淑女一样的生活。

---

① 位于苏格兰东岸,福斯河的入海口。

玛丽的母亲玛格丽特·查特斯（Margaret Charters）生于富贵之家，自己却没什么钱。父亲威廉·乔治·费尔法克斯（William George Fairfax）是一名晋升至中将军衔并被封爵的海军军官，但也并不富有。他那不算丰厚的薪酬来自美国独立战争以及他为之服务的海外殖民事业，其海军生涯见证了英国失去在美洲建立的第一帝国，紧接着又在东印度打造出另一个帝国。玛丽的兄长萨姆对英帝国也有贡献。其事业始于印度，本来前程似锦，却不幸在 21 岁死于热病。这家人拨不出余钱替玛丽请导师或家庭教师。

其处境有一词形容，曰"有身份者的居穷守约"（genteel poverty），意思是有身份有地位却过着穷困俭约的生活。家里听任她在离家不远的海边乡间疯玩疯跑，萌生出像她父亲那样的博物学兴趣。父亲大爱植物，尤爱郁金香，女儿则逮着身边的贝壳、水鸟、鲜花潜心钻研。因亲友不乏显达之辈，作为家中年岁渐长的女儿，显然也有要尽的本分。她于是加入各种社交活动，以甜美文雅的形象被圈中亲友唤作"杰德堡的玫瑰"。

到了 8 岁，仍然没人教她读书写字，接下来两年也谈不上任何进展。父亲威廉爵士自海上归来，将 10 岁的女儿呼作"蛮子"。他在马瑟尔堡寻到一家学费昂贵的寄宿学校，将她送去学习，为期一年。等她返回家中，才算是粗通文墨，学会了简单计算，略知一点法语。在家里，她读到一本主要同时尚有关却刊有一篇代数论文的杂志。自那一刻起，她就爱上了数学，想方设法找书来丰富知识，增进理解。

于是，她在家接受非正规教育，课程包括初级几何与基础天文学，姨父则被请来传授拉丁文。据他描述，玛丽十分勤奋好学。她愤愤不平地发现，自己所受教育与哥哥相比实在少得可怜。有一次，趁哥哥上数学课，她在一旁偷听，哥哥答不上的问题，她却能对答如流。老师被她打动，同意私下教授。

玛丽的妹妹10岁身亡，父母认定其早逝同过多的智力活动相关，于是给玛丽下了禁学令。自然，这样的禁令并没有落到男孩们的头上。玛丽继续自学，但只能转入地下，悄悄地进行。

除数学以外，她还有绘画天赋。在爱丁堡一家学校的绘画课上，她接触到透视概念，发现这个对她特别有启发，不过是在数学的意义上：她找来欧几里得的《几何原本》（*Euclid's Elements of Geometry*），通读并自学。她热爱艺术，作的画还显然给母亲这边一位身份尊贵的亲戚留下了深刻印象。这位姨妈评论说，玛丽有这样一副才干实在是幸运，因为她可以靠卖画为生，"谁都知道她会一文不名"。

很多年后，玛丽谈到上面这段评论：

> 假如天命让我靠画画营生，恐怕是挣不了几个钱的，但我绝不会为此而羞惭。恰恰相反，如果成功，我一定会自豪满怀。挣钱的念头，从来没在我的脑海闪现，这我承认……可是，我有一颗勃勃雄心，渴望在某个领域做出非凡的成就，因为在我早年的岁月，女性的地位很低，我真诚地认为她们完全有能力在造物中占有更高的位置。

玛丽生于苏格兰启蒙运动勃兴的年代。刚出入爱丁堡社交界的那会儿，她还四下寻觅父兄的朋友，求他们教授自己拉丁文、代数、几何和博物史。写上面这番话的时候，她已进入爱丁堡的文化圈，与之交往的是亚当·斯密（Adam Smith）与大卫·休谟（David Hume）的衣钵传人和当时知识分子杂志《爱丁堡评论》（*Edinburgh Review*）的创始人。

1804年，24岁的玛丽在事业上遭遇小波折，这年她嫁给了一位远房表兄，俄国驻伦敦的领事塞缪尔·格雷格。他不赞成她追求学问，很快她便成为两个儿子的母亲。婚后三年，格雷格撒手人寰，这于玛丽于科学或许反为幸事。穷寡妇领着两个牙牙学语的幼儿，其中一个尚未断奶，回到本泰兰镇的娘家。

玛丽在家中总是早早起床，先学三角学和天文学，努力钻研一阵牛顿的《自然哲学的数学原理》，再尽为母为女的职分。在爱丁堡，她同顶尖数学家威廉和约翰·华莱士建立起联系，说服他们给自己推荐各种法文科学书，以备精研之需。她还同政界新星亨利·布鲁厄姆（Henry Brougham）结为朋友，此人后来成为英国大法官和伦敦大学的创始人。她自己的科学新发现，也始于这时。

1812年玛丽再嫁，这回是嫁给比她大好几岁的表兄威廉·萨默维尔大夫（Dr William Somerville）。他是一名海军医生。两人的结合非常幸福。他对那些大声反对玛丽的工作并公然说她古怪愚蠢的亲友不屑一顾，鼓励她进行新添四个孩子之后仍能胜任的科学研究，并为妻子的成就感到自豪。他本人也跻身皇家学会，成为一名院士，而妻子因皇家学会不接受女性只能获得名誉会员的称号。她早期的论文《易折射光线的磁力学研究》，也只能由威廉替她向皇家学会宣读，因为女人不被允许参与学会会议。

萨默维尔夫妇在伦敦有仆人照顾，生活相对舒适，但是也有不幸。两个儿子死于襁褓，长女玛格丽特在9岁夭亡。有一阵他们自己还罹患重病。可是，置身于一流的作家、思想家和自由派政治家的圈子，他们过得生机勃勃，才情焕发。

爱尔兰小说家玛丽亚·埃奇沃思（Maria Edgeworth）在1822年谈到她："拉普拉斯说全英国就她一个女人能看懂他的著作。"皮埃尔-西蒙·拉普拉斯（Pierre-Simon Laplace）是法国颇有影响的数学家，在统计学、物理学和天文学的发展上也厥功甚伟。拜伦夫人（Lady Byron）在女儿埃达·洛夫莱斯（Ada Lovelace）出生后不久，与浪荡不羁的诗人分道扬镳，她请玛丽做女儿的家庭教师。埃达以计算机学科之母而闻名于世，也是本书另一章的主角。画家J.M.W.透纳（Turner）是玛丽的好朋友，非常欣赏她。玛丽经常光顾好友的画室，还曾这样描写意大利阿比诺湖上的夕阳："那落日太美了，流光溢彩，叫我深深陶醉，禁不住想去描绘那世间唯有透纳一人方能用画笔淋漓展现的美景。"

萨默维尔所处的年代，被称为"神奇时代"。英国刚从拿破仑战争的硝烟中走出来，成为19世纪无可争议的强权大国。它是第一个工业国家，与此同时，伦敦的社会骚动、贫困、肮脏和疾病发酵沸腾，这里的智力活动也跟着方兴未艾，生机勃勃。

包含政治、艺术、科学和工程在内的各个领域都在实验创新。罗伯特·皮尔（Sir Robert Peel）在内务部长任上设立"大伦敦警察厅"。利物浦伯爵（Lord Liverpool）领导的保守派政府废除叛国、谋杀和故意纵火罪以外的一切死刑。火车、煤气灯、贫民学校、贫民习艺所、城市污水管道系统，如此种种革新都发生于玛丽生活的时代，对于维多利亚人都意味着巨大进步。她在回忆录中惊叹，蒸汽时代的旅行与通信速度是何等非凡！

1827年，玛丽的朋友亨利·布鲁厄姆创立"广知会"，意在促进科学知识的普及与传播。他致信威廉，请他说服妻子翻译法国数学家拉普拉斯的天文学巨著《天体力学》。他写道："没有人去尝试，也就没有人知道，在理解博大精深的科学的道路上，我们能将懵懂无知的读者带出多远。"在他看来，只有玛丽·萨默维尔能够胜任这项任务。

玛丽的回忆录写到这封信如何令她感到惊讶："我当时认为布鲁厄姆勋爵对我的学问一定怀有误解，通过自学习得的知识要远逊于受过大学教育的才子，这是我很自然的推断，倘若叫我在这样一个论题上——事实上任何别的也不成——一试身手，那简直可以说傲慢到了极点。"

布鲁厄姆不接受玛丽的回绝，前往切尔西亲自劝说。她最终答应尝试，但附有一个条件，假如译得不够好，就必须把译本付之一炬。结果她译得很好，她在回忆录里形容此事："很突然地，完全出乎意料地，我的未来彻底改弦更张，流入了另一个河道。"

萨默维尔的至交中，有闻名于世的天文学家约翰·赫谢尔勋爵（卡罗琳的侄子）及其妻子。《天体力学》一经出版，立即大卖，读到此书的赫谢尔给玛丽写信，对她的成就表达最热忱的仰慕。"继续加油吧"，他写道，"你将留给后人一座非凡的纪念碑。"

英文版的《天体力学》不单是翻译，还对现代科学状况做了意义重大的解释。此书原定纳入布鲁厄姆的通俗教育手册系列，但出于篇幅过长，于1831年转由约翰·默里（John Murray）出版。问世后迅即走红。

3年后，玛丽·萨默维尔出版第二本科学巨著《论物质科学的关联》（On the Connexion of the Physical Sciences）。在1859年达尔文的《物种起源》问世之前，此书一直是出版商默里最成功的科学书籍。

玛丽发表这两本书的时候，正值50多岁。她成功而清晰地阐述了涵盖最新成就在内的各种科学发现，使普通读者能够理解它们之间的关联。她费时数月，同包括天文学家、物理学家、地理学家、地质学家、化学家在内的英法顶尖科学家交谈，探索从地球引力到巨型海藻等五花八门的话题。其中有一章基于她自己对红外线与紫外线的研究，属于这类现象的最早描述。迈克·李（Mike Leigh）执导的电影《透纳先生》（Mr Turner）展示了这项研究：玛丽·萨默维尔试图向艺术家表明太阳射线如何会产生一个磁场。好一个科学与艺术碰撞的经典场面！

萨默维尔既有捕捉科学动态的非凡能力，又能将好奇心铺陈于笔下，传递于读者。通过介绍当时意义非凡的科学新发现，向人们揭示科学的未来走向，她令并不一定是科学家的读者深为陶醉。她思索尚未被观察到的行星、引起天气变化的机制、引发地震的原因，提出各种问题，启发后续研究。理查德·霍姆斯（Richard Holmes）著有《神奇时代：浪漫一代如何发现科学之美与恐怖》（The Age of Wonder: How the Romantic Generation Discovered the beauty and Terror of Science），其中就说萨默维尔的工作使得"一个新职业概念由此孕生，同时还出现了一个界定它的涵盖性的新术语，即休厄尔于1834年发表的评论中所创造的'科学家'"。那时候，她是被称为科学家的第一人。

1848年，她的第三本著作《物理地理学》（*Physical Geography*）发表，成为这个领域第一本英文教科书，将富有创意的区域地质研究法引入地理学。几十年来，它一直是各个大学（包括牛津大学在内）规定的必读书目，并最终替她赢得皇家地理学会颁发的维多利亚女王金质奖章。这是她继被授予皇家学会名誉会员称号之后所获众多荣誉与嘉奖中的一个。政府奖给她200镑的年金，后增至300镑。年金来得很及时，因为她丈夫颇不走运，让一次倒霉的投资刮走了所有钱财。萨默维尔夫妇晚年主要定居意大利，同未嫁的女儿玛莎和玛丽·夏洛特一道遍游欧洲，会见各个科学家与作家，讨论其最新著作。

女人通过自身努力可以取得何等成就，玛丽终其一生都是女性的榜样，可她只得到皇家学会荣誉会员的称号，且被迫以丈夫名义发表第一部著作，这多么令人气愤！在一个普遍认为（她的父母也这么认为）教育使女人在道德和体质上不宜承担母职的时代，她既当了妻子，又做了母亲，还成为享誉全欧洲的顶级科学家。

19世纪中期，妇女争取选举权运动勃兴，玛丽给予了积极的支持。约翰·斯图亚特·穆勒（John Stuart Mill）向议会呈交的要求给予妇女投票权的请愿书上，玛丽受邀第一个签名。这份请愿书比英国妇女通过1918年《国民参政法》（*Representation of The People Act*）赢得限定投票权早了50

余年。

最后岁月里,她在回忆录中写道:"我一直热切盼望女性从英国流行的反对女子接受文学和科学教育的不合理偏见中解放出来,岁月从未磨灭我的这种激情!"

尽管年事渐高,她思维却依然活跃,为此她感念上苍,继续关心科学的进展。

> 我已入耄耋之年,对于科学时事的兴趣却仿若从前,依旧蓬勃盎然。假如我没有活着看到洋流科考队的考察结果,没有看到科学家利用金星凌日测出地球到太阳的距离,没有看到利文斯通博士寻找到著名河流的源头(这发现将使他声名不朽),我一定会深感遗憾。

鲐背之年的萨默维尔还在钻研微积分,借助报纸跟进科学大事件。1872年11月29日,她花了一天的时间研究被称为四元数的复杂数学体系,当夜在睡梦中安然谢世。再有不到一个月的时间,就是她92岁生日。仅仅7年后,牛津大学设立第二个女子学院,取名萨默维尔。她要是活着看到这一幕该有多好。

09

A History Of Britain In 21 Women

黑皮肤的南丁格尔

玛丽·西科尔

Mary Seacole

1805—1881

"我是一名克里奥尔人,血管里流淌着优良的苏格兰人的血液。我父亲是一个士兵,来自古老的苏格兰家族……我皮肤上带有的深棕色表明,我同你们曾经奴役,如今美国人照旧奴役着的可怜人血脉相连——我为之感到骄傲。"

——玛丽·西科尔

大家普遍认为，为护理事业赢得尊严的是克里米亚战争中以真正女英雄著称的弗洛伦斯·南丁格尔（Florence Nightingale）。可是，近来她的地位似有撼动之势，几乎要被2004年"英国有史以来最伟大的100位黑人"评选活动中名列榜首的玛丽·西科尔（Mary Seacole）所取代。

伦敦圣托马斯医院与南丁格尔有很深的渊源，它作为南丁格尔护理基地长达40余年，南丁格尔护理与助产学院也设于此处。2012年，这家医院宣布，计划在国会大厦对岸设立一尊大型雕塑，纪念牙买加裔的玛丽·西科尔，并称之为"护士先驱"。

自打这个计划宣布，南丁格尔与西科尔的支持者各自为营，互相斗法，展开激烈竞争。毋庸置疑，这两人当中，亲笔录下她在斯库塔里（Scutari）医院的所作所为和令人惊骇的死亡人数，并从中获取大量信息找到战时正确护理伤员之方式的，是南丁格尔；在英国社会拥有稳固根基，替护士争取到培训机会，并对医院护理施予极大影响的，也是南丁格尔。

我拒绝被卷入任何阵营，因为两位女士都足够优秀，都应该青史留名。但我确实想纪念一位没有南丁格尔那样的财富和社会地位，却依然投身战场，竭尽全力运用她所掌握的知识和技巧救死扶伤，同时还要直面明显种族偏见的女性。

如果南丁格尔是提灯女士，那么西科尔在战时被称作"西科尔妈妈"。她生于牙买加的金斯敦，闺名玛丽·格兰特。父亲是一名苏格兰士兵。母亲是牙买加自由民，人称"女医生"，她用加勒比海与非洲传统药物给人治病，还经营一家旅馆。玛丽在自传《西科尔夫人异域奇遇记》(*The Wonderful Adventures of Mrs Seacole in Many Lands*，这标题暗示她喜欢自我推销和夸张）中说，其护理经验习得于母亲，先用布娃娃练手艺，再用宠物练习，然后才帮母亲照顾病人。

谈到种族，她将自己界定为克里奥尔（Creole）人，即居住在加勒比海的欧洲人和黑人的混血儿后裔："我是一名克里奥尔人，血管里流淌着优良的苏格兰人的血液。我父亲是一个士兵，来自古老的苏格兰家族……我皮肤上带有的深棕色表明，我同你们曾经奴役，如今美国人照旧奴役着的可怜人血脉相连——我为之感到骄傲。"奴隶制在牙买加直到1838年才被彻底废除。她在自传里十分小心地刻画她多么勤劳多么有活力，显然想竭力表明，她与"克里奥尔懒人"的标签化形象浑不相干。

既然父亲是受人尊敬的英国军人，母亲是远近闻名的女商人，玛丽在牙买加社会很可能享有相当高的地位。她的一部分童年在她称为"善良女恩人"的人家度过。在这位老人的家里，她享受家人一样的待遇，因而获得良好的教养。

十几岁的时候，玛丽去伦敦走亲访友。那时市区住着好多黑人，她记下了这里可能发生的种族歧视。据她说，有一个她认识的西印度群岛土著人，肤色比她更深，当街遭到一群孩童的辱骂。不过自传没有提到她在伦敦有类似遭遇。

1825年，她回到牙买加，第一份工是准备照顾"对她宽爱有加的老恩人"。可她刚回到家，那位老妇人就仙逝了。于是她同母亲一边经营旅馆，一边行医问诊，有时还给驻扎于上公园营地英国军医院的部队提供帮助。同军人的这种联系使她受益良多，自传有如下记录：

> 我渐渐有了名气，被人当作技艺精湛的护士和女医生。家里总是挤满了来自纽卡斯尔或附近上公园营地的受伤军官和他们的妻子。碰上海军或陆军外科医生来家中，我总是抓住机会向他们请教。而一旦得知我对他们这份职业的热忱，他们也总乐意遂我心愿。这份慷慨与善意，我将永志不忘。

1836年，她嫁给了埃德温·霍雷肖·汉密尔顿·西科尔。据传此人乃霍雷肖·纳尔逊（Horatio Nelson）及其情人埃玛·汉密尔顿（Emma Hamilton）的私生子，但这是他家人的说法，除了其名字有所暗示以外，并没有真凭实据。据说他被一名"外科医生、药剂师兼男助产士"收养。玛丽在遗嘱中给朋友罗克比勋爵留下一枚戒指，称之为先夫遗物，并谓得自其"教父"纳尔逊子爵。纳尔逊本人的遗嘱没有提到这枚戒指。

这对新婚夫妇开了一家食品店，因经营不善，两人最终搬回了女方母亲设于布兰德尔厦的旅馆。这段婚姻持续的时间不长，因为丈夫的体质好像十分孱弱。回忆录提到他的地方，实际上只有首章区区几行字。他死于1844年。此后不久，母亲的旅馆被一场大火夷为平地，取而代之的是新布兰德尔厦。很快母亲又离她而去。悲痛是如此巨大，她写道，以至好些天她一动不动，形同废人。

不过，她还是迅速从悲伤中走出来，并且宣称热血的克里奥尔人，"相比于那些外表平静而内心暗自悲伤的人，能更快地磨平伤痛的锋刃"。她接手经营旅馆，一心投入工作，谢绝好几次求婚，款待数不胜数的造访新布兰德尔厦的欧洲军士。

1850年，一场伤寒席卷牙买加，夺去了32000人的生命，也使她获得更充足的护理经验。她认为伤寒是由新奥尔良的一艘蒸汽船带入岛内的。提出这样的病源说，表明她多少知道疾病可能被传播。而知道某些疾病会传染，又表明她确实掌握了一些传统医药知识。她在回忆录中讲："我相信，专业的医疗人员还没有认识到伤寒的传染性。我不敢过于冒昧，说自己抢先他们一步。但我们克里奥尔人一直都是这么认为的。"

同年，玛丽同父异母的兄弟往巴拿马开旅馆，翌年，她前去投奔兄弟。抵达时遭遇上另一场伤寒，在牙买加积累的医疗经验使她相信自己的护理技术能够派上用场。她治的第一个病人活了下来，随后名声大振，患者蜂拥而至。她看病不管穷人要钱，只管富人要。不论免不免费，她的治疗到底算不上有多么成功，很多病人相继离开。

她用泻药、乙酸铅、芥末按摩油治病，还尝试用桂皮煮水给病人补充水分。据自传记述，她干得也不赖，自称比另一个由罗马天主教会委派并没有多少经验"畏手畏脚的小个子牙医"（当地仅有两人行医）干得好。西科尔承认，她给病人开药因人而异，也曾酿成"殊为痛心的大错"。

但是，她宣称在给一名受她治疗的孤儿做完尸检后，得到了关于伤寒的极为有价值的信息。我们不清楚她从孩子的尸体究竟受到何种启示，但确实是自此以后，她坚持清洁、补水、营养、通风对恢复健康至为紧要。"我要求门窗打开，火升起来，想方设法让房屋通风"。疫病末期，西科尔不幸染病。她护理自己渡过险境，存活下来，又迅速启动下一个经营计划，筹办一家能够为50人提供晚餐的英国旅馆。

正是在她准备宣布离开巴拿马的晚宴上，发生了一起彻头彻尾的直接针对她的种族歧视事件。回忆录对此有记录。客人中有一位美国白人，先是盛赞西科尔所做的一切，然后说在场各位应该"感到高兴，因为她的肤色比纯种黑鬼浅得多，如果有办法把她漂白，我们愿尽一切努力，如此她就能——像她所值得的那样——被任何群体所接受"。西科尔回敬道："你这位朋友关于我肤色的一番好意，我一点儿不领情。纵然我的皮肤真像哪个黑人那样黑，我也照旧会幸福，照旧会有用，照旧会被我看重其尊重的人尊重。"

回到牙买加，西科尔才获悉英国对俄战争已在克里米亚升级，她决定奔赴英国，当一名志愿护士。自传将其意图描述为一种渴望，"想要参与一场光荣之战的盛况，体验一下那自豪与荣耀"的渴望。

成千上万的士兵在黑海的克里米亚岛集结，一方是俄帝国的军队，另一方是英国、法国、撒丁王国、奥斯曼帝国的军队。战斗、伤寒、卫生条件糟糕、医院护理人员不足而导致的死亡率居高不下，军务部长西德尼·赫伯特（Sidney Herbert）请弗洛伦斯·南丁格尔征召一支救治伤员的护士队伍。1853年10月，护士队奔赴土耳其。

玛丽辗转到英国，想加入为克里米亚征募的第二支护士队。她写自己做各种努力，向战时办公室和其他政府部门递交申请，称自己提供了与护理经验相关的充足证据。官方却只记录一条证明。证明人是同玛丽有过生意来往的一名前任医官。她遭到拒绝。我们不清楚被拒是否因为种族歧视，但缺乏医院工作经验可能是一个反对理由。

为了去成克里米亚，她还努了一把力，申请克里米亚基金的慈善资助。设立这项基金的目的，是通过公众募捐等集资金，以便救助战场上的伤病员。她再次被拒。

1855年，经验老到的女商人决定，不靠别人靠自己：她要凭自己的力量去克里米亚靠近巴拉克拉瓦的地方把"英国旅馆"建起来。照她的设想，旅馆将"为病中和康复中的军官提供一张大餐桌和最舒适的住所"。1855年1月，她搭乘一艘名为"荷兰号"的荷兰船抵达君士坦丁堡。中途停泊马耳他的时候，遇上一名曾在南丁格尔的基地斯库台战地医院工作过的医生。他写了一封介绍信，将玛丽推荐给南丁格尔。

两位女士在斯库台医院会面。西科尔在回忆录中记载，南丁格尔很友好，给她安排了一张床过夜，还为她提供可能需要的一切帮助。没有证据显示两人日后再度重逢。19世纪70年代，南丁格尔写信给姐夫哈里·弗尼爵士，说她压根儿不再想见什么西科尔妈妈，也不会容许她同南丁格尔的护士们并肩共事。她批评玛丽在克里米亚开了一家名声不好的酒馆，要为"许多醉酒和不得体的行为"负责。

西科尔最大的特点是善于随机应变。她利用废弃的金属和木材在当地人的帮助下盖旅馆。地址选在巴拉克拉瓦至塞瓦斯托波尔附近英军营地之间的补给线上。建房耗资800英镑，食材取自伦敦、君士坦丁堡和当地市场，还请了两名帮厨。

结果生意很兴旺。她的努力得到了《泰晤士报》特约通讯员威廉·霍华德·拉塞尔（William Howard Russell）的赞扬："西科尔太太给各式各样的人看病并将他们治愈，获得巨大成功。她总守候在战场救助伤员，许多可怜的士兵都为她祈恩祷告。"

1856年3月签订巴黎和约，战争宣告结束。随着士兵撤离战场，西科尔的生意也遭遇麻烦。需要付款的食品仍然源源不绝运来——有一名客人习惯享用香槟——她只好低价拍卖各种货物。她随同最后一批撤离克里米亚岛的军队离开巴拉克拉瓦，"一身方格呢骑装……在画面的前景很打眼，回到英国时比她离开的时候还穷"。

玛丽一无所有地回到伦敦，健康也每况愈下。1856年11月，她被宣布破产，不过，在克里米亚赢得的声誉替她挽回了颓势，受她照顾的军士仍然感念于心。新闻媒体对她日益拮据的窘况进行了报导，一场慈善募捐吸引了数位社会名流的捐款，使她免于一文不名的危境。

1857年，她发表回忆录，题献由《泰晤士报》战地记者拉塞尔执笔。他写道："我亲眼见证了她的勇气与奉献精神……她不仅护理英国伤员，而且去战场上主动寻找他们，给他们提供帮助和救济，并为卓越的忠勇死士尽护士为死者所尽的最后职分，这样一个人，我相信英国永远不会忘记。"

她晚年还去过一趟牙买加，回英国之后长住伦敦，成为小有名气的人物。她的财务由善款支撑，起伏不定，她与皇室还有密切联系。她在克里米亚开酒馆的时候，其中一个常客是维多利亚女王的姨侄维克多·霍恩洛厄-兰根堡亲王。他给西科尔雕的胸像在1872年皇家艺术学院举办的特展上展出。正是通过此人，她的护理技术闻名于宫廷，特别是当威尔士亲王发现她是一流按摩师的时候。

玛丽·西科尔1881年逝于帕丁顿，留下价值2500余镑的遗产。《泰晤士报》刊发讣告，她被葬在肯瑟尔格林的圣玛丽罗马天主教公墓。

我们很难弄清楚，西科尔的生平究竟含有多少真实的成分，因为大量信息来源于她把自己说得很神奇的那本回忆录。据称她曾被授予英国克里米亚奖章和法国军团荣誉勋章，但是却没有这方面的官方记录。有人猜想她也许是自己买了几个微型复制品。

主编《弗洛伦斯·南丁格尔选集》（*The Collected Works of Florence Nightingale*）的林恩·麦克唐纳（Lynn McDonald）教授对西科尔不太热衷，这并不令人意外，然而，连她也不能否认这位杰出女性为英国历史所做出的重要贡献。她写道：

> 玛丽·西科尔绝非像有人说的那样，是"英国黑人护士"，纵然如此，她仍然是一位有着多族裔背景、成功移居英国的移民。她的一生惊险刺激，1857年发表的回忆录今天读来也仍然生动活泼。

她善良慷慨，广交朋友。她的朋友中有顾客，也有陆军和海军将官，这些人在她被宣布破产时筹措捐款，援手襄助。虽然其医术被过分夸大，但毫无疑问，在尚未存在有效药剂的情况下，她的确做到了尽其所能来缓解伤员痛苦。克里米亚战争爆发之前的一场传染病中，她安慰临死的人，合上逝者的双眼。而她在战争中最伟大的善举，也许是在巴拉克拉瓦码头为等候被送往医院冻得哆嗦的伤兵送上热茶和柠檬水。她的临机应变堪可褒扬，可是她的热茶和柠檬水并不能拯救生命，不能为护理职业开辟道路，也不能推动卫生保健事业向前发展。

最后一句在我看来似乎有欠公允。弗洛伦斯·南丁格尔和她的护士队除了在战斗趋于白热化的时刻给士兵以安慰和照顾，还能有更多的贡献吗？对此我不太确信。而对于一个没有受过正规教育，尤其是没有显赫社会关系的女性，玛丽的人道主义努力堪称不可思议。伦敦苏豪广场 14 号是她的旧址，墙上嵌有一块蓝牌，尊她为"牙买加裔护士，克里米亚战争的女英雄"。萨曼·拉什迪（Salman Rushdie）在小说《撒旦诗篇》（*The Satanic Verses*）也提到她："大家看，这是玛丽·西科尔，在克里米亚战争中付出了与提灯女士堪可比肩的努力，但作为黑人，她在弗洛伦斯手持烛灯的熠熠闪耀下，几乎隐而不见。"

10

A History Of Britain In 21 Women

计算机科学之母

埃达·洛夫莱斯

Ada Lovelace

1815—1852

"分析机编出代数的花纹,宛如提花织布机织出雕花刻叶的图案。"

——埃达·洛夫莱斯

没有几个新生儿能像小埃达·洛夫莱斯,得到如下荣耀的欢迎仪式:

> 可爱的孩子,你的脸可像你妈妈?
> 我家中和心中的独女,埃达!
> 上次相见,你稚嫩的蓝眼珠盈盈含笑,
> 然后我们分手——可不像如今天各一方,
> 那时还怀抱着再见的希望。

她生于1815年12月10日伦敦皮卡迪利街,最初取名奥古斯塔·拜伦(Augusta Byron),父亲是诗人兼有名的浪子乔治·戈登·诺埃尔·拜伦(George Gordon Noel Byron),第六代拜伦勋爵。其妻乃安·伊莎贝拉·诺埃尔·拜伦。埃达是拜伦唯一的婚生子。她出生不久父母便分手,引发一场规模不小的丑闻。拜伦勋爵所写长篇叙事诗《恰尔德·哈洛尔德游记》(*Childe Harold's Pilgrimage*)第三章起首几行对她的描写使她一夜名扬英伦。

拜伦与卡罗琳·兰姆夫人闹出惊天绯闻后，复将目光锁定其表亲安·伊莎贝拉·米尔班克。第一次求婚被拒，后来她回心转意。两人于1815年1月2日在达勒姆郡锡厄姆厅成婚。安被认为聪明、有数学天赋、注重风纪道德。拜伦曾称之为"平行四边形公主"。她同时也是继承人。常有人说拜伦被她吸引，是因为更看重金钱而非其数学天赋或道德感。

两人的婚姻是一场灾难。嫉妒的卡罗琳夫人鼓动唇舌，散播谣言，说他有家庭暴力，与多名女演员通奸，同异母姊奥古斯塔·利乱伦，还是个同性恋。1816年1月16日，拜伦夫人带着五周大的埃达离开丈夫。4月21日拜伦签署分居协议。

埃达由母亲抚养成人。母亲是唯一监护人，拜伦没有要求抚养孩子，与妻子分手后也未再见埃达。他去世那年（1824），埃达年仅8岁，一直到20岁时才看到父亲的家庭肖像。

拜伦夫人小心翼翼，避免埃达进入公众视线，但母女两人并不亲密。埃达经常交给据说很疼她的外婆照顾。拜伦夫人在给母亲的一封信中，用"它"指称孩子："我同它说话，是为了让你而不是让我自己感到满意，我很高兴它在你的眼皮底下长大。"不过，她确实依照当时标准在公共场合表现得像个慈母，还常常致信自己的母亲，对孩子嘘寒问暖，显得焦虑不安。她叮嘱母亲将信件保存好，以备在监护权上"发生争执"。同丈夫分居的妻子获得监护权的情况很少见，假如母亲不恪尽己任，就有失去孩子的风险。

然而，拜伦夫人确实保证了女儿继承自己的数学兴趣，她延请好几名家庭教师辅导她研修数学和科学,其中有鼎鼎大名的奥古斯塔斯·德·摩根(Augustus De Morgan)。很明显,凡是认为她女儿有可能成为一名诗人的想法,这位母亲会坚决地予以抵制,她显然是害怕她基因中放浪不羁的那一面占据上风!

俟女儿进入豆蔻之年,拜伦夫人请来各路朋友监视女儿的一言一行,留神她父亲的淫荡迹象,确保不重蹈覆辙。埃达把他们唤作"复仇女神",司惩罚的精灵,还向一位通信人抱怨他们经常夸大事实、编派故事。可是,拜伦夫人的担心并非全是捕风捉影。1833年,埃达同一名家庭教师发生关系,并预谋同他私奔。"复仇女神"们设法让母亲注意到女儿的举动,将此事遮掩过去,避免了一桩丑闻。

儿童期的埃达时常生病,老是病恹恹的。8岁时患上的剧烈头痛症使她视力受到损害,在20世纪60年代麻疹疫苗被发现之前,很多小孩都患有这种病。1829年6月,她又遭受另一轮疾病的侵袭。她幸运地活下来,但几乎一整年卧病在床。最后虽能起床,却只能借助拐杖行走。

尽管病魔缠身,丧失行动能力,卧床期间的埃达也仍然坚持学习。她潜心钻研数学,开始琢磨怎样为自己设计机械装置。由于卧病经年,长期囚于病榻,特别渴望能飞的她决定自行制作飞行器,这并不奇怪。在热气球作为唯一离地装置的时代,一个年方14的女孩敢这么想,那当真是雄心勃勃、凌云壮志。

她先做机翼,确定什么材质最适合,并通过观察鸟的解剖图以确定机翼与机身的正确比例关系。然后写了一本《飞行学》,阐明她的新发现。她写道,指南针是她需要的一件装备,以便从"最直接的航线抄近路飞行"。最后一步确定飞行器将以蒸汽作为动力。她比费利克斯·杜·坦普尔(Felix du Temple)1874年设计的顺利完成起飞、跳跃式飞行及安全着落的蒸汽单翼机至少要早40年。

埃达母亲的熟人当中,有前两章讲到的科学家玛丽·萨默维尔。她也是埃达的老师,正是通过她的引介,17岁的埃达结识数学家查尔斯·巴比奇(Charles Babbage)。巴比奇给她演示他发明的被称为差分机的第一个机械运算工具,也是日后计算机的雏形。她参与同这机器相关的讲座,考察设计详图,深入研究数学并开始教授数学。她还进入巴比奇的社交圈,同德·摩根、萨默维尔夫妇、查尔斯·狄更斯(Charles Dickens)、迈克尔·法拉第,以及巴比奇的密友、科学家兼发明家查尔斯·惠特斯通勋爵(Sir Charles Wheatstone)等人结为朋友。

也是在17岁,埃达被引见到宫廷,据说"她在社交季大放光彩,成为颇受欢迎的美人儿,这部分要归因于她那副聪明的头脑"。从此她经常出入宫廷,并于1835年嫁给金氏家族第八代男爵威廉。1838年,他荣封洛夫莱斯伯爵,她也相应地成为埃达·洛夫莱斯。

他们育有三个孩子,拜伦、安·伊莎贝拉和拉尔夫·戈登。诞下女儿后,埃达又病痛缠身,"病得乏味且痛苦,经月方愈"。尽管她反复生病,却似乎继承了父亲的浪荡基因。据传婚姻期间她同好几个男子有染,还狂热地好上了赌博。她联合一群男性朋友,想借其数学天赋大发赌博横财。不料生财无门反遭失败,她只好向丈夫承认自己输了几千镑的事实。

在她婚姻期间，母亲向她透露，父亲同异母姊奥古斯塔生有一个孩子，名叫伊丽莎白·梅朵拉·利。她回信道："我一点也不惊讶，其实你只是证实了我多年以来确信的事实，只不过假如向你表露任何一点怀疑，我都觉得十分不妥。"她认为奥古斯塔·利才是乱伦关系的罪魁祸首。"恐怕她在本性上比任何时候的他都要邪恶。"

尽管她的私生活相当刺激，让人津津乐道，为她在英国历史上赢得一席之地的却是她作为第一个计算机程序员的成就。巴比奇从一开始就钦佩埃达的才智与分析技能，称其为"数字女巫"。导师德·摩根在写给埃达母亲的一封信中说，她超强的数字能力将"使她成为开创性的数学研究者，也许还是一流的"。

其贡献究竟有多大意义，具有多少原创性，科学界内一直存在争议，但是使埃达从庸常之辈脱颖而出的，毫无疑问是艺术与科学的强强基因组合。双重基因导致她一眼洞穿怎样利用巴比奇的第二台机器（分析机）完成比单纯快速处理大量数字更强大的任务。

1843年，她将意大利工程师路易吉·梅纳布雷（Luigi Menabrea）论分析机的文章自法文译成英文，并附上自己的笔记发表。笔记第一次表述了如何运用分步的操作序列——算法——来解决某些数学问题，她因此被称为"第一位计算机程序员"。这个机器在她有生之年从未完成，因此其程序也从未得到测试的机会。

然而，于我而言，埃达的天赋最动人的地方在于，她结合了艺术与科学这两个通常认为互不相容的学科。"分析机编出代数的花纹，宛如提花织布机织出雕花刻叶的图案"，这样的句子在她笔下流淌。其观念富于远见,其思想显然充满诗意。据她推测,巴比奇的分析机"也许可以运用于除数字以外的其他事物……它或许可以创作出精巧、严谨的乐曲,不管有多么复杂,篇幅是长是短"。

加州计算机历史博物馆的研究人员认为,埃达真正的才华和原创性在于:

> 机器根据规则操纵符号以及其数字可表示实体而不是数量,这样的观念表明了从数字计算到程序计算的根本性转变。她是第一个清楚表达这种观点的人,在这一点上她似乎比巴比奇看得更远。人们称她为"计算机时代的先知"。因为就是她,第一个展现了计算机在数学计算以外的潜力。从这个领域看,她的贡献是有充分根据的。

不过,对于人工智能的理念,她倒是不屑一顾。她写道:"分析机根本不会标榜它可以创造什么事物。它只能完成我们让它做的事情。它可以亦步亦趋地跟着分析,却完全没有预见分析性关系或真理的能力。"这番言论是否正确,仍需拭目以待!

埃达同巴比奇完成合作,又着手一系列新的研究课题。她对大脑和人发疯的原因尤其感兴趣。这自然和家族的历史有关。她父亲就是因为——借用卡罗琳·兰姆的话——"疯狂、邪恶且危险"而声誉下降的,因此埃达和母亲都担心她会遗传这种比较麻烦的特质。她写道,她准备创建一个数学模型,用它表明大脑如何产生思想,神经如何引发感知。她同电气工程师安德鲁·克罗斯一道开展电流研究，探讨电流对于大脑的影响，还写到磁力学，讨论数学与音乐的关系。疾病使一切计划流产，没有一项能够完成。

埃达·洛夫莱斯卒于1832年，死时很年轻，仅36岁。据说是罹患子宫癌。奇怪的是，她父亲死于相同的年纪。最后几个月，她很痛苦，遭了不少罪，尽管如此，她还是成功地给亨利·菲利普斯（Henry Phillips）当了一回模特，让他画了一幅肖像画。亨利父亲曾经画过埃达的父亲——拜伦勋爵。

她母亲在她生病期间完全掌控了她的生活，不让任何朋友和知己靠近她的病床。拜伦夫人劝女儿虔心宗教，忏悔曾经有过的"拜伦式"行为，并将她定为遗嘱执行人。临终前的两三个月，据说她向丈夫做了某种形式的忏悔，结果导致他弃她而去。但不清楚她究竟说了什么。她要求死后葬于父亲的身旁，诺丁汉郡哈科诺镇的圣玛丽·玛格达莱妮教堂。

埃达在21世纪被缅怀，并常被树立为有志于科学的年轻女士的榜样。为了纪念她，美国国防部用"埃达"命名了一种计算机程序语言，伦敦横贯铁路甚至用埃达命名一种隧道掘进机。自1998年起，英国计算机学会开始颁发埃达奖章，2008年，他们着手组织计算机专业女性年度竞赛。一年一度举办的专门针对本科女生的大会取名"英国计算机学会洛夫莱斯女生研讨会"，每年10月还有"埃达·洛夫莱斯日"，其宗旨在于"提升女性在科学、技术、工程和数学等领域的形象，为女孩与女性树立新榜样"。

2015年，加州计算机历史博物馆为纪念埃达诞辰两百周年，举办了一场题为《伟大的思想：埃达·洛夫莱斯伯爵夫人》的展览。负责展览与展品的副馆长柯尔斯滕·塔谢夫对她有如下评价:"埃达·洛夫莱斯得到承认,往往是归因于她与查尔斯·巴比奇的合作,但其实她本人也是一位极富原创性和学术旨趣的女性。她预见了计算机作为符号操作器极具创造力的未来。计算机历史博物馆新策划的展览探索了洛夫莱斯的两个面向:数学家埃达与预言家埃达。"我倾向于将埃达·洛夫莱斯视为艺术与科学的最终汇流,她在基因编码上注定她既是父亲的女儿,也是母亲的女儿:既是诗人,也是计算机的先驱。

11

A History
Of Britain
In 21 Women

英国第一位女医生、女市长

伊丽莎白·加雷特·安德森

Elizabeth Garret Anderson

1836—1917

"女性必须学会的第一件事就是穿衣要像淑女,做事要像绅士。"
——伊丽莎白·加雷特·安德森

在医学方面，我选择了伊丽莎白·加雷特·安德森，因为她不仅是英国第一位获得行医资格的女医生，而且她还以妇科和儿科为专业，并在其漫长一生中为使女性获得更大的解放而勤奋工作。

严格来说，她并不是第一位女医生。疑似生于1789年、卒于1865年的詹姆斯·米兰达·斯图尔特·贝利（James Miranda Stuart Barry）在伊丽莎白50年前就拿到了行医资格。贝利本名玛格丽特·安·巴克利（Margaret Anne Bulkley），她为进入爱丁堡的医学院故意假扮男装。她终生以男人自居，做过军队的外科医生，在印度和南非的开普敦（Cape Town）服过役。因成就非凡，开普敦有个博物馆敬献给了她／他，而他／她的成就之一就是在非洲实施了第一例母子平安的剖宫产手术。

贝利因痢疾死于英国。丧礼结束后，负责照顾"他"并处理"他"遗体的那个女人向官方报告说，她仔细检查了医院总监詹姆斯·贝利的身体构造，发现"他"其实是个女人，"他"腹部的妊娠纹表明"他"曾经生育。注册总署的乔治·格林厄姆（George Graham）与发布贝利的死亡证明、说"他"是男人的麦金农（D. R. McKinnon）少校之间的通信揭示了这背后的诡诈。

麦金农在信中说贝利医生是男是女与他无关，他只能明确发誓说这具身体的身份是他曾与之相识多年的医院总监。贝利在我们这本选集中当然应获认可。

伊丽莎白·加雷特出生于伦敦的白教堂，父名纽森，母名路易莎，伊丽莎白是九名子女中的老二。她家在孩子成长过程中发了财，她父亲是个自力更生者，先开当铺，后做粮商和麦芽制造商，经营地点在萨福克郡的奥尔德堡城外，这也是伊丽莎白度过大部分童年时光的地方。

伊丽莎白先由母亲教养，后跟从一家庭女教师学习，但从 1849 年起，她正式入学读了 5 年。学校在肯特郡的布莱克西斯（Blackheath，英文字面意思是"黑色石楠"），是间寄宿女校，校长是诗人罗伯特·布朗宁（Robert Browning）的姑姑们。她在这一阶段结识了艾米莉·戴维斯（Emily Davies），此人后来创建了剑桥大学的第一个女子学院——格顿学院（Girton College）。她二人后来成了兰厄姆广场街圈子的积极成员，相约要把毕生事业献给推动女权以及女性就业机会的运动，并对此坚定不移。加雷特将为女性打开从医的大门，戴维斯则计划为女性打开英国大学的大门。

兰厄姆广场街女士是一群中产出身、受过高等教育的女性，她们与推动女性就业协会以及《英国妇女杂志》（*English Woman's Journal*）相关。我去兰厄姆广场街拐角的英国广播公司上班时经常会想到她们。她们是不断壮大的维多利亚女性运动的基础。伊丽莎白因妇女工作结识了伊丽莎白·布莱克威尔（Elizabeth Blackwell）医生。布莱克威尔是在美国长大的英国人，她在美国克服了重重困难，成功学了医，获得了学位。

布莱克威尔来伦敦是为在英国医学总会刚成立的登记簿上注册。《1858年医疗法》（*Medical Act of 1858*）通过后有一项临时规定，要求所有在英国以外获得医生资质者须回英注册，于是短时间内布莱克威尔成了唯一一名登记在册的女性。她在英期间曾推动过女性从医事业的发展，此举启发了伊丽莎白。

伊丽莎白的父亲需要一番劝说才认同学医这项计划适合其女。加雷特先生虽然一贯支持女儿们的教育，可他同时也是个深深浸淫于维多利亚价值观中的男性。每个负责任的父亲都想自己的女儿嫁个体面的好人家，可他女儿却要工作，工作性质还会涉及血、内脏以及人体其他更为私密的部分，这个想法一定令他惊骇。

在布莱克威尔的帮助下，伊丽莎白扭转了她父亲的想法，他答应给她提供资金和人脉上的全面支持。这样她就可以开始行动，去克服那些针对女性的偏见所造成的困难，而她知道她将会面临很多这样的偏见。因为医学此时完全为男性把持，而男人们和她父亲一样，都认为一个女人挥舞手术刀，或者和病人讨论私人问题是完全不能接受的。

她向伦敦的几家教学医院以及爱丁堡和圣安德鲁提出了正式申请，想要求学，但是统统被拒，只有米德尔塞克斯医院同意让她在1860—1861年试用一段。她被安排当护士，可以进手术室，还可以跟医院的药剂师上课，学习药物学、希腊文和拉丁文。

最终她被同意进入解剖室，但这震惊了她的男同事，他们似乎觉得此事太逾矩了。1861年，他们向医院的医学校的校方递交了一份备忘录，表明他们的决心，认为不应录取女人和他们同学，还说他们对病人、尸体所做之事，以及他们在实验室内所做之事绝对不适合女性。另外，伊丽莎白本人是个吸引人的年轻女性。她虽然穿着朴素，无违当时的风俗，还把头发在脑后整齐地梳了个圆髻，但她往昔的同事仍对女性在公共场所造成的注意力的分散不以为然。此外，他们更有可能嫉妒她的学术能力和她的实际操作能力。

医院禁止她再在那里学习，但这女子年轻时是被形容为不屈不挠、绝无耐心与蠢人周旋的，她威胁说要采取法律行动。负责颁发医学执照的药师学会答复她说，只要她修完了所需课程，他们将无权阻止她参加药师学会的考试。可她只能跟毕业于被认可的医学院的老师私下学习，还得在注册药剂师手下学徒期满才能参加考试。

好在她父亲有钱，意志坚定，对她也很鼓励，又给了她财政上的支持，她才能在1865年获得了药师学会颁发的执照，终于把名字写在了药师名录上。七名申请人中只有三人通过考试，伊丽莎白得了最高分。难怪那些年轻男人会嫉妒和憎恨。不久后，药师学会决定不再允许女性注册，于是直到《1876年医疗法》允许英国医学机构给所有合格的申请人——无论男女——颁发执照，伊丽莎白都是英国第一个和最后一个获得官方地位的女医生。

为了成为一名完全合格的医生，她必须离开英国去巴黎大学学习。学成后她的低级医师资格被提升至了医师，她是第一个获此学位的女性。1873年她获准加入英国医学协会。

1878年有人给她施压，要她辞去会员资格，因为英国医学协会已经投票表决不再接受女性成员了。她拒绝，接下来的19年间她成了这个协会唯一的女性成员。这只不过是在她身上发生的好几件事中的一件，还有几个全是男性成员的医学机构也在招收她为第一个女性成员后就再不接受女性申请了。

现在她既已获得了完全的医生资格，就在伦敦的上伯克利街开办了自己的诊所，地点就位于时髦的哈利街的拐角，离女士们聚会的兰厄姆广场街走路只有几分钟。她还在马里波恩开办了圣玛丽妇女儿童药房，她与伦敦有钱人的交情极大帮助了这一项目的实施。药房设有慈善基金，还为那些看不起病的妇女支付费用。

出于显而易见的原因，伊丽莎白对教育很感兴趣。1870年她成了伦敦学校董事会的候选人，这是女性第一次被允许参选该机构。罗伯特·布朗宁是她的积极支持者，她那些有钱、有影响力的女病人的丈夫们也都支持她。她赢得了整个首都地区的最高票。

詹姆斯·乔治·斯哥尔顿·安德森（James George Skelton Anderson）是她竞选活动的主席。他出身牧师家庭，在东方轮船公司工作。他们二人1871年结婚，育有三名子女，老大是儿子，名叫艾伦，老二老三是女儿，名叫玛格丽特和路易莎。1875年玛格丽特死于脑膜炎。他们所有孩子的名字都冠双方姓氏：加雷特·安德森，这也是伊丽莎白婚后的姓氏。就当时而言，一个已婚女性坚持用娘家姓氏给孩子命名是相当少见的。她妹妹、女权运动领袖米莉森特·加雷特也是如此，她婚后的名字是米莉森特·加雷特·福西特。关于她下章再详述。

婚后和育后,伊丽莎白仍然继续努力工作,她为那些当了妈妈还想干出一番事业的女性树立了榜样。但是她同时也辞去了伦敦东区儿童医院的荣誉职位,这个职位是她从1870年就担任的,她还辞去了学校董事的职位。我猜即使有钱负担恰当的儿童保育,她仍然不可能一切兼得!她曾说:"医生过着两种生活:职业的和私人的。两者间的界线从未被跨越。"

1871年结婚那年,她创办了第一家专为女性健康而设的医院,医护人员都是女性。新女子医院(New Hospital for Women)就建在药房楼上,只有十张床位,她任命的医生都未经注册,因为她们都是在外国获得的医学学位。

就在这一时期,伊丽莎白开始代表蓬勃发展的女权运动进入政界。1874年,亨利·莫兹利(Henry Maudsley)写了一篇名为《教育中的性与精神》(*Sex and Mind in Education*)的文章,认为女性受教育会引起她们过度劳累,导致生育能力下降,有时还会引起"神经甚至精神的紊乱"。莫兹利如今以伦敦南部以他名字命名的医院以及他在精神科方面的成就著称。伊丽莎白驳斥了他的观点,认为对女性的精神健康而言,真正的危险不在教育,而在无聊。她说新鲜空气和运动比坐在火炉边读小说不知要好多少。

还是在1874年,她和另一位医学先锋索菲亚·杰克斯-布莱克(Sophia Jex-Blake)一起创办了伦敦女子医学院。她成了这间唯一招收女生的医学院的讲师,并任1883—1902年的院长。她给学生创造途径,使其接触医院病人。她给她们树立了职业女性的典范,还一直教导她们说:"女性必须学会的第一件事就是穿衣要像淑女,做事要像绅士。"这间学校后来改名为皇家自由医院(Royal Free Hospital of Medicine),为伦敦大学培养医学人才,并从 1878 年起向女性开放。

1872 年,新女子医院搬到了一处宽敞的新址,1874 年又搬到了尤斯顿路专门为其建设的新址。1918 年伊丽莎白死后一年,医院更名为伊丽莎白·加雷特·安德森产科医院,继续只雇用女医生,直到 20 世纪 80 年代被吸收进大学学院医院为止。该院自 20 世纪 60 年代以来就一直面临彻底关门的威胁,但是当卡姆登(Camden)卫生当局最终宣布医院关门的时候,医护人员却占领了医院以示抗议。阻止医院关门的运动一直持续到 1979 年。现在,大学学院医院的新楼里仍有一个以伊丽莎白·加雷特·安德森命名的部门,这个部门从 2008 年起负责接待妇产科和新生儿的病人,但其雇用的医护人员已经是男女都有了。

到 1880 年的时候,伊丽莎白已经有了一份成功的私人行医事业,并在帮助穷苦女性方面做了很多工作。通过坚持只让女性照顾女性,她在一定程度上遵循了维多利亚时代的稳重原则,虽然这一原则曾经威胁过她在事业上的进步。提醒一下大家,即使是今天,仍然有很多女性只愿找女医生看病,尤其是产科和妇科。我还记得当她建立的女医生看女病人的原则不再得到执行的时候,我认识的人都有一种巨大的失望感,因为当时我们都到了生育年龄。

门诊以外,伊丽莎白还是个外科医生。即使是今天,女人当外科医生也不寻常,更别说当年此事给医院董事会造成的惊骇了。他们拒绝让她在本院做大手术,她不管,她成功切除了一个病人生病的卵巢,这在当时是个很危险的手术。1878年,她写了本薄薄的医学教科书《学生袖珍索引》(*The Student's Pocket Index*),希望与其他进入医学界的年轻女性分享她认为有必要传承下去的经验。她还向《英国医学杂志》(*English Medical Journal*)贡献了无数篇讨论病例的文章,并就医学问题和妇女运动问题为报纸撰文。

1902年,在取得非凡的事业成功后,伊丽莎白夫妇在她母亲去世后搬回了位于奥尔德堡的加雷特家的祖宅。5年后她丈夫因卒中去世,她也基本上从医学工作上退了下来。早在1892年,她就辞去了新女子医院高级医生的工作,只任顾问。但是1908年她参选奥尔德堡市的市长,并成功当选了。这样一来她又做到了一项第一,在她以前英国还没有过女市长。

两年的市长任期给了她机会在住房和卫生方面施展抱负。她知道改善人口健康最关键的办法之一就是保证每家头上都有一片结实的屋檐,而干净卫生则可防止传染和疾病。她还是女性争取选举权运动的主要推动者。她对这一运动的参与始于1866年,当时她和艾米莉·戴维斯组织了一场超过1500人的请愿,旨在为女性家长争取选举权。她加入了英国妇女选举委员会,并在1889年成了英国妇女选举全国协会中央委员会的成员。

丈夫死后,伊丽莎白变得更为活跃。1908年她震惊了奥尔德堡的一些市议员,因为她成了艾米琳·潘克赫斯特(Emmeline Pankhurst)的妇女社会政治联盟的支持者,这个组织是妇女争取选举权运动中比较激进的一个分支。不过1912年她又从那些相信积极革命是最好的前进方式的女性那里退了回来，并公开拒斥那些鼓吹妇女参政的激进策略。她现在倾向于她妹妹米莉森特·加雷特·福西特领导的温和方式，认为游说掌权的男人可能对运动更加有效。事实上，这种方法更适合她的个性，即一贯使用研究、信息和推理论证，而非砸窗户或把自己绑在议会栅栏上。不过她的女儿、同为医生的路易莎却加入了激进女权主义者的行列，并在1912年因活动被捕。

1917年，伊丽莎白·加雷特·安德森医生在久病后离开人世，至死没能获得在选票上做出选择的机会。第一次世界大战即将结束，次年，也就是1918年，将见证《国民参政法》（*Representation of the People Act*）的通过，年满30岁、拥有资产的女性终将获得有限选举权。还需再过10年，也就是到1928年，《平权法案》（*Equal Franchise Act*）才规定所有年满21岁的男女均有普选权。

伊丽莎白死后葬在奥尔德堡的圣彼得和圣保罗教堂的墓园内。我真希望我能告诉她2016年的全部医学生中有60%都是女生，她们要感谢她的事很多。

12

温和派妇女选举权运动领袖
米莉森特·加雷特·福西特
Millicent Garrett Fawcett
1847—1929

"我不能说我是后来变成了女性选举权主义者。从我长到能思考代议制政府的原则起,我就一直是个女性选举权主义者。"

——米莉森特·加雷特·福西特

我经常想，如果让我赶上妇女赢得选举权以前的那段时间，我会是个激进分子还是个温和分子①？这要看我推理论证和游说那些议会大人物的能力如何了，因为要想改变法律就得有这些掌权者的支持。虽然从2003年起我就成了福西特学会的会长——这是英国目前唯一一个一贯为推动男女平等而努力的组织——但我怀疑为了快速实现"不经代表不可收税"的要求，我会太生气太着急，我会愿意砸一两块玻璃，烧个把邮筒，或者把自己绑到栅栏上。

这不是米莉森特·加雷特·福西特的方式。她生于萨福克郡的奥德尔堡，像她姐姐伊丽莎白一样，也在此地度过童年。加雷特家亲密友爱，父母鼓励孩子学习、获得足够的体育锻炼、读书、围坐在晚餐桌边交谈和讨论。她们的父亲政治上是个保守党，但是后来皈依了自由派，他的家庭对政治讨论有种强烈的兴趣。

---

① 女性争取选举权运动（suffrage movement）内部因斗争的理念和手段不同，又分温和派（suffragist）和激进派（suffragette）。本书介绍的两位代表人物米莉森特·加雷特·福西特和艾米琳·潘克赫斯特各自代表温和派和激进派。

像姐姐一样,米莉也上了肯特郡的布莱克西斯学校。她11岁入学,15岁离校,培养了对文学艺术和继续读书的热情。通过两个姐姐伊丽莎白和路易莎的关系(其中路易莎在32岁去世),她结识了兰厄姆广场街的女士们,了解了处于萌芽状态的女性运动及其支持者们。

她听过约翰·斯图尔特·穆勒讲话,也参加了姐姐伊丽莎白和艾米莉·戴维斯为妇女争取选举权而组织的1866年的请愿现场。这场请愿呼吁"所有家庭成员,无论性别,只要拥有你可敬的家庭所决定你所应该拥有的一定财产或租赁资格,均须被代表"。两位年长女性都不愿意让她在请愿书上签名,因为她们觉得19岁的她还太小,但她们不反对她花费大量精力劝别人签名。当穆勒把请愿书递交给议会的时候,那上边有1499个签名。请愿失败了。

但是此事成了米莉森特为女性争取选举权而终生奋斗的开始。她得到了通过姐姐认识的那些朋友的支持和鼓励,当然,伊丽莎白为当医生付出的努力也很自然点燃了她妹妹为赢得妇女解放而投注的热情。据说甚至当她还是个十几岁的少女时,她就被看作女性选举权运动领袖的可能人选。她后来谈到自己时说:"我不能说我是后来变成了女性选举权主义者。从我长到能思考代议制政府的原则起,我就一直是个女性选举权主义者。"

米莉结婚很早。她遇到亨利·福西特时年仅18岁,他们相遇在一个由一群热衷于温和的女性选举权主义者组织的聚会上,两年后结合。他比她大14岁,是剑桥的政治经济学教授,还是个自由派议员。1866年请愿递交议会时,他和穆勒在一起。

米莉森特谈到自己的婚姻时说他们夫妇有着"完美的智

识同情"。他们分享政治，在散步、划船、骑马、滑雪方面也有共同兴趣，还都颇具幽默感。婚后一年，他们的第一个也是唯一一个孩子菲利帕（Philippa）出生了。

他们的婚姻非常幸福。亨利是个盲人，米莉森特就像他的眼睛一样，而他也为她打开了政治之门，把她介绍给那些为达到她的目的需要游说的男人。亨利完全支持她。没有这样一个与她同声同气的丈夫，她不可能管理他们在剑桥和伦敦的家、照顾新生儿、写文章、给丈夫当秘书、为争取女性选举权向公众讲话，并且成为妇女选举委员会的积极成员。

除了这些活动，亨利还鼓励妻子写作。她于是写了两本小说，出版了两部关于古典经济学的著作，还给玛丽·沃斯通克拉夫特的名著《为女权辩护》的新版作序。不过这个维多利亚新版出了点纰漏，把原文中单数的女性写成了复数！我从没搞懂为什么这个女权的积极争取者会在书的封面上署名"亨利·福西特太太"。这是当时对已婚妇女的通称，但她却几乎不用。她一直都是米莉森特·加雷特·福西特。

身居一场富有争议的全国运动的前沿并非一种轻松生活的诀窍。在我所见到的照片里，米莉从来都是身着维多利亚高领伞裙的传统女装的模样，可她却领导着一场革命，鼓励妇女们穿着新式的"合理服装"在街上走或骑自行车（震惊！可怕！），以便多点行动的自由，少点紧身衣的束缚。有些妇女甚至勇敢到在胸前挂一面旗子，上写"女性要投票"。

《笨拙周报》①的漫画家们得到了大显本领的机会，他们

---

① 《笨拙周报》（*Punch*），英国周刊，以其幽默讽刺的插画著称，创建于1841年，1992年停刊，1996年恢复，2002年再次停刊。

开始大发嘲讽女权运动的毁谤漫画。《笨拙周报》代表的似乎不光是漫画家和政客们,也是英国大多数民众。米莉森特以她本人庄重的举止,聪明、见解透彻的演讲做了很多努力,试图扭转这种反对,她还坚定不移地拒绝被一种当时广泛持有的观点所阻碍,那就是要想达到女权运动的目标,她们的前路将会充满艰险,她们也将耗费漫长时间。她选择不把她们所面临的反对力量放在心上,她从没动摇过她想要推动运动的决心。

1997年,福西特学会的一位前会长希拉·迪普洛克(Shelagh Diplock)说,米莉森特如果不是一个特别有魅力的演讲者,也是个令人敬畏的演讲者:

> 22岁的时候,米莉森特·加雷特·福西特开始了她长达60年的为女性争取选举权的巡回演说中的第一回。她会首先把为什么不给女人选举权的诸多原因列举出来。例如,女性据说智识不如男性,体能不如男性,女人太纯洁不便卷入政治。还有,如果获得选举权,女性将会忽视家人和家庭,男人将再不会替她们开门,以及女人并不是真的想要选举权,等等。然后,她会用她尖锐的逻辑和灵活的机智逐一推翻这些观点。这种用推理论证推动一项事业,外加幽默以保持听众注意力的强大组合,迄今仍是最有效的一种策略。

妇女选举委员会很快就成了伦敦妇女选举学会,因为在国内其他地方,比如爱丁堡和曼彻斯特,类似组织也都开始形成。大家都被一个事实鼓舞着,即米莉森特的请愿至少被议会看到了:"前进的第一步已经迈了出去,挑战已经被扔在了脚下,我们的事业也已提到了政治清单之上。"但是她们那种因为自己的事业是正义的事业就将受到群众欢迎的想法却错了。

无论如何,运动在发展。有无数强大机智的女性准备好了要为争取女权而承受讥嘲,还有些男人也证明是运动必不可少的力量。永远站在女性支持者队伍之首的是米莉森特·加雷特·福西特。她在大多数女性选举权组织的董事会任职,她登台演讲,她写作,她游说。

关于女性运动的能量应该集中何处,有无穷无尽的困难和争论。正如我们在上一章看到的那样,医学和教育是伊丽莎白·加雷特·安德森和艾米莉·戴维斯的志业所在,但是对于年轻的米莉森特来说,选票才是重点。她也一直都知道她需要避免选举权运动中比较具有刺激性的那方面,而始终保持一个镇定、有见解的游说者的形象。对那些她想要改变其想法的男性大人物,要劝说而不是疏远他们。

既然有必要展示出一个受人尊敬的形象,米莉就不得不从她本来非常想支持的事业中退避下来。同为女权主义者和社会改革者的约瑟芬·巴特勒(Josephine Butler)1869—1886年致力于废除《传染病法》(*Contagious Disease Act*)。这项法律规定所有疑似妓女的女性都须接受性病传染的检查。如果发现有性病,她们会被关到医院里直至病愈。如果她们拒绝接受生殖器的检查,将有可能最多被判入狱三个月。

米莉同意巴特勒的看法,认为强制妓女或任何被怀疑、被指控为妓女的女性定期接受性病检查,而购买她们身体的男性却不必臣服于此项要求是不公正的。但是对一个本应举止端庄的维多利亚女性而言,巴特勒的努力却被广泛认为是极不恰当的举动。米莉森特知道她不应和巴特勒的行动所引发的"暴力对抗"扯上关系,因此只在私下对其表示支持。

随着时间的推移,对女权心怀同情的议员们采取了进一步行动,他们想要为推动妇女争取选举权提出一项法案或决议,议会对此的反应据说语气更像是玩笑而非敌对。即使是在议会里,女性的理性论证和要求也根本得不到严肃的对待。

1884年,亨利·福西特突然死亡,抛下年仅37岁的米莉森特成了寡妇。沉默的天性使她不会大肆流露感情,但她身边的亲近之人都说她为了他的死是多么哀伤。她从此再没考虑过结婚。

米莉森特卖了剑桥和伦敦的房子,和女儿菲利帕以及一个名叫艾格尼斯(*Agnes*)的姐姐一起搬到了布鲁姆斯伯里的高尔街二号,此处外墙上现有一个蓝牌纪念她。她不缺钱。她姐姐是个成功的商人,开了一家家庭装修公司,米莉森特也能靠写作挣钱养活自己。她常向《当代评论》(*Contemporary Review*)投稿,还写了几部传记,包括《我们时代的一些杰出女性》以及《维多利亚女王传》。

她成了温和派妇女选举运动的官方领袖。1897年,她当选为妇女选举学会全国联合会的会长,并确定绿白红三色旗为妇女选举运动的旗帜。绿白红三个英文字的首字母拼写GWR正好也是"给妇女权利"三个字的首字母。这个旗子和激进女权派象征希望、纯洁和尊严的绿白紫旗不同。

并非她的所有观点都会得到这个以她命名的组织的现代成员的赞许。2016年，福西特学会庆祝建会150周年，其成立是从1866年穆勒和亨利·福西特向议会递交请愿算起的。

米莉森特支持儿童初级义务教育，但她认为家长应为此付费，家长也不应从孩子的收入中获利。她还信仰家庭责任，反对学校为学生提供免费餐饭，后来还反对家庭补贴，并积极参与了19世纪80年代晚期那项不受欢迎的禁止孩子们参加哑剧和戏剧的活动。

作为自由市场的热烈信奉者，她是全国劳动妇女联合会的支持者，她关心工人阶级女性的福祉，但她不赞成立法保护她们。她认为不应有歧视性的法律，所有法律都应男女适用。

在伦敦东区的布赖恩特和梅（Bryant and May's）火柴厂事件中，她引起过争议和广泛的反对。火柴厂的女工们在工作过程中严重损伤了脸，症状叫磷毒性颌骨坏死，因为坏疽是由制火柴的磷引起的，但是米莉森特质疑为女工们进行干预是否恰当。社会活动家安妮·贝赞特（Annie Besant）在《联系》（The Link）杂志上发表了一篇揭露文章，把这间工厂说成是监狱，把那些干活的女工说成是白人奴隶。

贝赞特鼓励和支持1888年的火柴女工大罢工，这是工会运动史上极其重要的一个时刻。坏雇主们被报纸羞辱，火柴女工们也在贝赞特的帮助下，强迫布赖恩特和梅同意改善其工作条件。她们还成立了工会，一直坚持到1903年。这是最早代表女性的工会之一，在当时是个少见的非技术工人的工会。《联系》杂志描述这场罢工给"所有为自由和正义而战的人注入了新的信心"。

米莉森特知道和男工相比，女工的收入是多么低。她对经济理论的主要贡献在于她对女性薪酬不平等的分析。她认为这是两个因素造成的不可避免的结果：一是法律限制女性的就业机会，因此把女性都"拥挤"到一个狭窄的工作范围内；二是男性工会运动对女性所犯下的歧视。她认为女性要求同工同酬不会达到预期目标，因为劳动力市场使她们不可能获得平等的工作。今天当我们为争取同工同酬的努力还在继续时，这个观点依旧普遍适用。

米莉森特认为涨工资的要求可能会使雇主以为女工不再是便宜的选择，因此不值得雇佣女工。她后来放弃了这个观点，因为"一战"期间，男人们去了前线，女人们为了维持国家运转，干起了他们剩下的工作，因此向女性开放的就业范围也就扩大了。

因此，在某些方面她是个时代的叛逆者，但同时她又是时代的产物。她有政治家般的素质，这使她成为英国妇女运动的重要领袖，但她的维多利亚价值观也很明确。她是英帝国的热烈信仰者，也是爱尔兰自治和印度独立的严厉反对者。在报纸编辑同时也是新闻调查先驱的斯特德（W. T. Stead）曝光了童妓问题后，她又和"纯洁运动"发生了紧密联系。为强调童妓行业的存在，斯特德特意安排人买了一个13岁的女孩伊莱莎·阿姆斯特朗（Eliza Armstrong），并在《蓓尔美街公报》（*Pall Mall Gazatte*）上发表了一系列有关儿童剥削的辛辣文章。因为没能在买人之前获得那女孩父亲的同意，斯特德后来被判监禁三个月。此事启发了萧伯纳（George Bernard Shaw）写作《卖花女》（*Pygmalion*），并把女主人公命名为伊莱莎。

米莉森特是因此事而加入纯洁运动的女性之一。作为全国警醒协会的创始成员，她做了多年工作，力争保护女孩不被诱骗卖淫。通过提高最低合法性交年龄，她减少了对儿童的摧残。她把乱伦列为刑事犯罪，杜绝了"白人奴隶贸易"，即逼良为娼的做法，她还把家庭内的虐待儿童行为定为非法。她取得了一些成功。她最大事声张的运动之一是结束了法庭审判性犯罪时不许女人在场的做法。

她为人确实有一种挑剔严苛的倾向，今天的女性主义者大概不会欣赏，但她至少在道德观点上坚持平等。按照她的道德准则，无论男女，只要私德不好，就都不适合担任公职。她公开反对一个未婚先孕的朋友，也试图毁掉工会派议员哈里·卡斯特（Harry Cust）的事业。卡斯特是个毫不悔改的勾引者，在米莉森特看来，这就足以抵消他对女性选举事业的强烈支持了。当某些爱德华时代（1901—1910）的女权主义者提倡"自由性爱"的时候，她感到无比惊骇，送给她的那份《自由女性》（Freewoman）被撕成了碎片，还被描述为"讨厌的和恶意的"。因此当她1910年向戈列尔委员会提供有关离婚的证词时，她居然表示赞成协议离婚，这大概是奇怪的。

随着英国步入20世纪，民众对女性选举权运动的支持开始增长，甚至连极度支持非暴力的米莉森特也只好承认是潘克赫斯特派1905年发起的激进运动真正吸引了全国的注意。随着19世纪的行将结束，妇女选举学会全国联合会似乎仍然没能为女性赢得选举权取得多大进步，可是贺信却寄给了她们在澳大利亚和美国怀俄明州的姐妹，因为那里的女性已经做到了英国斗争者们在众目睽睽下没能做到的事。

1907年，由米莉森特任会长的妇女选举学会全国联合会实行改组，到1913年成了拥有50000多名成员的最大的温和派女性选举权组织。它一贯遵从宪法改革。通过利用她与大学的密切关系，米莉森特吸引受过良好教育的女性进入运动的领导层，并以此举增强了受过良好教育的男性对运动的信心。她组织游行示威，一直站在队伍前列。1908年她成了第一个面对牛津辩论社（Oxford Union）发表演说的女性，虽然直到1913年为止，牛津辩论社都还不支持女性获得选举权。

米莉森特还努力吸引工人阶级女性加入到运动中来，加入到那些已经报了名的受教育女性的行列中来，她说她相信"不同阶级女性间的伟大联合"。历史学家詹妮特·豪沃斯（Janet Howarth）认为，妇女选举学会全国联合会的守法策略比激进派的策略更受劳动妇女的欢迎。

随着潘克赫斯特领导的妇女社会政治联盟"直接行动"政策的升级，温和派和激进派之间的紧张情绪也开始升级。米莉森特把这一阶段称为"我40年女性选举权工作中最艰难的时刻"。她公开表达了对1909年激进派冲击议会的不满，说做出这样的举动实属"不道德与卑鄙"。但她又决心温和派与激进派之间不能开战。那些成为报纸头条，勇敢到能够忍受监禁、绝食和强行喂食的激进派个人赢得了她的敬佩。1906年她在萨伏依酒店举办了一场宴会，向最早被关押的十位激进派人士表示敬意，但是为此她受到了报纸的批评，批评者认为这些激进派的暴力举动是非法行为，应该受到严厉惩罚。

随着砸玻璃一类的象征性暴力升级为纵火和爆炸，1912

年，运动的两派终于分裂了。激进派从未杀过人，甚至也没伤过人，但在米莉森特看来，这些行为对运动是有害的。不过她仍然认为是政府刺激了这些女人触犯法律，还说施加给她们的惩罚，例如漫长的刑期和强迫喂食，与她们所犯罪行的性质相比实在太过了。她说男人们犯的罪哪怕更重，对其量刑都更宽容。

"一战"的爆发结束了女性选举权运动的积极阶段，但是米莉森特仍然维系着妇女选举学会全国联合会，指导其成员从事战时工作，并因此受到很多政客的赞赏。但她也和某些温和派闹翻了，这些人将女权主义和和平主义结合起来，反对她对战时工作充满爱国主义的全心全意的支持。她则把"一战"看成是抵抗普鲁士军国主义、保护自由机制的一场必要的冲突。

1917年，选举权应授予每个军人的想法终于被接受，这就意味着所有成年男性都将享有普选权，而战前只有年满21岁的有产男性才有权投票。1918年的《国民参政法》又把这一权利延伸到了所有21岁以上的男性，不论财产和阶级。1917年召开了一个由各党派参加的发言人会议，会上提议给妇女以有限选举权。

毫无疑问，战争，以及女性在护理伤员、运营铁路、驾驶救护车以及在工厂做工等方面的付出改变了人们的头脑。但是来自米莉森特的压力，尤其是赢得劳埃德·乔治（Lloyd George）对她的支持，也明显对女性获得最终的胜利起到了作用。她还说服她的会员妥协，接受1918年有限选举权的提议。她游说政客，确保1918年的提案得以通过，使得30岁以上、拥有财产的妇女获得选举权，从而迈出了赢得普选权的第一步，最终真正的普选权在10年后的1928年得以实现。

1919年，71岁的米莉森特以年老为由，辞去了妇女选举学会全国联合会的会长职位。这个组织被更名为全国公民平等联合会，她生命的最后10年一直与其保持着联系。她还是"一战"后成立的国际联盟的副会长，她参与了向女性开放法律和公务员职业的运动，并为女性争取离婚权，以及继续争取选举权的平等而不懈奋斗着。

巴黎和谈期间，她率领了一个代表团，希望能把妇女选举权的问题列入议事日程。因为女性在战时工作中的表现，她还被说服开始为女性争取同工同酬。但她从未被她的女权同代人，例如埃莉诺·拉斯波恩（Eleanor Rathbone），说服家庭补贴是个好事。1925年，当全国公民平等联合会投票要求获得家庭补贴的时候，她从该组织辞职。她从未改变对道德和帝国主义的态度，但她也确实表达过对战后时尚改变的赞赏。这种变化把女人从紧身衣的束缚下解放出来，还把她们的裙子和头发都统统剪短。

我认为米莉森特在女性争取选举权的历史上被严重低估了。她是最不知疲倦为女性争取平等公民权而战的人，她为我们能拥有教育和工作的权利，能不受剥削和性虐待而战。1925年，她的努力得到认可，她成了米莉森特·加雷特·福西特女爵士（Dame Millicent Garret Fawcett）。在她漫长的职业生涯中，她从未停止过为她的各项事业奋斗。最终，1929年，她在一次短暂的疾病后死在了高尔街的寓所，遗体于戈尔德斯格林火化。1932年，她的纪念碑进入西敏寺，立在她丈夫的墓碑旁，上写："她为女性赢得了公民权。"

13

激进派妇女选举权运动领袖
艾米琳·潘克赫斯特
Emmeline Pankhurst
1858—1929

"我是你们叫作流氓的那种人。"
——艾米琳·潘克赫斯特

长期以来，与妇女争取选举权运动紧密结合在一起的名字是艾米琳·潘克赫斯特，不过我希望经过前一章对米莉森特·加雷特·福西特的介绍，读者现已清楚，这一运动之所以无法被忽视，不仅有潘克赫斯特所代表的激进派好战、追求公众注意的策略，还有福西特所代表的温和派和平、劝说型的努力。

艾米琳·潘克赫斯特出生于曼彻斯特莫斯赛特区的斯隆街，父名罗伯特·古尔登（Robert Goulden），经营着一家印染和漂白厂，母名索菲亚·简·克莱恩（Sophia Jane Craine）。我一直觉得她母亲出生于曼岛是个绝佳的讽刺[①]。艾米琳是十个孩子中的老大，很小就开始照顾弟妹。

她在家受教育，很小就学会了认字。每天她父亲吃早饭时，她的任务是给他读日报，于是在餐桌旁养成了对政治

[①] 曼岛，一译马恩岛，位于英格兰和爱尔兰之间，是个海岛，1828年起成为英王领地。曼岛自治历史悠久，从10世纪起就有自己的议会，目前仍为独立于英国的自治区。1881年，曼岛议会成为世界上第一个给予妇女以选举权的全国性立法机构，但这一规定不包括已婚女性。

的兴趣。家族史也教会她如果对某事感受强烈,则抗议是政治的必要组成部分。为争取议会改革与普选,她祖父曾参与1819年彼得卢(Peterloo)的示威活动。当时60000到80000名示威者和平聚集在今曼彻斯特的圣彼得广场上,不想遭到骑兵冲击。这些骑兵拔出军刀,血溅平民,造成了英国历史上的一个决定性时刻。死亡人数不确定。某些来源说有15人,某些来源说有18人,但一致认为死者中至少有一名妇女和一名儿童。示威者中,有人被军刀砍死,有人被棍棒打死,有人被马匹踩死,还有约700人受伤,这就是彼得卢屠杀(Peterloo Massacre)。此事使当地一名商人约翰·爱德华·泰勒(John Edward Taylor)大为震惊,以至在他的协助下成立了《曼彻斯特卫报》(*Manchester Guardian*)。老古尔登据说侥幸逃生。

艾米琳的弟弟们管她叫"字典",因为她英文很好,说得好,写得好,他们还羡慕她完美的拼写。据说有天晚上她躺在床上装睡时,听到她爸说:"真可惜她不是个男孩。"

当她和妹妹一起被送到一所中产阶级女校读书时,她亲身体会到了那种认为女孩教育不如男孩教育重要的思维。她震惊地发现她那所学校很不重视读、写、算术和任何一种智识追求。她的很多课程都在教她如何当一个完美的家庭主妇,如何为男人营造一个舒适的家。在她1914年出版的由人代写的自传《我的故事》(*My Story*)中,她说:"很明显,男人认为自己比女人优越,女人也显然默认了这一想法。"

当艾米琳开始积极参与性别政治的时候,她描述自己是个"自觉和坚信的温和派女性选举权主义者"。她很小就知道奴役和解放的意思。5岁时,父母让她为美国刚刚解放的奴隶收集硬币，放到一个"福袋"中。她父母都是平等公民权的支持者，她母亲还订阅了《女性选举权杂志》(*Women's Suffrage Journal*)。这份月刊的编辑名叫莉迪亚·贝克(Lydia Becker)，是曼彻斯特最著名的温和派女权主义者。艾米琳14岁时，她请母亲带她去有贝克讲话的一个会议，结果她发现这位发言人的想法非常吸引人。

也就是在这一阶段，即1872年晚期，艾米琳被送到巴黎求学。她有个很好的女朋友，父亲是个著名的共和主义者，因为参与了巴黎公社，被判囚禁于新喀里多尼亚(New Caledonia)[①]。艾米琳成了一个著名的亲法者，她把这个朋友的父亲的故事和托马斯·卡莱尔的大热之作《法国革命》(*The French Revolution*)当作她终生的灵感。卡莱尔的著作似乎陶醉于革命恐怖的暴力，热衷于毁灭法国社会的旧秩序。艾米琳从不宣扬把反对她的人送上断头台，她手下的激进女权主义者也更愿意损毁财物而非伤害人命，但她知道改变可由暴力革命产生。

从法国返回曼彻斯特时，她将满19岁了，她母亲期待她能像一般的年轻体面女子那样生活。但她并非那种肯在无聊家务中浪费精力的女人，于是她无数次向母亲表明观点，两个女人经常争吵。最好的例子是一个下午，古尔登太太叫她把弟弟的拖鞋拿来，帮着伺候弟弟。艾米琳说："不行。他想穿拖鞋可以自己拿。而你，妈妈，如果你真像你说的那样支持女权，可你在家的表现却不是这样。"

[①] 喀里多尼亚是苏格兰古称，或诗中的别名。新喀里多尼亚位于南太平洋，曾是法属殖民地，现为法国的海外领地，首府努美阿。

艾米琳开始为女性争取选举权工作。她遇到了一个男人,是个著名的激进律师和妇女事业的支持者,他就是理查德·马斯顿·潘克赫斯特(Richard Marsden Pankhurst)博士。他们虽然相差20岁,但仍然相爱了,并于1879年结合。

他们的四个孩子出生于他们婚后的头六年,名字叫:克里斯特贝尔、西尔维亚、亨利·弗朗西斯(通常叫弗兰克)、阿黛拉。虽然艾米琳对公共事务的参与因生育慢了下来,但她绝没停止。1880年,她当选为曼彻斯特全国妇女选举权协会委员会的委员,还受邀参加已婚妇女财产委员会。她和丈夫同在这些委员会密切合作。1883年和1885年,当他两次作为议会独立候选人参选议员的时候,她还帮他竞选。他们提议废除上院和君主制,提出成年男女都应享受平等的公民权,提议废除英国国教会,将土地收归国有以及给爱尔兰自治。这些都是相当激进的想法!潘克赫斯特没能当选。

1886年,潘克赫斯特一家离开曼彻斯特去伦敦,在汉普斯戴德路安了家。艾米琳渴望经济独立,能在物质上支持丈夫,好让他专注于自己的政治,于是她开了家商店,专卖新奇商品。他们夫妇经常为了政治事业去曼彻斯特,4岁的弗兰克就是在此期间生了病。他们回家时,孩子已经病得很重。病症被误诊为喉头炎,其实是白喉。1888年9月,弗兰克死了。

他的病可能是因为汉普斯戴德寓所屋后的排水系统有问题,于是他们关了店,搬到了罗素广场街八号的出租屋。他们的第五个孩子在此出生了。为了纪念哥哥,他也叫亨利·弗朗西斯,但是大家通常叫他哈利。

罗素广场街八号成了激进政治的中心,费边社的集会之所。费边社成立于1884年,是英国最古老的智库,它为发展左翼公共政策而设,成员都是些无政府主义者、社会主义者和温和的女权主义者。潘克赫斯特夫妇和苏格兰社会主义者凯尔·哈迪(Keir Hardie)成了好友,1892年哈迪代表西汉姆南区当选为独立议员。次年他协助成立了独立工党(Independent Labour Party),1900年工党诞生。同年,哈迪代表双议员制的梅瑟蒂德菲尔和阿伯德尔选区[①],当选为初级议员,成为工党的第一个议会成员,他也将终生代表这两个选区。

1893年,潘克赫斯特家搬回到曼彻斯特的白金汉新月街四号。艾米琳辞去了妇女自由协会的职位,加入了独立工党。1894年她代表独立工党当选为查尔顿监护人董事会的成员。因其工作包括视察济贫院,因此她常常被她在济贫院中看到的恶劣景象所震惊,尤其是当女孩和单身妈妈们涉及其中的时候。她被描述为富有同情心和无所畏惧,设法进行了一些改良。

她第一次与法律发生冲突是在1896年。当时,与她同为独立工党党员的一些人因在博格特霍克劳发表露天政治演说而被捕入狱。博格特霍克劳是个很大的城市公园,属于曼彻斯特市议会所有。潘克赫斯特夫妇和孩子们经常出现在博格特霍克劳,他们都为言论自由呐喊,她还大叫她本人早已做好了入狱准备。她被告上法庭,但是针对她的指控被驳

[①] 这两个选区均位于威尔士南部。

回。看到她的信仰以及她公开发表意见的权利遭到如此反对，反而加强了艾米琳与独立工党的联系。1897年，她当选为独立工党全国行政委员会的成员。

次年，她深爱的丈夫因胃溃疡突然去世，年仅62岁。他的律师业务一直没能挣什么钱，因为和社会主义运动的密切联系使得很多政治客户不愿选他打官司。艾米琳和孩子们现在经济拮据，但她拒绝了政治上的朋友和伙伴提供的所有慈善救济。相反，她提出应该用捐款在英格兰西北港市赛尔福德建一个她丈夫的纪念堂。

同时，她把家搬到了比较便宜的纳尔逊街62号住宅，这里如今是潘克赫斯特中心，一个庆祝激进派妇女选举权运动诞生的小博物馆。她还想过再开一个店挣钱养家，但失败了，最终她接受了一份有薪水的工作，在查尔顿出生和死亡登记处工作。这份工作使她接触到了前来登记孩子出生的工人阶级妇女。她们很多是年轻的未婚妈妈，经常遭到亲戚或雇主虐待，这愈发坚定了她女人必须改善自己社会地位的决心。

夫死5年后，赛尔福德的潘克赫斯特厅终于开放了，这里成了独立工党地方分支的总部所在地。但是有一个问题，即女人不被允许在此处入党。为表抗议，艾米琳立刻脱离了独立工党，因为她认为这一决定浪费了她对社会主义事业的投入和她在这项事业上花费的时间。她坚信，唯一的解决方案就是女人建立自己的政党。

她在自传中写道："1903年10月，我请了一些女性来我在曼彻斯特纳尔逊路的家商讨组织一事。我们投票决定将我们的新社团命名为妇女社会政治联盟（以下简称联盟）。"

她们决定这个组织的宗旨是向所有阶级的女性开放，重心是为女性赢得选举权，座右铭是"要行动不要嘴动"。几年后的1908年，联盟选取了一种紫、白、绿三色搭配的方案，她们认为这三种颜色象征尊严、纯洁与希望。

激进派从一开始就擅长宣传和自我推广，她们知道得有口号，还得有一个辨识度高的色彩方案。为了筹钱，她们售卖紫、白、绿三色的围巾和帽子，还卖明信片和小册子，表现出的幽默感堪比《笨拙》的漫画，但她们表述的是女性问题的另一面。当《笨拙》的漫画家们无一例外把女性解放表现为对家庭的潜在灾难时，联盟则明显释放了女性解放的正面信息。

在和平参与过一系列工会会议和街头示威后，联盟的第一个显著活动发生于1905年大选前夕的秋季，那次大选自由党人被认为有可能取胜。艾米琳的大女儿克里斯特贝尔和一个名叫安妮·坎尼（Annie Kenney）的工人阶级女性去了自由党的会议所在地自由贸易厅（现已成了一家豪华旅馆），问了一个问题："如果当选，自由党政府会不会给女人以选举权？"没有人回答，她们又问了一遍，结果被赶了出来，并以防碍公务罪被判交罚款或蹲监狱。艾米琳提出为她们交罚款，但被她们拒绝，她们蹲了几天监狱。这成了女性选举权运动的转折点。经报纸广泛报道后，"要行动不要嘴动"的口号得到了注意。

1907年，联盟把总部搬到了伦敦，艾米琳辞去了出生和死亡登记处的工作，这是她唯一的收入。她现在居无定所，或四处租房，或借住旅馆或朋友家，好在她从联盟的基金中获得了一项每年200镑的补贴。

1906年，艾米琳·派希克-劳伦斯（Emmeline Pethick-Lawrence）成为联盟的财务主管。她和她丈夫弗里德里克是富裕商人，她将经商技巧与私房钱带到了联盟里。支持者们经常慷慨捐赠，有时在有魅力十足的潘克赫斯特夫人演讲的会议上竟能一举筹得14000镑的巨款。钱、珠宝和其他一些值钱的东西经常会被扔到讲台上来。

艾米琳·潘克赫斯特的第一次监狱经历早在1908年就发生了。当时她率领一个代表团去下议院，结果因妨碍公务被捕。她在所谓的二类监狱住了一个月，即关押普通刑事犯的地方，政治犯关押在一类监狱。那年晚些时候，即10月，她回到博街伦敦警察法庭的被告席，被控煽动混乱，同时受审的还有克里斯特贝尔和弗罗拉·德拉蒙德（Flora Drummond）。后者是联盟的一名组织者，因为爱穿军装，外号叫"将军"。她们之所以被控告是因为她们之前印发了一种传单，号召"冲击"下议院。三个女人在法庭上为自己辩护。艾米琳从被告席上发出的自辩，以及她对无数女人的悲惨生活的描述催人泪下，但她仍然被判监禁三个月。

对那些参与愤怒与焦躁的示威的激进派而言，监狱成了她们熟悉的家。1909年，为了说服当局不应把她们当成一般罪犯，而应当成政治犯对待，她们决定发起绝食抗议。她们的要求没有得到许可。相反，当局开始实行强迫喂食，就是把一根管子插到体弱饥饿的绝食者的喉咙里，将食物倒进胃里。这一做法极其痛苦。艾米琳对此深表反感，她谴责政府不该如此折磨女人，她们的所作所为无非是表达了一个合理的不满。强迫喂食还在继续，但是当然，此事也引起了公众的关注和同情。

同年 10 月,艾米琳去了美国,所到之处均受到热烈欢迎,尤其是在纽约的卡内基大厅。她在这里讲的第一句话就是"我是你们叫作流氓的那种人。"她是个出色的演讲者,永远都能展示出有效的演讲者最重要的品质:"让他们笑,让他们哭,让他们思考。"

她对美国、加拿大的盛大征服为联盟筹得了急需的款项,但她回国时悲剧发生了。儿子哈利得了脊髓炎,造成腰部以下瘫痪,最终于 1910 年 1 月去世。西尔维亚说哈利的死造成她母亲的情感崩溃。她把自己投入到那年的大选活动中,并且遵循联盟反对所有自由党候选人的政策,而不论他们对女性选举权的态度是支持还是反对。

自由党果真赢得了大选,但是得票数大减。自由党有 275 个席位,保守党 273 个,爱尔兰国民党 82 个,工党 40 个。一个名叫亨利·布雷斯福德(Henry Brailsford)的左翼记者同情妇女运动,他曾在《每日新闻》(*Daily News*)就职,后因这份报纸支持对绝食抗议的激进派实施强迫喂食而辞职。他认为有了工党和爱尔兰人的权力制衡,悬浮议会(hung parliament)①的组成可能会为成功游说提供更好的机会。他成立了一个妇女选举权调解委员会,于是艾米琳暂停了武力行为。

调解委员会提出了《妇女选举权法案》。为了不把保守党人吓跑,这个法案的要求非常有限。它希望把选举权扩大

---

① 英国政治中,悬浮议会指无任何党派赢得下院 650 个席位中大多数席位的情况,其结果并不自动开启另一场选举。获得议会最多席位的党派将获得优先组阁权,在此情况下,该党会力图和选举中获得更少票数的某一小党组成联合政府。

到有财产的独立女性身上，但同时把丈夫达到财产要求的女性排除在外。这样一来，只有很少的女性能获得选举权。艾米琳原则上反对此法案，谁承想二读通过后，内政大臣劳埃德·乔治和首相赫伯特·阿斯奎斯（Herbert Asquith）却站出来表示反对，她不禁勃然大怒。

当议会再次召集时，此法案已经不再被人提及。联盟于是在11月18号组织了一个代表团向下院抗议，这天的警察暴力使其得到"黑色星期五"的恶名。约有300名女性参加了抗议，119名被捕。很多示威者遭到警察袭击，其中两名妇女后因伤势过重死亡。还有人指责某些警察性侵，但未提告到法庭。四天后艾米琳组织了另一次游行，这次她们去了唐宁街。又有156名妇女被捕，其中就有艾米琳和她妹妹玛丽。因为没有找到针对艾米琳的证据，她逃脱了牢狱之灾，玛丽却因黑色星期五那天在警察手里受的伤而死在了圣诞节当日。

当1910年的第二次选举宣布将于当年12月举行时，围绕修改后的调解法案又发生了很多反复。联盟觉得此法案既然包括了所有的女性家庭成员，那就可以予以支持。武力行为又一次被暂停，艾米琳又一次去了北美演讲。在美期间，她发现，首相宣布下次议会召开时将引入一个有关成年男性的选举权法案，将扩大男性的选举权，还说可以允许出台一个针对女性的修正案。如无政府支持，这样一个修正案是不可能执行的，因此艾米琳坚信这个法案不会很快到来。按照西尔维亚的说法，1912年1月18日艾米琳回到伦敦，谈论"煽动暴乱"和"女性革命"。

1912年2月，在一个欢迎刚刚获释的囚犯的会议上，艾米琳宣布了一项新政。她认为理性辩论、演讲、示威和把自己绑在下院栏杆上的做法都无济于事。相反，下次示威时，石头可以作为武器代替辩论。她从作曲家伊瑟·史密斯（Ethel Smyth，下章再讲）那里学会了扔石头，于是3月1日，联盟在毫无预警的情况下发起了第一次行动，砸碎了伦敦西区的窗玻璃。

那天下午晚些时候，她和另外两名妇女砸碎了唐宁街的玻璃，接下来的两天，砸玻璃还在继续。她在法庭上说，女人之所以没能获得选举权，是因为她们没能利用男人们经常利用的破坏法。她被判监禁几个月，但是几天后就获释，因为她又被控阴谋策划，需要和派希克-劳伦斯夫妇一起接受新的审判。此时克里斯特贝尔已经逃到了巴黎。

艾米琳又一次站在被告席上发表政治演说，她申辩说女人因为政府才逼不得已采取暴力行动。三名被告均判有罪，她们将和普通罪犯一起在二类监狱中服刑九个月。她们威胁说如果不把她们和政治犯一起关到一类监狱，就将绝食抗议。这个要求得到了满足，但是因为其他女权主义者仍然被关在二级监狱，这三个领袖人物又和其他人一起投入了一场大规模的饥饿绝食。新一轮的强迫喂食开始了。当医生和狱卒来到艾米琳的牢房时，她进行了反抗。她搬起一个很重的陶罐，威胁说如果他们胆敢靠近，她将采取自卫，他们于是退出了。两天后，她出于健康原因获释，从此再没被强迫喂食过。

艾米琳化名理查兹太太（Mrs Richards），去法国住了一段，看望克里斯特贝尔。回国后，她减少了演说约定，增加了在伦敦联盟总部待的时间。她和派希克-劳伦斯夫妇产生了严重分歧。艾米琳渴望增加暴力行动,派希克-劳伦斯夫妇则不想。艾米琳和克里斯特贝尔告诉派希克-劳伦斯夫妇,她们不再需要后者的服务了,这未免有些残酷,毕竟多年来这对夫妇给了她们毫不动摇的帮助。

长远来看,这一举措非常不明智。联盟的一些成员非常愤怒这对夫妇就这样被开除出了组织。艾米琳的一些支持者虽然继续对其领导怀有信心,联盟却失去了很多富裕和有影响力的支持者。她现在只好自己管财务、筹钱款,而以前这项工作都是派希克-劳伦斯太太干的,干得还很出色。

1912年10月17日,口衔革命马嚼的艾米琳又一次在皇家阿尔伯特大厅的会议上宣布了一项新的武力行动计划。她强调联盟不支持任何政党,说"革命"现在不光包括对公共财产的袭击,还包括对私有财产的袭击。她说她不伤害人命,但她会袭击她认为世人所最宝贵的那些东西——"钱、财产和愉快"。"武力是正确的,"她总结说,"因为任何值得拥有的法令用别的方法都争取不来。"

武力活动升级了,激进派们采取的战术包括火烧邮筒、拉假警报、剪电话线和电报线、破坏高尔夫球场、袭击艺术品。其中一个非常著名的例子是玛丽·理查逊(Mary Richardson)把伦敦国家美术馆藏的委拉斯开兹(Velazquez)的《镜前的维纳斯》(*Rokeby Venus*)用刀划开。这些活动确实不伤人命,但是1913年的一次袭击却很危险,激进派们极其幸运地没有造成人员伤亡。

2月20日,《泰晤士报》报道说:"昨日清晨沃尔登希思高尔夫球场附近在建的劳埃德·乔治住宅被炸。"一个爆炸物爆炸了,造成价值500镑的损失。另一个没能炸响。当晚在卡迪夫举行的一次会议上,艾米琳承认:"我们炸了财政大臣的家……我对过去发生的一切事负责。我建议、煽动、共谋了这一切。"

劳埃德·乔治告诉《世界新闻报》的所有人乔治·里德尔爵士(Sir George Riddell)说这是恐怖行为。乔治爵士在日记中记录了这次谈话:

> L.G.(指劳埃德·乔治)相当关注此事。说事实还未全部曝光,对两颗炸弹为何会藏在碗橱里也还未弄明原委。如果不是因为第一颗炸弹爆炸把连接第二颗炸弹的蜡烛吹灭了,此事一定会造成12个人的死亡。第二颗炸弹因为藏起来了没被发现。

建房的工人本应早上六点赶到此处干活。

克里斯特贝尔此时正在巴黎躲避检方起诉,她接受了一个采访,其中有问题问她联盟是否介意被人说成是无政府主义者。她回答说:"我们毫不介意,我们在进行一场革命。"她解释说劳埃德·乔治是她们的首要目标,因为他虽然口头上经常宣称自己支持妇女争取选举权的运动,但实际"总在背叛我们"。

爆炸的实施者始终没有抓到,但是艾米琳既已公开承认,就因唆使和煽动妇女触犯《蓄意伤害财产法》而被捕。4月3日,她被判3年劳役拘禁,立刻就开始了绝食抗议。

她没有被强迫喂食。为确保她不死在监狱从而成为运动的殉道者,一个名为《因健康不佳而临时释放犯人法》的新法案很快得以通过。它规定绝食抗议的犯人如健康不佳,可以获释出狱，好转后再回到监狱继续服刑。这个法后来被称为"猫和老鼠法"。

1914年8月，伴随"一战"的爆发，联盟暂停了活动。在致其成员的一封信中，有这样的话："和目前极大的战争暴力相比，即使最激烈的武力也都相形见绌。"克里斯特贝尔编辑的《妇女选举权报》（*The Suffragette*）更名为《不列颠报》（*Britannia*），口号也成了"为国王，为国家，为自由"。

为支持战时工作，艾米琳努力争取扩大女性所能从事的工作种类。她和联盟的其他成员一起接受劳埃德·乔治的要求，组织了一场名为"女人有权服务"的示威，以便克服工会对雇佣女工的反对。1915—1916年，劳埃德·乔治任军需大臣，他是第一个担任这个新设职位的资深政客。他成功增加了军需弹药的生产，这其中就有女工的参与。通过此举，他不仅提升了士气，也提升了自己的形象，这一切都有助于他在1916年12月当选首相。

他爬到了最高位，也鼓励了温和派于1917年恢复为妇女争取选举权的运动。前任首相阿斯奎斯坚决反对女性获得选举权，而劳埃德·乔治虽然磨蹭拖拉，还曾经说话不算数，但温和派相信他在根本上是同情女权运动的。于是温和派疯了一般地游说联合政府，希望确保妇女——至少是30岁以上的妇女——能够被包括进新提出的《国民参政法案》中。

1917年，联盟更名为妇女党，克里斯特贝尔编辑的《不列颠报》成了其官方喉舌。1918年2月6号，国王批准了《国民参政法》，给了30岁以上的女性以选举权，条件是她们必须是户主，或是户主的妻子，或是年租金收益为5镑以上的不动产占有者，或是英国大学的毕业生。只有850万女性符合条件，但对所有那些为妇女获得选举权而奋斗的人来说，第一步既已迈了出去，针对所有女性的完全公民权应该不会太远了。

艾米琳很希望克里斯特贝尔成为第一个女议员。在她的三个女儿中，只有这一个和她的政治观点步调一致。她在秋天的大选中代表妇女党想赢得斯梅西克选区，但她输了，虽然输得很少。

1924年，艾米琳在加拿大讲授社会卫生学，过了一段非常忙乱的生活，此时的加拿大社会非常担心那些带着性病从战场上返回的男人。忙完这段后，她的健康开始恶化。她已经66岁了。因为接手了一小群战争孤女，她的责任越发重了，事实证明这项责任令她难以承受。因此后来有两个女孩被富裕家庭领养了，克里斯特贝尔也领养了一个名叫贝蒂的女孩，另一个叫玛丽的则一直和艾米琳待到1928年。

1925年艾米琳回到伦敦，受邀作为保守党候选人参选议员。她接受了工人阶级的白教堂和圣乔治选区的邀请，但是知道自己不会当选。1928年春她正在为竞选奔忙，却突然震惊地从《世界新闻报》得知西尔维亚未婚生子。这个不道德、任性的女儿令她在竞选期间饱受诘问，但她总是回答说她不能在公共场合讨论私人问题，就这样打发了这些评论。她后来一直没能和西尔维亚达成和解，始终认为她的行为非常丢脸。阿黛拉早就去了澳大利亚生活，只有克里斯特贝尔和她亲近。

1928年5月末，艾米琳病重，被送入温坡街43号的护理院，6月14日她死于流感后感染的败血症。此时离她的70岁生日还有不到一个月，离她看到她为之奋斗得如此辛苦的完全选举权的实现也还有几个星期。1928年7月2日，《第二版国民参政法》给了年满21岁的女性和男性一样平等的选举权。

艾米琳死后葬在伦敦布朗普敦公墓。1930年3月，保守党首相斯坦利·鲍德温（Stanley Baldwin）在维多利亚塔公园为艾米琳的青铜塑像揭幕。这是泰晤士河畔的一个公园，位于威斯敏斯特宫的西南角，靠近维多利亚塔。艾米琳将在这靠近上下两院的地方被人们永久怀念，因为她曾倾尽全力，努力为女性打开议会关闭的大门，并为我们成为完全的英国公民赢得了所有的权利。

14

A History
Of Britain
In 21 Women

19—20世纪最成功的英国女作曲家

伊瑟·史密斯

Ethel Smyth

1858—1944

"我觉得我必须为《森林》而战……因为我想要女人把头脑转向重大艰难的工作,女人不能只是靠岸航行,害怕扬帆入海。"
　　——伊瑟·史密斯

即使是今天,一个女人也很难被认可为严肃音乐的作曲家。我曾查阅BBC《女性时间》的档案,它记录了这档广播节目自1946年开播以来播出的每个字,其中我认为最为惊人的话语之一来自伊丽莎白·勒琴斯(Elisabeth Lutyens)。她说她的野心是成为伟大的作曲家,但她同时还希望成为妻子和母亲。她认为两者不可得兼,只能二择其一。她说她面临"选择的暴政"。男人们却不必面临如此选择。

这个暴政困扰不了女爵士伊瑟·史密斯,她通常被认为是19—20世纪最令人瞩目、最成功的英国女作曲家。她喜欢和女人结成热烈的关系,她对此相当公开,她终生未婚,也无子嗣。

她生于伦敦,是一个军人家庭的八个孩子里的老四。她父亲约翰·霍尔·史密斯(John Hall Smyth)少将和她母亲爱玛鼓励孩子们享受运动和户外。她和父母先是住在位于肯特郡希德卡普的家中,后又搬到萨里郡的弗雷姆勒。我猜你可以说她是个假小子。她打网球、板球和高尔夫,到老都喜欢这三种运动。她热衷打猎,是骑自行车的先驱,这在当时被认为是一种不适合年轻女人的交通方式。她还吸烟，这对当时的年轻女子来说一样是个令人震惊的习惯，她直到1899年41岁时才戒烟。

伊瑟和她的兄弟姐妹都在家受教育。她的音乐教育并不比她这个阶层的女孩多，无非是会唱歌和弹钢琴，但她12岁时，家里来了一个新的家庭教师，此人曾在莱比锡的音乐学院学习过，伊瑟开始意识到她在音乐方面的才能和抱负。14岁时她被送到帕特尼的学校学了3年，她的音乐教育又一次变得相当传统，要求也不高。但是当她回到弗雷姆勒时，一个名叫亚历山大·尤英（Alexander Ewing）的新家庭教师鼓励她发展音乐才能。她于是决心去莱比锡学作曲。

快到20岁时，她父亲希望她能遵循通常的社会传统，缔结一门恰当的婚姻。其间有过无数争吵，家里人说一个19岁的未婚女孩独自一人去德国学习，将来想要干一番事业，这是多么不合适。伊瑟决心要去，她父亲坚持她不能去。于是每逢社交活动，她就把自己锁在房间里，拒绝参加。最终史密斯将军放弃战斗，同意她去。1877年7月，她动身去了莱比锡。

她坚持了不到一年，事后说她觉得音乐学院的老师和同学都很无聊无趣。她别有选择。她私下和作曲家海因里希·冯·赫尔佐根伯格（Heinrich von Herzogenberg）学习和声和对位。赫尔佐根伯格和妻子丽索（Lisl）在德国音乐界很受尊敬，勃拉姆斯（Brahms）是他们的密友。伊瑟喜欢赫尔佐根伯格夫妇介绍给她的社交生活，毫不犹豫地结交了一群有用的朋友。未来证明，这些莱比锡音乐界精英中的精英将会给这个年轻、有抱负的未来作曲家提供多么大的帮助。

正是在这一阶段她第一次恋爱了。赫尔佐根伯格夫妇没有孩子,邀请伊瑟来家居住。她从1878年住到1885年,其间和丽索变得亲密无比,不只是好友。伊瑟不觉得有必要对此扭捏作态,在其1919年出版于英国的自传《印象犹在》(*Impressions that Remained*)中谈到她的恋爱时说:"从一开始,我最热烈的感情就都给了我的同性。"

伊瑟和男人有过一次恋爱,后来真相暴露时,给她和丽索都造成了很大痛苦。一年里的大多数时候,伊瑟都和赫尔佐根伯格夫妇住在一起,除了夏天回英国,或去欧洲游玩。1882年,她在佛罗伦萨遇到了丽索的妹妹朱莉亚及其丈夫亨利·布鲁斯特(Henry Brewster)。亨利是个美国作家和哲学家,但在法国长大,很快他就明显疯狂地爱上了伊瑟。接下来的冬天在意大利,她不再拒绝他的求爱。

即使对思想自由的伊瑟来说,和一桩婚姻中的人妻和另一桩婚姻中的人夫纠缠在一起也显然太过分了。她试图和布鲁斯特分手,但没分成。再加上这两对夫妇还是连襟,于是她的事不可避免地暴露了。丽索发现了妹夫的事,1885年和伊瑟突然分手,还哭叫着说以后再也不想见到她了。莱比锡的免费住处没了。

方便的是,几年后丽索死了。1895年她妹妹朱莉亚也死了,伊瑟和布鲁斯特可以公开继续他们此前一直未断的私下交往了。他们不住在一起,他住意大利,她住英国,他们不结婚也没孩子,但是直到1908年布鲁斯特去世,他一直都是伊瑟人生中的稳定伴侣。伊瑟在1940年出版的第二卷自传《后来怎么样了》(*What Happened Next*)中写道:"哈里从不嫉妒我的女朋友们,事实上,他和我的看法一致,都认为降临到你生活中的每段新感情都会丰富旧关系。"

伊瑟在莱比锡期间的音乐事业取得了一定成就。她受勃拉姆斯的影响很大,写过艺术歌曲、钢琴音乐,还为室内乐写过一些曲子。这些曲子大多是在私人家庭为朋友演奏的,但也有一首小提琴奏鸣曲和一首弦乐五重奏在莱比锡音乐厅公演。

当她在19世纪80年代晚期回到英国时,她需要从头建立声誉,她也确实制造出了一点小轰动。1890年在水晶宫,她的小夜曲和《安东尼和克里奥佩特拉序曲》(*Overture to Antony and Cleopatra*)获得好评,1893年由皇家合唱团首演的她的弥撒曲也获得好评。她说这首曲子是她在一场宗教危机后国教信仰再次复活时所写。这一阶段没能持续很久。她说弥撒曲是从她的体系之中写出的。"正统信仰离我而去,再未返回。"

因为威尔士亲王(即英国王储)是皇家合唱团的赞助人,因此皇家影响力为她获得了弥撒曲的演出。伊瑟的职业生涯也因她与一群名门女性的友谊获益良多。她在法恩伯勒的家有个邻居是前法国皇后欧仁尼(Eugenie),拿破仑三世(Napoleon III)的寡妇,她流亡英国,直至去世。她给伊瑟出钱出版作品,还介绍她认识王室贵族。维多利亚女王的侍寝女官玛丽·庞瑟比(Mary Ponsoby)是伊瑟另一个热诚的赞助人。她们之间建立了一场维系30多年的亲密、但也时常充满风暴的友谊。

弥撒曲之后，伊瑟的重要支持者、德国作曲家赫尔曼·利维（Hermann Levi）鼓励她挖掘自己的戏剧才华。于是她开始和布鲁斯特一起创作自己的第一部歌剧，她作曲，布鲁斯特写词。这部歌剧由法国作家阿尔弗莱德·德·缪赛（Alfred de Musset）的戏剧《幻想曲》（*Fantasio*）改编，获得在魏玛宫廷剧院演出的机会，并且获得好评。1901年此剧在卡尔斯鲁厄演出时也获好评。但在《后来怎么样了》中，伊瑟解释说"演出虽然近乎完美，"但她对这部作品却并不满意，因为"对一个喜剧题材来说"，她的音乐"太热情、太暴力了"。

她的第二部歌剧仍与布鲁斯特合写，名叫《森林》（*Der Wald*）。这是一个爱情悲剧，评论家认为有瓦格纳的影响。此剧在柏林首演时观众发出嘘声，柏林的剧评家也不看好，很让伊瑟难受了一回。这里有剧院的问题，剧院不该让这部剧还没充分排练好就上演，但是伊瑟也说她是性别歧视的受害者，是布尔战争后仇英心理的受害者。

《森林》在纽约、波士顿和考文特花园（即英国皇家歌剧院）演出时反响不错，伊瑟作为歌剧作曲家的声誉总算是树立起来了，但是她给布鲁斯特写信解释她经历了怎样的一番挣扎："我觉得我必须为《森林》而战……因为我想要女人把头脑转向重大艰难的工作，女人不能只是靠岸航行，害怕扬帆入海。"

她最伟大的作品是她的第三部歌剧《肇事者》（*The Wreckers*）。故事发生在18世纪英国西南沿海的康沃尔郡，讲的是一对爱人的悲剧。针对当地人故意点燃假灯塔让船只触礁的肇事行为，一对爱人试图阻止，结果双双被捉并被判处死刑。

布鲁斯特又一次为她作词。《肇事者》虽然讲的是英国故事，歌词却是法语，这大概是伊瑟对法国、对一群显赫的巴黎女人越来越着迷的缘故，其中就有著名的艺术赞助人波利尼亚克公主（Princesse de Polignac）以及诗人阿娜德·诺阿伊（Anna de Noailles）。这部作品里的音乐是不同风格的组合，有伊瑟在德国学到的，也有法国和英国的当代民间曲调。

《肇事者》在德国和布拉格演出，获得好评。伊瑟一直很强调她在欧洲的成功，因为对英国作曲家来说，有一点很关键，就是他们似乎应该首先在国外获得认可才能在本国得到表扬。考文特花园不接受这部歌剧，说怕上演后会赔钱，但是有个有钱的美国朋友玛丽·道奇（Mary Dodge）愿意出钱支持伊瑟在女王剧院上演此剧，年轻的托马斯·比切姆（Thomas Beecham）受雇指挥。1909年6月22日，《肇事者》在伦敦首演，转年作为比切姆演出季的一部分在考文特花园上演。

伊瑟既然如此热情地支持增进女性独立的想法，那么她成为妇女社会政治联盟的热心成员，还和艾米琳·潘克赫斯特建立起亲密关系也就不足为奇了。从1911年起，有两年时间，她把自己的事业搁在一边，专心为联盟工作，还组织音乐会为其筹款。为此她还用上了自己从小积累的运动经验。

伊瑟自幼和朋友兄弟打板球，是个极好的投球手。19世纪早期，有个名叫克里斯蒂娜·威尔斯（Christina Willes）的女人发明了一种举手过肩的投球法。克里斯蒂娜有个哥哥叫约翰，是肯特郡队和英格兰队的队员，她和他打球时会举手过肩投球，为的是不让裙子妨碍到球。我们不妨假设伊瑟知道这个技巧。当艾米琳·潘克赫斯特宣布用石头砸玻璃将成为激进派的政策，并需要有人教她和其他革命者如何投掷才能砸中目标时，伊瑟的这个技巧就变得无比方便了。她是个很愿意教人的老师和实践者，并因其罪行在监狱服了一小段刑。

伊瑟为激进派女权主义者们写的音乐大概是她最著名的作品了。这首作品献给联盟，名为《女人进行曲》（*The March of the Women*），开头是这样唱的：

> 唱吧，唱吧，大声唱起来，
> 和风一起咆哮吧，因为黎明在破晓；
> 前进啊，前进，大步向前进，
> 我们的旗帜在飘扬，希望在苏醒。
> 歌里有故事，梦里有荣光，
> 听哪！她们在呐喊，声音充满喜悦！
> 声音越来越高扬，
> 那是自由的雷鸣，上主的召唤！

第四节结尾则唱道："坚定信心，笑带反抗／（笑带希望，因为结局已定）／前进，前进，众人一心，／肩并肩，朋友对朋友。"她因扔石头被判在霍洛韦监狱服刑，其间托马斯·比彻姆曾去看她。一进大院，比彻姆就发现激进派们正在"一边绕着院子大步走，一边精神饱满地唱着她们的战歌，作曲家本人则站在楼上窗边，面带赞许的笑容，手拿一把牙刷,几乎是带着酒神般的狂热打着拍子"。

就在"一战"爆发前夕,伊瑟还写了另一部歌剧,名叫《水手长的副手》(The Boatswain's Mate)。剧本是伊瑟自己写的,有关性别之争,发生在一个酒馆女主人沃特斯太太和一个退休的水手长哈利·本之间,讲的是男人向女人求婚但是被拒的事。显而易见的原因,此剧未在德国演出,而是1916年在英国上演,原因显而易见。战后此剧又获重演,成为20世纪20年代老维克剧团的保留剧目。评论家们从未热烈赞扬过这出戏,但伊瑟的女权朋友们很爱它,现在这个剧被认为是伊瑟最女权,也最受欢迎的作品。

"一战"期间,伊瑟在巴黎当X光照相师。她的听力开始出问题,而且年岁越大问题就越严重。她开始写回忆录,书出后非常成功,给她挣了一笔有用的钱,因为此时她听力的问题已经影响到了她的作曲。她的书之所以很受欢迎,可能是因为内容刺激。我找不到任何证据表明曾有人对她公开的同性恋姿态发表过批评,表明自己受到了震惊。

1921—1940年,伊瑟写过几卷回忆录以及无数固执己见的文章,还从游记中挣了些钱,她的这些旅行包括骑骆驼游埃及沙漠,或在希腊的荒野中徒步行走。她的写作给她的音乐带来了新的听众,激发了她作品的重新演出,还把她作为音乐厅和剧院的指挥介绍给读者。

正如伊瑟本人在自己的一篇文章中说的那样,她感恩她有"一份小小的独立收入,使她能够不断追求她在音乐上的存在,这是其他那些不得不从音乐中谋生的女性无法做到的事"。

20世纪20—30年代,伊瑟又写了一些新的音乐作品,同时她的早期作品也在不断上演。但是随着年华的逐渐老去，她却变得越来越尖酸，总感觉她作为作曲家的成就没有得到应有的认可。不过她75岁生日时，为了表示对她的祝贺，一场她的作品的音乐节举办了，并在BBC播出。

她最后的日子在沃金的小屋中度过，她仍然穿着花呢便装，戴顶破帽子，宠爱着一群大狗。最早那只叫马可，最后那群是英国古代牧羊犬，她管它们每一只都叫潘。1922年，因其对音乐的贡献，她受封为女爵士，但她还是觉得自己缺乏认可。1911年，奥地利评论家理查德·施佩希特（Richard Specht）这样评价她：

> 这个瘦削坚定的女人不为任何"震惊"所动，她嘲笑这世界的一切愚蠢……大家知道她和她的大狗已经……在一间孤独的农舍中独居多年了，她已经成了英国自然的一部分。

86岁时，伊瑟在她的沃金小屋中死于肺炎。我肯定，如果她知道近年来音乐界和女权学术界都开始重新评价她的音乐成就，并承认她的确是一位伟大的作曲家，堪与克拉拉·舒曼（Clara Schumann）、范妮·门德尔松（Fanny Mendelssohn）、艾米·比齐（Amy Beach）和伊丽莎白·麦康基（Elizabeth Maconchy）比肩，那她一定会非常高兴。

评论家们对这些女性作品通常都很轻蔑，说不存在"伟大的"女作曲家，因为作曲家不论男女，天才都是极其稀少的。女作曲家本就稀少，更不足以从中涌现出一位天才。这个理论大概有点道理，因为莫扎特、巴赫和海顿就是从几百个男作曲家中涌现出的、能够进入音乐经典的稀世之才。我听过伊瑟的一些作品,我不会把她归为天才,但是不承认她的伟大,在我看,却也无非是厌恶女人的偏见罢了。

15

A History Of Britain In 21 Women

爱尔兰独立运动女领袖
康斯坦丝·马克维奇
Constance Markievicz
1868—1927

"我但愿你们这帮人也能有那份体面杀了我。"
——康斯坦丝·马克维奇

人们通常认为1919年当选的南希·阿斯特（Nancy Astor）是英国第一个女议员。她确实是第一个在下院就职的女议员，但是第一个当选的女议员却是在1918年大选中当选的康斯坦丝·马克维奇。只不过作为新芬党的成员，她必须遵守爱尔兰共和党（Irish Republican Party）的回避政策，因此从未出席过英国议会的活动。

康斯坦丝·乔治安娜·戈尔-布斯（Constance Georgina Gore-Booth）来自爱尔兰斯莱戈郡的利萨代尔，父亲是亨利·戈尔-布斯爵士（Sir Henry Gore-Booth），母亲是乔治安娜·玛丽（Georgina Mary），她是四个孩子中的一个，她还有个妹妹叫爱娃。戈尔-布斯是个富有的英国家族，从17世纪起就在斯莱戈拥有土地。但在19世纪中期爱尔兰大饥荒期间，他们不是那种置农民于不顾的缺席地主①。他们从

---

① 缺席地主（absentee landlord）指占有土地或房屋却并不在其上居住者，这是爱尔兰历史上的特有现象。伴随16世纪都铎王朝对爱尔兰的征服，爱尔兰土地被分给英国贵族和军人，其中某些地主选择把地租出去，自己则留在英国居住，成为所谓缺席地主。

小教育康斯坦丝要关心和尊重那些不如自己幸运的人。

戈尔-布斯姐妹也的确幸运。她们有文化、爱运动、长得美，姐妹间还很亲密。她们启发了诗人叶芝（W. B. Yeats）。1927 年，叶芝写了首名为《纪念爱娃·戈尔-布斯和康·马克维奇》（*In Memory of Eva Gore-Booth and Con Markiewicz*）的诗，描述两姐妹为"两个穿丝质和服的女孩，两个/都很美，其中一个像头小羚羊"。

正如她们 19 世纪晚期的同代人那样，康斯坦丝姐妹在家受教育，学习音乐、诗歌和艺术。1887 年，她们由家庭女教师带着游历欧洲，这是一次典型的贵族式的宏大旅行。回来后，她们被期待当好贵族女孩，完成她们的人生职责。她们会被引荐到宫廷，将来嫁个好人家，在妻子、母亲和上流社会贵妇人的生涯间度过一生。

1887 年，康斯坦丝在白金汉宫（Buckingham Palace）觐见维多利亚女王，但她和她妹妹都没有做初入社交界的淑女应该做的事。康斯坦丝的求婚者众多，但她拒绝了所有人。就像伊瑟·史密斯一样，她也必须和家庭抗争才能得到她想要的。她告诉父亲自己立志学艺，1893 年她父亲让步了，她上了伦敦的斯莱德美术学院。

女性争取选举权的运动此时才刚崭露头角，还要有十年妇女社会政治联盟才会成立，但是康斯坦丝已经被温和派的观点吸引。到 1896 年的时候，她就已经在主持斯莱戈女性选举权协会的会议了。

1898 年她去巴黎继续学画，并在这里邂逅了富裕的波兰伯爵卡西米尔·杜宁-马克维奇（Count Casimir Dunin-Markievicz），他的家族在乌克兰拥有土地。他们 1900 年结婚，1901年唯一的女儿梅芙出生，1902年全家回到都柏林。他们夫妇卷入了都柏林的文化和政治生活，在阿贝剧院演戏排戏，帮助建立联合艺术俱乐部，还办画展，展出自己的作品。

1906年，康斯坦丝在都柏林郊外租了一间农舍，此后她的政治生活变得越来越激进。农舍先前的租客留下了一堆宣传单，是些系列政论文，题目叫《农民与新芬》(*The Peasant and Sinn Féin*)，宣扬爱尔兰脱离英国的统治。她很快就信仰了这项事业。

1908年，康斯坦丝结识了海伦娜·莫洛尼（Helena Molony）以及一个名为"爱尔兰之女"的组织。莫洛尼是在莫德冈（Maud Gonne）的刺激下加入女权和共和派活动的。莫德冈是个出生于英国的革命者、激进派女权主义者、演员和令人振奋的演说家，她最为后世所知的大概是她和诗人叶芝之间那场狂暴的恋爱了。

1900年维多利亚女王访问爱尔兰，"爱尔兰之女"为那些抵制女王到访的儿童组织了一场"爱国儿童款待"的活动，并从中得到了成长。它警告爱尔兰女孩不要和英国士兵厮混，敦促当地商店进爱尔兰货而不是英国货，并劝说爱尔兰男孩不要加入英国军队。该组织有一份名为《爱尔兰妇女》(*Women of Ireland*)的出版物，宗旨是"好战、分离和女权"，康斯坦丝是创始人。她为这份月报写园艺方面的文章，她还加入了新芬。

1909年，康斯坦丝在爱尔兰童子军运动的形成中发挥了重要作用。该运动宣称其宗旨是训练男孩们的队列和步枪射击，教他们融入爱尔兰的语言和文化，帮他们做好准备，为将来建立一个独立和统一的爱尔兰贡献力量。1911年,康斯坦丝进入新芬的管理层,并因抗议乔治五世(George V)到访都柏林而被捕。

康斯坦丝的政治理念越发"左倾",在越来越壮大的工会运动中她和詹姆斯·康纳利(James Connolly)密切合作。1911年她在为筹建爱尔兰女工工会的会议上讲话,她在都柏林南郊拉斯敏斯的家也成了民主主义者和工会活动的温床。1913年发生停工事件,大约20000名工人和300名雇主发生了争执。在此期间,她在自由大厅设立了汤厂(soup kitchen)①,还加入了新成立的爱尔兰公民军。这是一个由工会成员组成的志愿组织,其成员为保护运动的示威者不受伤害而接受训练。

到了1914年,康斯坦丝意识到革命正在酝酿之中,此时她在两个主要的妇女组织,即爱尔兰妇女议会和爱尔兰之女的合并中发挥了重要作用。爱尔兰妇女议会开始把自己定义为一个爱尔兰妇女的议会组织,1916年它成了爱尔兰志愿军的一个附属机构。由埃蒙·德·瓦莱拉(Éamon de Valera)领导的爱尔兰志愿军后来成了爱尔兰共和军。

"一战"爆发时,康斯坦丝和丈夫分居了。他去了巴尔干地区做战地记者,女儿去了斯莱戈由外祖父母抚养,剩下康斯坦丝一人可以自由寻求自己的政治目标了。她毫不犹豫地拥护割断爱尔兰与英国联系的军事行动,到1916年的时候,她已经准备好了要去积极参与复活节起义。

---

① 类似中国的粥厂,为救济贫民之用。

1916年4月2号是复活节的周一，康斯坦丝把凯瑟琳·林（Kathleen Lynn）医生的车辆装满了急救包。在她的描述中，车子"驶过安静的、满是灰尘的街道，过了河，到达市政厅"。她向爱尔兰公民军的第二把手和负责圣斯蒂芬公园军营的麦克·马林（Michael Mallin）报了到。圣斯蒂芬公园位于都柏林的市中心，对它的占领早在进行中。她在此处待了一星期，成了马林的得力副手。她组织对公园的防卫，据说还射杀了一名警察。到了周二早些时候，公园叛乱者面临的形势开始恶化。英国人占领了公园周围的建筑，包括谢尔本饭店。

公园驻军遭到越来越猛烈的炮火袭击，不得不撤退到皇家外科学院，想要在此度过本周剩下的日子。周日上午，护士伊丽莎白·奥法雷（Elizabeth O'Farrell），同时也是爱尔兰妇女议会的主要成员，率先投降。她执白旗从格拉弗顿街走到皇家外科学院，把投降书交给康斯坦丝，康斯坦丝读过投降书后将其交给马林。奥法雷又把投降书拿给城里的其他志愿军据点，马林下令皇家外科学院上空举白旗，前来受降的是戈尔-布斯家的一名远亲，亨利·德·库尔西-惠勒（Henry de Courcy-Wheeler）上尉。他在学院门口面见了马林和康斯坦丝。康斯坦丝亲吻了自己的手枪，将其交给上尉，然后就和其他叛乱者一起被带到了里士满军营。

康斯坦丝是复活节起义后唯一一名在军事法庭受审的女性。她在法庭如此为自己辩护："我为爱尔兰自由而战，我个人发生什么都无所谓。我做了我认为正确的事，我会坚持到底。"她被判死刑，后因性别改判无期。据说这是因为英国政府在强行喂食阶段经常因虐待激进派女权主义者遭到批判，因此害怕处决一位声名显赫的女性。

这样的思虑没用到男性叛军首领身上。1916年5月8号，康斯坦丝的起义指挥马林被行刑队枪决，年仅41岁，身后留下老母、三个兄弟姐妹、一个怀孕的妻子和四个孩子。康斯坦丝从牢房听到了行刑队的枪声，据说她说："我但愿你们这帮人也能有那份体面杀了我。"

她从基门汉姆监狱转到了蒙特乔伊，又转到了英国的爱尔斯伯里监狱。她在狱中学习了天主教教义，1917年6月的大赦释放了她，至此她在狱中服了她无期徒刑中的14个月。

康斯坦丝很快就又开始了她的政治活动。她又一次当选，进入新芬的管理层，成了爱尔兰妇女议会的议长。1918年她因在"德国阴谋"中涉嫌使用暴力再次被捕，具体而言就是，都柏林城堡政府（即英国统治下的爱尔兰政府）宣布新芬和德意志帝国阴谋在"一战"期间在爱尔兰发起一场武装叛乱。

并无确凿证据证明这样一场叛乱真实存在，现在的一般看法也的确把这个阴谋看成是诋毁新芬的"黑色宣传"。对英国人来说，逮捕康斯坦丝事后证明适得其反。那些比较善于通融的新芬领导成员都被抓捕关押起来了，反而那些比较倾向使用暴力的成员事先听到风声跑了路。整件事使麦克·柯林斯（Michael Collins）加强了他对新芬的控制，他把爱尔共和军放到了一个更为集中的军事地位上，以便使其能为爱尔兰独立继续打游击。游击战从1919年1月开始，一直持续到1921年的7月。

在她第二次入狱期间，康斯坦丝作为新芬党都柏林圣帕特里克区的候选人参加了1918年的大选。她获胜了，成了英国第一个女议员，却从未就任。1919年3月她从监狱获释，被宣布独立于英国统治的爱尔兰第一届议会任命为劳工部长。直到1979年莫雅·葛黑根-奎恩（Maire Geoghegan-Quinn）被时任爱尔兰总理查尔斯·豪伊（Charles Haughey）任命为内阁成员，康斯坦丝始终都是爱尔兰议会唯一的女部长。

她的战斗精神没有被1916年以后发生的事情磨灭，她继续反对英国在爱尔兰的统治。1919年，她因发表煽动性的讲话被捕，并被判处四个月的劳役。1920年9月她再次被捕，这次被判处两年的劳役。1921年7月她获释，此时正值德·瓦莱拉和劳埃德·乔治谈判达成《英爱条约》（*Anglo-Irish Treaty*）。

康斯坦丝大力反对《英爱条约》，她在爱尔兰国会下议院摆出激烈的姿态，谴责这一条约，鼓吹成立爱尔兰工人共和国。内战爆发了，从1922年6月打到1923年5月。在此期间，她站在反对条约的爱尔兰共和军一方。最后赞成条约的一方取胜了，爱尔兰自由邦成立了。

1923年，康斯坦丝再次当选为爱尔兰国会议员，但因拒绝宣誓效忠英王，她再次没有就任。当年晚些时候，她因为试图收集请愿签名，要求释放爱尔兰共和军囚犯而第四次被捕。她在狱中开展绝食抗议，直到她和其余囚犯均获释放。

1926年，德·瓦莱拉成立爱尔兰共和党，这是一个中间偏右的党派，因分离主义问题而从新芬分裂出来。作为新芬成员的康斯坦丝正是因此而不肯在英国议会和爱尔兰议会就职。她斩断了与新芬以及爱尔兰妇女议会之间的联系，加入了爱尔兰共和党。我们不清楚她的好战精神为何减弱了，但她参加了1927年的大选,作为共和党候选人当选为爱尔兰国会议员。

多年的奋斗、几次入狱及绝食开始报应到她的健康上。在上一年的煤炭罢工中,她满城奔波,给穷人送吃的、送煤。她妹妹爱娃那年死了,令她悲痛难抑,她最亲密的伴侣也死了,之后她自己也很快得了重病。1927年,她被送进圣帕特里克·邓恩医院,她坚持像穷人一样在公共病房治疗。7月她死了,终年59岁。

她的遗体停放在都柏林圆形冰场的柱厅供人瞻仰,这个圆形冰场是爱尔兰志愿军成立之地,是圆形公园的一栋临时建筑,能容纳4000人。成千上万的人赶去那里向他们的"伯爵夫人"致敬。她的葬礼演说人是埃蒙·德·瓦莱拉,她的遗体被埋葬在都柏林格拉斯奈文公墓。

经历了独立战争的伟大剧作家肖恩·奥凯西(Sean O'Casey)用戏剧记录战争,其作品包括《枪手的影子》(*The Shadow of a Gunman*)、《犁与星》(*The Plough and the Stars*)和《朱诺与孔雀》(*Juno and the Paycock*)等剧。他评论康斯坦丝"大量拥有的一个东西是肉体勇气,她披覆勇气,正如人披覆衣衫"。

一个不爱英国和英国人的女人竟能在本书中占有一席之地,这或许是件怪事。但她之所以出现在这里,不仅因为她是第一个被选入英国议会的女议员,还因为她像英国古代的博阿迪西亚女王一样,揭穿了女人不能拿起武器为信仰和国家而战的谎言。她为爱尔兰独立进行的勇敢和热情的政治奋斗令人无法否认。

16

孤独,静默,私密的女画家

格温·约翰

Gwen John

1876—1939

A History Of Britain In 21 Women

"我死后50年,将会因为是格温·约翰的弟弟而被人记起。"
　　——格温·约翰的弟弟奥古斯都

正如伊瑟·史密斯认为女作曲家缺乏世人认可，经常被人低估一样，像格温·约翰这样的画家也认为性别阻碍了她们前进的步伐。现在不光是我，还有艺术界的很多人都认为和她弟弟奥古斯都相比，格温画得更好，艺术感染力更强。但是终其一生，她都活在弟弟的阴影之下。

不过弟弟认可她的才华。奥古斯都说："她的画几乎总是那样痛苦地充满着感情，而我的画又几乎总是那样痛苦地没有情感。"他知道她总是被人当成奥古斯都·约翰的姐姐，但他预言"我死后50年，将会因为是格温·约翰的弟弟而被人记起。"

格温的童年和父母及三个兄弟姐妹在威尔士彭布鲁克郡的哈弗福韦斯特度过。她父亲埃德温是个律师，母亲奥古斯塔是个业余画家。格温8岁时母亲死了，全家搬到腾比，孩子们先是在家跟一位家庭教师读书，他们都希望能尽快离家。父亲的性格一向不使人快乐，他以严格的纪律统治着全家，家里气氛压抑，妻子死后他忽略了孩子。奥古斯都知道他母亲的婚姻多么不幸："我母亲无疑会帮忙，但我很小的时候她就死了，我怕她是在一种充满眼泪的存在之后死去的。"

格温在腾比的一间学校读了一段时间，又去伦敦的一家教育机构学了一段，校长是菲尔伯特小姐。19岁时，她在斯莱德美术学院赢得了一席之地，这是英国最热门、最进步的美院，也是当时唯一一间招收女生的美院。不过男女学生并不同班，也不在同一个走廊或操场活动。正如在伊丽莎白·加雷特·安德森的教育经历中女孩不被解剖室接受一样，在格温的例子里，写生课上也没有她的位置。她坚持了3年，画得非常成功，不仅获得了人体素描的证书，还赢得了梅尔维尔·内特尔希普（Melville Nettleship）人体构图奖。

但是即使是在学校里，她也总是被奥古斯都的光芒掩盖。他比她岁数小，却比她早上美院。格温安静羞涩，奥古斯都却善于交友，朋友众多，一辈子还情人不断，他曾说他在切尔西遇到小孩时总爱拍拍他们的头，因为这些都很可能是他的孩子。格温的穿戴举止也不是奥古斯都朋友圈喜欢的那种生动刺激的波希米亚风格。我们在她的自画像里看见的是一张相当瘦削愁苦的脸，头发中分，绑在脑后，发型一丝不苟，衣着朴素，纽扣直系到脖颈。

上学期间格温和弟弟同居一室，这既是为了省钱，也是为了免除弟弟的家务负担。他们过得很省，只吃坚果和水果。一方面奥古斯都总是夸格温画得好，另一方面他也担心她忽视健康，劝她"对生活的态度应该更活泼些"，但她不接受他的建议。她经常被描述为一副温顺、谦让、苍白、瘦削的样子，一双黑眼睛庄重警惕，不过目前在泰特英国美术馆和国家肖像美术馆展出的她的自画像却都显示出一副性格相当坚毅的样子。

从斯莱德毕业后格温去了巴黎,在卡门美术学校学了几个月,师从美国画家詹姆斯·麦克尼尔·惠斯勒(James McNeill Whistler),惠斯勒很佩服她对"色调的精微感觉"。在我看来,惠斯勒对格温风格的影响在前者最著名的作品《灰色与黑色的布局第一号》(*Arrangement in Grey and Black No. 1*)中表现得非常明显,这幅作品也叫《惠斯勒的母亲》(*Whistler's Mother*)。

1899年1月,格温从巴黎返回伦敦。接下来的4年间,她住在布鲁姆斯伯里和贝斯沃特的一系列阴暗房间里,甚至还一度非法住过一座废弃建筑。她自言过着一种"地下"生活,这是一段悲惨的时光。她和另一个画家安布罗斯·麦克沃伊(Ambrose McEvoy)有过一段灾难般的恋爱。她给住在威尔士阿伯里斯特威斯地方的一个朋友写信说:"至于快乐……当一幅画画完,不管画成什么样,对画家而言,也大概算不上快乐。画一张画的所有时间里,只有几秒钟快乐……我看别人像阴影,我自己也像阴影。"

1900年春的世纪之交,她在英国新艺术俱乐部举办了第一个画展。此后直到1903年,她每年都会在此举办两个画展。不过她对画展从不热心,她参展只是为了钱。那年3月,她和弟弟办了一个联合展览,她画画极慢的名声被坐实了。他为展览画了45张画,她却只画了3张。她说:"我画了很多,但是经常画不完。对我而言,画完一张画需要平心静气很长时间,还不能想着展览的事。"

格温有点冒险精神,想多看看世界,虽然她并没走多远。1903年秋，她和一个朋友多罗莉拉·麦克尼尔（Dorelia McNeill）决定一起出去走走，边游历边卖画谋生。多罗莉拉后来成了奥古斯都的第二任妻子。她们带上画画的装备，在法国的波尔多登陆，开始一路步行，想走到罗马。她们睡在田野里，靠给人画素描挣钱买食物。她们最远走到图卢斯，之后决定1904年去巴黎。

格温住在塞纳河左岸蒙帕纳斯的一系列简朴住宅里，过着典型的波希米亚生活。其中几处居室出现在她的画作中，最著名的大概要算《画家巴黎房间的一角》（*A Corner of the Artist's Room in Paris*），此画现藏于英国谢菲尔德的格拉夫斯画廊。她决定切断与家人和与英国的联系，她说英国是"外国"。她靠给画家当模特谋生，主要是女画家，但也有少数男画家，其中就包括当时最著名的艺术家、雕塑家奥古斯特·罗丹（Auguste Rodin）。

她是模特的原型，因为她成了艺术家的情人。虽然罗丹比她大了36岁，可是他们相爱了10年。即使在罗丹厌倦了她的痴情后，她还恋着他。她给他写了几千封信，倾吐她的热情，哪怕她早就成了他脖子上套的磨盘。"爱就是我的病，"她写道，"你来了才能好。"她终生有个习惯，就是会恋上那些希望与爱人保持距离、避免亲密接触的人，罗丹也不例外。她顽固地坚持他们应该继续做情人，这使罗丹无比烦恼，他命令秘书，还买通了他住所的看门人不让她进门，把她赶走。1914年罗丹死前三年，这段恋情终于结束了。

从1904年—1914年，格温对罗丹的执着占据了她所有的精力。她给朋友的信中说："一切都比画画更让我感兴趣，我对画画越来越冷淡，这让我害怕。"但她还是在这个阶段画出了一些个人的最好作品，大概有 12 幅之多，包括那张令人震撼的《窗前读书女》(*Girl Reading at a Window*)，此画现藏于纽约的现代艺术博物馆。

她在巴黎期间结识了当时所有的顶尖艺术家，包括马蒂斯（Matisse）和毕加索（Picasso），但她却从未被现代艺术中的新动向影响。她向来独自作画，坚持个人风格。她余生都住在法国，却并未被吸收进艺术、戏剧和音乐上的前卫运动，而这正是 20 世纪初的巴黎特色。的确，一个艺评人说她的作品总是体现出一种英国情绪。

她在 1916 年的一封信中说："我认为画应一次画完，或者顶多两次画完。为了一次画完，可能必须画很多张，然后浪费掉。"她的画大多是肖像，也有几张静物、室内和风景。关于主题她是这样说的："猫还是人，都一样……只是体积的问题……对象并不重要。"话虽如此，她的画最常见的主题都是年轻女孩，一般是独自一人，手放腿上坐在那里。

她的一个模特让娜·福斯特（Jeanne Foster）这样说她："她把我的头发放下来，梳成她那样……她还让我像她那样坐好，我坐在那儿的时候感觉吸收了她的个性。"正如她弟弟所说："她所有的画几乎总是痛苦地充满着感情。"从福斯特所说来看，这些痛苦的感情属于格温本人。她的油画已知现存只有 158 幅。

在她与罗丹的恋情进入尾声时，她开始关注起自己的画。下一个十年将会是硕果累累的十年。奥古斯都把她的画介绍给了一名美国律师兼收藏家约翰·奎恩（John Quinn）。从 1911 年起，奎恩成了她的主顾，买下了她所有想卖给他的画，总共有大约 12 幅油画和很多素描。他们二人直到

1921年才见面,但他对她作品的欣赏给了她情感上的支持,他还把她介绍给很多朋友。她和奎恩的友谊和专业关系一直持续到1924年奎恩去世,这一时期恰好也是她人生最多产的时期。

1911年,格温在罗丹居住的巴黎郊区默东找了间住所。她学习了天主教教义,1913年加入了罗马天主教。她这一时期的笔记包括冥想和祈祷词,以及暗示想"成为上帝的小画家"和"成为圣人"的欲望。1912年她写道:"至于我是否有值得表达的东西……可能从来都没有,除了这种想过更加内向生活的欲望。"

因为她与教会的关系,当地的修女请她为多明我慈善姐妹会的会长玛丽·普斯潘(Marie Poussepin)画一组系列肖像。目前已知传世的有6幅。她还画了几十幅水彩,内容都是教堂内景,景中人是修女和那些由修女照顾的小孤女,所有人都从背后描画。格温说:"我爱默东教堂的氛围,去那儿做礼拜的人在我看有种魅力,尤其是当我不和他们说话的时候。"她还是那个羞涩、不善交流的女人。

"一战"期间格温在巴黎,有时会去北部布列塔尼的海边,她为当地孩子画了一些非常感人的画。战争意味着她无法在伦敦办展览,但她在纽约办了两个展览。

她对自己艺术的自信似乎在20世纪20年代早期达到鼎盛,这大概要归功于约翰·奎恩对她持续不断的支持与欣赏。因为奎恩,她可以在巴黎的沙龙展出,1922年的时候她还在纽约的雕塑家画廊展出。她从未去过美国,但她定期给奎恩写信,告诉他自己在现有环境里是多么满足。"我现在相当沉浸于工作,别的什么都不想。我一直画到天黑……

然后吃晚饭,饭后阅读一小时,想想我的画……我很喜欢这样的生活。"另一封信显示了她不断增长的信心:"我很高兴,很为我的《普斯潘会长》(Mére Poussepin)骄傲,我认为这是那儿最好的一张画,不过我也喜欢修拉(Seurat)的风景。"关于塞尚(Cezanne)的一次水彩展,她说:"这些画很好,但我更喜欢我自己的水彩。"

这个快乐自信的阶段似乎伴随1924年奎恩的去世而结束了,他给她的经济安全,包括固定收入以及卖画收入都没了。她画得少了,没了奎恩的鼓励,也不爱办画展了。但在1926年,她在伦敦的新舍尼画廊办了一个大展,得到了很多关注,这大概是由她弟弟引发的,因为此时他正在伦敦登峰造极地玩着他的艺术游戏,同时也仍然过着一种高调的社交生活。

到1930年为止,格温的作品已经被大型公众收藏所熟悉,包括泰特、曼彻斯特城市画廊和都柏林、布法罗和芝加哥的其他画廊。个人生活上,她变得越来越孤独,只偶尔和几个老友相聚,并且最后谈了一场执着的恋爱。这次她的恋爱对象是薇拉·乌曼科夫(Vera Oumancoff),是她在默东一个邻居的姻亲。这绝对是场单相思,大约在1930年的时候薇拉结束了这场恋爱,因为她受不了格温不断要求的关注。

没有证据显示格温在1933年后还有画作。她在默东买了一所废弃的棚屋,屋子带一小片地,她和猫们住在这里,还经常在花园睡觉。她有意变得越来越孤僻,她说自己的缺点是:

1. 像傻子一样坐在别人面前听他们说话。

2. 被他们影响，成为他们期待的样子。

3. 因为恐惧而奉承别人。

4. 太受感动，太在乎别人友谊的信号，或者太不假思索就做出回应。

5. 太经常地想别人。

她成了一个完全的隐居者，只偶尔去去布列塔尼。也就是在一次这样的旅行中，这个有意忽视自己的健康和福祉的女人病倒了。1939年9月她死在了迪耶普的收容所，死亡证书没有说明死因。

格温·约翰是个出色的画家。就像当时和现在的很多年轻女性一样，她发现自己的抱负永远都被认为次于她兄弟的抱负。奥古斯都二话不说就被送到了腾比的美术学校，之后又被送去了斯莱德，而格温则在很久之后才想方设法到了伦敦。但是她坚定勇敢，能够挑战社会对她那个时代年轻女性的期待，做她自己的事。正如她所说："我认为我们如果想要画出美丽的画来，就应该从家庭传统和纽带中解放出来……我认为家庭已经过时了。现在我们不再全家一起上天堂，而是单个上天堂。"

正如很多人认为的那样，她的作品安静、私密、含蓄，但她自信自己有天才。她用她惯常的自我贬低描述这份天才："至于我，我无法想象为什么我的视野会在这世上有些许价值，可我知道它有。"确实有。我们终于到了应该把奥古斯都描述为"格温·约翰的弟弟"的时候。格温值得这样的美誉。

17

A History Of Britain In 21 Women

第一个下院女议员

南希·阿斯特

Nancy Astor

1879—1964

"他告诉我,他们想把我挤走。他说这就像他洗澡时有个女人闯进了他的浴室,他除了用洗澡的海绵保护自己以外没有别的东西能用。我告诉他,他不够帅,不用担心这个!"

——南希·阿斯特评论丘吉尔

2000年《女性时间》节目从档案中找出南希·阿斯特1956年的一次访谈并予以重播，这使我第一次接触到了这位女士的机敏、智慧以及经常围绕她政治生涯的争议与矛盾。BBC之所以重播这个访谈是因为2000年是南希在下议院第一次发表讲话的80周年纪念。1919年，她赢得了普利茅斯萨顿地区的补选，成了第一个在英国下院中赢得席位的女性。

她丈夫是百万富翁华尔道夫·阿斯特（Waldorf Astor），华尔道夫生于美国，后加入英国国籍。他本来占有普利茅斯的下院席位，但自他父亲阿斯特子爵（Viscount Astor）死后，他袭了爵，就不得不从下院辞职，进入上院。南希答应接替他的位置。

南希也是美国人，闺名叫南希·威奇·兰霍恩（Nancy Witcher Langhorne），有兄弟姐妹11人，她是老八。她父亲是弗吉尼亚的一个铁路商人，名叫奇斯韦尔·兰霍恩（Chiswell Langhorne），她母亲也叫南希。她出生时家境不好，因为她父亲的生意原本依靠奴隶劳动，现在只得随内战的结束关了张。他努力工作重建资源,终于在南希 13 岁时又致了富,在弗吉尼亚的阿尔伯马尔县拥有了一大片产业。

南希和妹妹艾琳被送到纽约的一间女子精修学校。奇怪的是昂贵的优质教育没能纠正她的弗吉尼亚口音。1956 年接受访谈时,她虽已久居英国,接触的也都是社会上精英中的精英,但是 going to 总被她说成 gonna, them 也总是被吞音成 em,还老把后鼻音说成前鼻音。

她在纽约遇到了第一个丈夫,社会名流罗伯特·古尔德·肖(Robert Gould Shaw)。南希年仅 18 岁就和他结婚了,他们有个儿子,名叫罗伯特·古尔德·肖三世(Robert Gould Shaw III)。这桩婚姻非常不幸。据朋友说,她丈夫是个酒鬼,还爱打人,他被指责强奸和殴打妻子。

他们一起生活了 4 年。其间南希不断出走,又不断回来,第一次出走是在蜜月中。1901 年她彻底离开,1903 年最终离婚。离婚期间她母亲也去世了。她回到弗吉尼亚,想要管理家族产业。她管得并不成功,她父亲鼓励她出去旅行。她爱上了伦敦,1905 年决定和妹妹菲利斯搬来伦敦永久定居。

当时颇多潦倒的英国贵族为了钱和富裕的美国人结婚的例子。南希就曾在一个社交场合被一个英国女人问:"你来是想找我们的丈夫吗?"南希回答:"如果你知道我摆脱掉我丈夫费了多大事……你就会明白我是不会抢你们的丈夫的。"这是她后来为之闻名的机敏的第一个有记载的例子,她这点机敏颇受伦敦名流的欢迎,因为这些人相比之下可能仍算比较保守吧。南希美丽、迷人、风趣,因此一炮而红了。

1906 年她和华尔道夫·阿斯特结婚,婚姻存续到 1952

年她丈夫去世。华尔道夫12岁时和家人搬到英国，作为英国贵族长大。他们夫妻非常般配，连生日都是同一天：1879年5月19号。他们婚后入住的房子叫克莱夫顿，现在被认为是英国最美的房子之一。这是一座意大利式的宅邸和产业，位于泰晤士河畔的白金汉郡，是华尔道夫父亲送给他们的结婚礼物。克莱夫顿占地极广，园地极美，美名直到1963年南希暮年时才开始变得糟糕。阿斯特夫妇在伦敦城里威斯敏斯特的圣詹姆斯广场四号还有一座大房子。

普罗夫莫事件中的几件事就发生在克莱夫顿。克里斯婷·基勒（Christian Keeler）和曼迪·莱斯·戴维斯（Mandy Rice Davies）受邀陪伴一些来此聚会的有权有钱人。当时基勒正在和陆军大臣约翰·普罗夫莫恋爱，她还疑似和苏联海军武官叶甫根尼·伊万诺夫（Yevgeny Ivanov）有染。细节在报刊上披露出来，人们严重怀疑当枕边风从普罗夫莫吹到基勒再吹到伊万诺夫的时候，国家安全是否受到了侵害。丑闻造成了麦克米伦（Macmillan）政府的垮台，也使克莱夫顿出于错误的原因而著名起来。一定程度上，它现在已经恢复了声誉。它现为负责保护名胜古迹的英国国家托管组织所有，并被出租为一间五星级酒店。

南希的儿子威廉，即第三任阿斯特子爵（the third Viscount Astor），被控和曼迪·莱斯·戴维斯有染。当她在法庭上被告知威廉否认这一指控时，曼迪的回答非常著名。她说："他会否认的，难道不是吗？"关于此事彼得·斯坦福（Peter Stanford）写过一本书，其中威廉的妻子布朗温把错都推到了南希头上，说丈夫"小男孩般的迷惘"性格都是由他专横跋扈、占有欲强、令人畏惧的母亲造成的，说这位母亲时时处处都在娇惯放任儿子。我猜背黑锅的总是妈妈们。

在《女性时间》的访谈中,南希被问到她的钱,被问到作为关心穷人,尤其是贫困儿童的政客,如此有钱是否会感到一定程度的羞愧,是否总会被人批评。她的回答毫不含糊:

> 我喜欢有钱。有天晚上在一次竞选活动上有人大叫:"阿斯特先生是个百万富翁,难道不是吗?"阿斯特先生很尴尬,我却回答:"我向上帝祈祷我希望他是,这是我嫁给他的理由之一。现在站出来把你的脸露出来。"在我看,任何人因财富而羞耻是非常奇怪的事。
>
> 一个有钱女人穿着她最差的衣服去(伦敦)东区。我去东区时却认为不穿我最好的衣服是种不礼貌。人们知道你有好衣服。我想人们恨的是虚伪。没有人比我更骄傲于这个国家的进步和我为其所做的贡献。看不见破衣烂衫的孩子和没有鞋穿、光着脚的孩子是多么大的快乐啊。

整体而言,她在普利茅斯的选民都很宽容她的财富,都知道她夫家是当地受人尊敬的慈善家。在她的文件中有大量20世纪30年代女人们写给她的信,她们向她详细诉说自己的困难,这些信证明南希给过她们钱。但她也不是把所有的钱都捐给了高尚事业。同一时期的同一批文件中还有一些巴黎和伦敦的珠宝商和时装设计师的天价账单,也有她在克莱夫顿和伦敦豪华宴请时大把花钱的细节。

当她丈夫从下院转到上院后，南希决定在补选中竞选议员，此时他们夫妇已经有了五个孩子，还不包括她第一次婚姻生的那个儿子。她在竞选过程中不可避免地被人问及她是否应该待在家里照顾孩子。她回答说："我认为应该有人照顾那些不幸的孩子。我的孩子是幸运的。"

南希热情地投入到竞选中，她用机智的快速回答让那些激烈质疑她的人闭了嘴。一次她演讲时有人大叫："你觉得自己是淑女吗？"她回答说："当然不是！"她成了普利茅斯萨顿地区的保守党议员，赢得了5203票的多数票。她的竞选演说说自己"并没有当议员的个人野心"，但却得到了别人的鼓励。她说："我希望为国家的和平、进步与繁荣而奋斗。同时我还将尊重国家效率和国民经济，这是女性首先就懂的事。"

1919年12月1日，她走在阿瑟·巴尔弗（Arthur Balfour）和劳埃德·乔治中间，第一次被引导至下院就座。她收到了几百封贺信，但没有一封来自温和派女性争取选举权运动。康斯坦丝·马克维奇说她是"贵族，还脱离实际"。克里斯特贝尔·潘克赫斯特和其他一些来自女性选举权运动的妇女都曾参与1918年的大选，但都没能成功。她们气愤第一个成功者居然是个极其有钱，而且毫无政治背景的美国女人。《女性时间》问她作为第一个单枪匹马闯进议会的女议员是何感受。

> 激进派当然失望了。她们不认识我，她们本来是希望自己人获胜的。没有人比我更难过我是第一个女议员。我是个骄傲的弗吉尼亚人，我不会想要

一个英国女人当选我们州议会的第一个女议员。我向福西特夫人和其他人道歉。但是女人的忠诚超越了所有的期待。

第一天我是什么感觉？我一点都不在乎选举。我喜欢选举，但在阿瑟·巴尔弗和劳埃德·乔治之间走向下院却令我惶恐。他们都说信任女人，可他们当时却宁可要一条响尾蛇也不愿意要我。有时我坐在座位上五个钟头都不敢下来。

是什么使我继续下去？我是个热烈的女权主义者。我一直都知道女人更有道德力量。我曾在下院对男人们说我们有道德的力量，你们有不道德的力量。这有点粗鲁，但我经常相当粗鲁。

激进派和温和派的女权主义者们很快就开始接受南希，认可她对运动的价值。南希经常邀请她们参加她在圣詹姆斯广场的家中举办的聚会，她非常清楚自己惊人的关系网所具备的用处。

我是第一个女议员是件大好事。我谁都认识，还能介绍大家互相认识，我能推动事情的发展。我赞成社会改革，我认识报纸编辑，他们是我的私人朋友，我能把思想传递出去。我雇得起好秘书。我能得到很多帮助，帮我把事情继续做下去。

她极其隔绝，从不去酒吧和吸烟室，穿着也简单，总是西装上衣、白衬衫和裙子。她解释说她仔细研究过自己的着装风格，认为这样穿能给她增强可信性，她还把自己和后来的一些女议员相比：

> 某人每天换衣服，像是要参加赛马会，不像是要去下院。她还调情。男人不喜欢在公共场所调情。如果我是个性感女人，我连一星期都干不了。另一位胸前伟大，男人们说他们终于有了一个妈。我告诉他们说我有六个孩子，她没有。你知道男人们有时是靠身材判断妈妈的，这是个错误，他们不应如此。

1920年2月，她在下院首次发表演讲，内容是关于酒这个她认为的"烦人"问题。她刚到普利茅斯时发现一条街上竟有十个酒馆之多。她有一段和酒鬼共同生活的历史，再加上众所周知，酒是大量家庭暴力的根源，因此禁酒成为女权议事日程上的重要议题也就不足为奇了。她告诉《女性时间》她不是个禁酒主义者，但她赞成节制。"如果我的首次演说讲禁酒，那么没人认为我会再次当选，但是普利茅斯人民很勇敢。我忠于普利茅斯，普利茅斯也忠于我。"

1922年南希得到的多数票少了一些，因为酿酒商们推举了一位独立候选人反对她。但她此后又有六次当选。她1945年退休，那是在她丈夫的要求下不大情愿的退休。她最重大的立法成就要算1923年通过的禁止向18岁以下的未成年人卖酒的法令。这是第一部由一个女议员提出并获得通过的私人法案。

她还为各种女性议题争取，比如寡妇的抚恤金、雇佣权、孕产妇死亡率、建设托儿所，以及提高法定结婚年龄等。直到1921年她都是下院唯一的女议员，她每周最多收到2000封信，都是妇女们写来希望她帮助解决她们所关心的问题的信。

奇怪的是，她自己虽然离过婚，却反对一项平等离婚的法律。她在这个问题上的立场是她的诸多矛盾之一，这可能和她皈依基督教科学有关，这个信仰体系符合她自力更生和努力工作的价值观。她算得上是这个信仰的传教士，据说她曾在1931年试图说服斯大林（Stalin）信这个教，斯大林根本不接受。不过南希并非基督教科学准则的完全忠实信徒，因为有必要时她也曾寻求医学帮助。报界曾因其反对平等离婚而对她大加嘲弄。

南希总是坚守立场，从不惧怕党鞭[①]：

> 这是因为女人们选了我让我代表她们。我关心妇女儿童。我觉得这是我的职责。我希望世界更好，可是如果世界由男人统治就不会更好。我很惊讶男人们竟然统治了2000年还统治得不错。我们知道如果议院里只有男议员，这些男人会是什么样！我为什么有勇气为我相信的东西奋斗？因为我可以告诉他们我代表女人，他们必须听听女人怎么说。他们竟然真听了，难道不是吗？考虑到很少有男人想要我在议院里，他们对我实在不错，这真挺

[①] 即一个政党对其在议会中的党员施加的压力，或施加此种压力的人。

令我惊讶。

随着"二战"的来临,南希和她的"克莱夫顿帮"因绥靖观点闻名。贵族反对和德国开战并不是稀奇事。的确,某些王室成员同情希特勒,米特福德(Mitford)家族的显赫成员以及他们那些位高权重的同伙也同情希特勒,民众对此持质疑态度。美国驻英大使乔·肯尼迪(Joe Kennedy)也属于绥靖阵营,也是阿斯特夫妇社交圈的一部分。南希清楚地表示,经历过"一战"后,她绝对怕了再来一场这样的冲突。

她公开反对共产主义和天主教,但是没有证据显示她支持纳粹,虽然她也像某些绥靖派一样,见过德国军官。她反对他们对女性的态度,以及那种认为女人只适合去教堂、生孩子和做饭的纳粹理念。"二战"开始后,她为支持绥靖道歉,并投票反对张伯伦(Neville Chamberlain),但她的名声已经坏了。

我猜在很多方面,南希最著名的事是她与丘吉尔(Winston Churchill)的嘴仗,但她不是总能赢。一天晚上她在议会说丘吉尔喝醉了,丘吉尔回答说:"可我明天就醒了。而你,夫人,你这么丑,你会一直丑下去。"还有一次她告诉丘吉尔如果他是她丈夫,她会给他的茶里投毒。丘吉尔则回答说:"夫人,如果你是我妻子,我会把茶喝下去。"

当《女性时间》问她和丘吉尔的关系时,她提到他们曾在某个社交活动上见过面,她问丘吉尔为什么她刚当议员的时候,他和其他议员从来都不跟她说话。"他告诉我,他们想把我挤走。他说这就像他洗澡时有个女人闯进了他的浴室,他除了用洗澡的海绵保护自己以外没有别的东西能用。

我告诉他，他不够帅，不用担心这个！"

作为议员，南希留下的一份不朽遗产是：她安静保守，像小虫子一样一点点爬进了下院，她把自己的工作限定在妇女和儿童的范围内，她没有弄得人心惶惶，她为后人提供了有效的示范。她安静，很少造成骚动。她和大多数男议员属于同一阶层，这给了他们机会适应她，也适应女人也是议会体系一部分的概念。这样才能有那些更豪放的姐妹追随前来。

南希死于1964年，骨灰葬在克莱夫顿的八角庙。这个曾为我们所有人开辟道路的女人的一些遗言概括了她的冷幽默。弥留之际，她躺在女儿家——林肯郡的格里姆斯索普城堡，孩子们都围绕在她的床前。"杰姬，"她问，"这是我的生日，还是我要死了？"

18

A History Of Britain In 21 Women

议员，部长，男女同工同酬的立法者

芭芭拉·卡索

Barbara Castle

1910—2002

"我不在乎他们用什么词来称呼我这个主席,只要我还是主席。"
　　——芭芭拉·卡索

在我认识的所有女人中，有两位女政治家是我认为最激动人心、最富有同情心，也最充满力量的女人。到底应该选哪个写进本书，是所有任务中最艰难的一项。2016年以85岁高龄从上院退休的雪莉·威廉姆斯（Shirley Williams），即现在的威廉姆斯女男爵（Baroness Williams），一直都是位诚实、率直的政治家。虽然当年她离开工党加入社会民主党，也就是现在的自由民主党时颇受了些煎熬，但她一生的政治事业大都贡献给了为女性争取权益上，不仅是为英国妇女，也为全世界妇女。她的智慧、幽默和清晰的思维总是令人高兴，我曾把她描述为一个品格端方的人。

但是，考虑到只能用21个女性串连英国历史，我就只能选芭芭拉·卡索了，因为是她在我正值二十五岁的1975年，把男女同工同酬以及反对性别歧视的原则写进了法律。我那时正在申请房贷，我有定金，挣的钱也足够每月还贷，但是没有丈夫或父亲的签名，每个建房互助协会都拒绝了我的申请。可是现在法律变了，我可以回去跟他们说，如果我因为得不到男性支持而不能申请抵押的话，我会告他们。是芭芭拉·卡索在议会中为女人权益说话，是她督促其他议员——大多仍是男议员——找到一种政治意愿，以法律的形式把男女平等的原则铭刻下来。她激励了我，使我相信我可以成为独立女性。

1910年10月6号，芭芭拉·安·贝茨（Barbara Anne Betts）出生于切斯特菲尔德，父名法兰克，母名安妮，她是三个孩子中最小的一个。她父亲是个税务稽查员，因工作需要经常要在英国北部巡查。他家于是先从切斯特菲尔德搬到庞蒂弗拉克特，再搬到布拉德福德，1931年又搬到大曼彻斯特地区的海德镇。她从10岁到19岁都是在布拉德福德度过的。我记得她告诉我，即使生在德比郡，她也很骄傲当个约克郡女人。她认为这是她勇气的来源。

我第一次见她是在20世纪70年代中期，当时我代表南安普敦的一个电视节目采访她。她那时是卫生和社会保障大臣，是个爆脾气的红发女，有着令人敬畏的名声，做事杀伐决断、毫不留情，但同时也极富魅力。因为没有独立的化妆间给她用，她就毫无怨言地跟我共用化妆间。只见她从小手提箱里利索地取出一件干净衣服，抖落开，穿上。"三醋酯纤维的，亲爱的，"她笑道，"这东西妙极，你把它塞到包里，再抖落开就行，不用熨。你必须想方设法节省人工。"一个轻松的玩笑里包含了政治与治家。

那天我们在等节目开始前聊了会儿天，这成了我们日后很多次漫长对话里的第一次。她说她对漂亮衣服和好看发型的热爱继承自她母亲，她母亲在成为工党市议员以前是个女帽制造商。在这点上她和雪莉·威廉姆斯一点不像，雪莉丝毫不在乎发型。

但她谈得最多的是她父亲。他把三个孩子，包括两个女儿，都送到了布拉德福德付费的文法学校。作为一个平等主义者和积极的社会主义者，他认为所有儿童都应享受免费的良好教育，既然当时还不存在这样的教育，那么他宁愿花钱也要这么做。他还认为女孩也应和男孩一样机会均等。她告诉我一个女孩如果想要进步，就必须得有父亲的支持。

在名为《一路奋进》(*Fighting All the Way*)的自传中，她把父亲描述为一个"脾气暴烈、说话尖刻、令人畏惧的存在"。父亲怨恨她有钱但吝啬的祖父拒绝出钱送他上大学，怨恨自己所受的那点高等教育都是独自一人奋斗的结果，并未得到老师的帮助，她深知这一点。他写诗，对女儿的政治发展一直都是个强大的影响。而女儿人生最难过的事情之一就是1945年年仅63岁的父亲死于帕金森症，这时离女儿当选为下院议员只有四周时间，父亲没能亲眼见到女儿实现自己的抱负。

布拉德福德是塑造了年轻的芭芭拉的政治哲学之地。1893年也正是在此地建立了独立工党，凯尔·哈迪曾在此搞过补选，此后这个城市还陆续产生了最早的一些工党议员。芭芭拉成了文法学校的女生代表后，她作为工党候选人参加了一场模拟大选。她父亲因为是公务员，不得参加政治活动，就在幕后帮忙，于是进了当地的社会主义周报《布拉德福德先锋报》(*The Bradford Pioneer*)的编辑部工作。

芭芭拉和她姐姐玛杰里都进了牛津大学的圣修学院，芭芭拉还赢了一笔30英镑的奖学金，但她似乎对大学生活非常失望。女生不被允许在牛津辩论社上发言。她赢得了工党俱乐部的一个职位，但她发现那是个低级职位，实际上做的是秘书工作。她在自传里和与我的谈话中对她的社交生活有种惊人的公开态度。她有很多男朋友,很少花时间在学习上,毕业时只获得了哲学、政治学和经济学的三等学位。

芭芭拉回了家,她家现在搬到了海德,她很怕父亲会因她的学业缺乏成就而发怒。她告诉我,事实上他认为是牛津对不起她,而不是她对不起牛津。她希望找到一份记者的工作,但没找到,因为当地报纸在给她提供了一个职位后很快就倒闭了。她父亲答应出钱养活她,让她为工党工作。

她早期的政治生涯充满故事,她经常以她典型的说反话的冷面语气来重复讲她最喜欢的那些故事。例如她父亲介绍她认识当地的党代表,她于是成了党的宣传员。她或者把自己安排在海德或附近一些城镇的街角处,或者爬到卡车后面,或者站在临时演讲台上开始演讲。"于是,"她说,"有一天早上,一个家伙爬到卡车后面介绍我。他是个右翼沙文主义者,他大叫着说:'现在,女士们先生们,我们这里发生了一个非常特殊的现象,一个女人会讲话!'于是我就开讲了,还越讲越好。那真叫给了他点颜色看看!"

芭芭拉后来通过工党的关系找到了一份工作,她在百货商店展示和售卖糖果甜食。但是威廉·麦勒(William Mellor)的到来为推动她的政治生涯提供了机会,麦勒是《每日先驱报》(*Daily Herald*)的编辑,也是社会主义联盟的主要发言人。他来海德是做会议发言,芭芭拉和她母亲参加了那次会议。芭芭拉的母亲请他喝茶,60年后芭芭拉在《一路奋进》中写:"我们立刻就感到了彼此间的吸引。"

麦勒的年纪是芭芭拉的两倍,已婚,有个很小的儿子。

他们的婚外情一直持续到1942年他去世，他们在专业领域内也有联系。1937年，麦勒成了社会主义半月刊《论坛报》（Tribune）的创始编辑，奥威尔写了几年的《如我所愿》（As I Please）专栏就是为这份报纸写的。麦勒雇芭芭拉写工会问题，同时受雇的还有一个年轻人麦克·富特（Michael Foot），他后来成了1980—1983年的工党党魁。

对芭芭拉来说，这段恋情不那么令她满意。麦勒无数次许诺要离开他妻子，但从没兑现，芭芭拉则花了大量时间独自等待，等他来看她。政治记者安东尼·霍华德（Anthony Howard）认为在一定程度上，直到三十出头，芭芭拉都被麦勒骗了，但同时也认为"可以说，这一切的奖赏是，她最终作为她那一代人中头脑最强健的女政治家脱颖而出了"。

麦勒死后一年，芭芭拉又遇到一个已婚男，不过此人正要离婚。他叫泰德·卡索（Ted Castle），是《每日镜报》（Daily Mirror）的副主编。芭芭拉现在是圣潘克拉斯的区议员，她在"二战"初期应召进入粮食部当管理员。1943年她应邀在威斯敏斯特中央大厅的工党大会上发言，发表对《贝弗里奇报告（社会保险和相关服务）》（Beveridge Report on Social Insurance and Allied Services）的看法。这份报告最终将对建设福利国家和国民健康服务体系发挥重要影响。

工会对贝弗里奇的国民保险提议并不热心，因为这笔用于资助健康和福利事业的钱款将从工人的工资中自动扣除。芭芭拉在发言中批评了工会，说他们代表的世界是这样一个世界，永远都是"昨天有果酱（意思是好运），明天也有果酱，就是今天没有果酱"。她的照片和这句话以显著位置刊登在了《每日镜报》的头版。泰德·卡索第二天去了中央大厅，请她喝咖啡，给她提供了一份工作，请她写专栏。一年后，他们在伦敦城的登记处注册结婚了。婚礼招待会安排在摄政街的皇家咖啡酒店，卫生大臣安奈林·贝文（Aneurin Bevan）及其妻詹妮·李（Jennie Lee）参加了仪式。贝文领导着国民健康服务体系的建立，詹妮·李本人也从政。

无疑，丈夫在《每日镜报》上为她做的宣传帮了她的忙，工党布莱克本支部的妇女部提名她做1945年大选的准候选人。选拔委员会在她婚前几星期面试了她，她那时还是芭芭拉·贝茨小姐，中选后则成了芭芭拉·卡索太太。

要求她改姓夫姓的是当地党代表，因为"在我们兰开夏郡，我们不喜欢坚持用自己名字的职业妇女"。芭芭拉没有吵闹，她觉得随夫姓泰德会高兴。很久以后她在日记中披露，泰德其实早就在嫉妒她的成功了，他认为政治占用了她太多时间，而他觉得这些时间本应都属于他。另外，她虽同情女权运动，却从未站到争取女权的第一线来。

确实，1993年当我因《一路奋进》的出版采访她时，她取笑我对女权事业的投入。"你知道，珍妮，有时候我觉得你们这帮年轻的女权主义者有点过了。我不在乎他们用什么词来称呼我这个主席，只要我还是主席。"[①] 她虽然明显不愿意被看成是一个专拿女人问题说事的女人，但在20世纪60年代初，她还是花了两年时间，试图废除公共女厕十字转门处的收费。她对这个问题的看法向来直率："为什么女的上

[①] "二战"后，反性别歧视的政治观点改造了英语语言，其中一个重要变化是不再用"男人"（man）一词指代所有人。因此如果主席（chairman）是女性，会改称其为chairwoman，或chairperson，或更简单的chair。卡索此处所讲正是这个问题。

厕所要付钱,男的却不用?"

1945年7月,工党在大选中获得压倒性的胜利,克莱门特·艾德礼(Clement Attlee)战胜了丘吉尔领导的保守党,一举夺权。丘吉尔虽然是战争英雄,但是现在冲突已经结束,国家需要重建。工党竞选宣言的题目是"让我们面对未来"。它承诺全民就业,建立一个全民健康服务体系,让每个人在需要的时候都可以免费使用。它还承诺打造一个福利制度,将从"摇篮到坟墓"地全程照顾全体人民。

在393名选入议会的工党议员中,包括芭芭拉在内,只有23名女性。于是34岁时,她成了下院最年轻的女议员。她先是担任贸易委员会会长斯塔福德·克里普斯爵士(Sir Stafford Cripps)的议院私人秘书,后来当哈罗德·威尔逊(Harold Wilson)成为会长后又任他的秘书,并和威尔逊建立了密切的工作关系。这对她的未来事业将是一份有用的友谊。

她和泰德很想要孩子,但是一直没有如愿。不过她很爱她姐姐的两女一子,对他们的生活参与很多。1964年姐姐突然去世后,她成了孩子们的母亲的化身,他们有孩子后,她又当上了"奶奶"。

芭芭拉证明自己是党内最有效的演说家之一,她作为《论坛报》的智囊团成员被派到全国各地,还组织党员参与辩论和讨论,通过这一系列行动她在党内建立了一个权力基础。1950年她通过妇女部入选全国执行委员会。一年后她决定放弃她的妇女席位,因为她想获得由选民选举的七个席位中的一个。以前还没有女人做到过这件事,但是芭芭拉做到了。

作为工党的左翼成员,她不受党魁休·盖茨凯尔(Hugh

Gaitskell）的喜爱，但是随着后者1963年的去世，以及威尔逊接替党首职位，她的前景开始好转。1964年威尔逊成为首相，芭芭拉受邀加入内阁，担任海外发展部长。她的下一份工作是交通部长，对一个从未学过开车的女性来说，这个职位未免令人惊讶。她引入了酒精测试器，1966年还通过了一项法律，要求所有车辆都必须安装安全带。那些反对被一个女人告知如何开车的男人对她口出恶言，恶言如倾盆而下，但她不在乎。

芭芭拉当部长实在能干，以至威尔逊形容她是"我内阁里最棒的男人"，他决心把她提拔到更高的位置上。但她没能得到她想要的外交大臣的职位，但在1968年4月，她被任命为第一国务大臣，负责就业和生产力。

她提议的一份名为《代替纷争》（*In Place of Strife*）的白皮书几乎把政府带到了灾难的边缘。鉴于此前一系列的非官方罢工已经弄得政府狼狈不堪，威尔逊批准了这一提议，准备改革工会。但是工会不答应，工党的议会也不答应，因为很多议员都是由工会赞助的。她和威尔逊只能跛足前行，假装他们已经从总工会那里得到了让步。现在普遍认为芭芭拉的想法是对的，但是时机不对。

大多数人认为她的声誉无可挽回，没想到她用《同工同酬法》（*Equal Pay Act*）予以了回击。这是1970年工党政府在大选落败前最后一部写入法令全书的法。芭芭拉想要纠正同工而不同酬的决心早在她政治事业之初就有了。她告诉我那时她还是个年轻议员，当她看到自己选区里那些公司的工资单时是多么震惊。她向我解释她的发现，她的眼睛闪着精光，声音也提高了一两个分贝。"那些该死的老板会把一叠纸放到我面前，连同一份打印出来的工资标准。他们非常骄傲。标准最高的是经理层，其次是技工，然后是非技工，最后是女工。女工排在最后，好似天经地义一般。我当时就决心要做点什么改变这一切。"

1968年，达根汉姆的福特缝纫机厂的罢工给了她行动机会。女工们要求得到和他们同样熟练的男工的工资待遇，罢工的领导者请芭芭拉代表他们与管理层交涉。她帮她们将工资涨到了男工的92%。虽然还不同酬，但这已经是很大的提升了。1970年在她执掌之下议会通过的《同工同酬法》得到了女王的批准，但是直到1975年12月才和《性别歧视法》(*Sex Discrimination Act*) 一起生效。

20世纪70年代早期工党在野时，芭芭拉是影子内阁中负责卫生和社会保障的国务大臣。1974年工党赢得大选，威尔逊最后一次组阁，她继续担任此职。她改进了养老金的发放办法，引入了养老金增长应和平均工资同步的原则，还引入了伤残抚恤金，改变了儿童福利金的发放办法。她认为把儿童福利金发给父亲是不对的，因为有些父亲未必能把钱用在孩子身上。相反，应该发给母亲。她管这个叫"从男人钱包向女人钱包"的转变。

当詹姆斯·卡拉汉（James Callaghan）接替威尔逊的首相之职时，芭芭拉的脸再也不适合出现了。卡拉汉在政治上是她的死敌，她有次跟我说，卡拉汉告诉她说希望内阁出现年轻面孔，她真想跟他说那你真该看看自己长什么样，因为卡拉汉比威尔逊还年长了4岁。这话她没说出口，但是她跟我说这是她这辈子做的最克制的一件事了。卡拉汉最终还是解雇了她，1979年她辞职了。被威尔逊授予爵位的泰德于

1979年节礼日(即圣诞节次日)去世,芭芭拉不得不陷于忙碌之中。

1975年欧洲公投期间,她投票反对英国留在欧共体,但是1979年她刚离开议会,就开始为欧洲议会奔忙。1979年,她参加了大曼彻斯特北区(欧洲议会的一个选区)的竞选,因为她认为"政治不光是政策,还应在每个可利用的论坛中抓住每个机会为政策奋斗"。她任欧洲议会议员直至1989年。

1990年她接受爵位,成了布莱克本的卡索女男爵(Baroness Castle of Blackburn)。她感到孤独无聊,她接受终身贵族只是为了能留在政界继续发挥作用。她几乎没有其他兴趣。她以一贯的勤奋态度对待她在上院的工作,尤为积极地为领取养老金者争取权益。1999年她把工党的部长们撕得粉碎,因为他们把养老金的增长率定为与通货膨胀率同步而不是与平均工资同步。她在伯恩茅斯的工党大会上发表了一通愤怒的演说。她说:"这意味着给养老金涨72便士——这个价钱也就能买包花生米!"

在为信仰奋斗终生后,2002年5月3日,芭芭拉于白金汉郡的家中去世了。我爱这位被人叫作"红皇后"(Red Queen)①的女性,我现在仍然怀念那些她翩然走进我的播音室,带着热情和幽默侃侃而谈的日子。

安东尼·霍华德对芭芭拉的遗产做了如下评价,我自愧

---

① 英国作家路易斯·卡罗尔的童话故事《镜中世界》中的一个人物,和白皇后一起成为国际象棋中的对弈双方。红皇后是故事主人公爱丽丝的敌人,爱丽丝认为她是"一切灾祸的根源",最后她被爱丽丝变成了一只宠物小猫。

不能总结得更好,不妨引用:

> 对她的真正纪念可能在于这一事实,即在她生前英国诞生了第一位女首相。没有芭芭拉·卡索,玛格丽特·撒切尔(Margaret Thatcher)是否能入主唐宁街还不一定。芭芭拉以平等对待男人,她拒绝被男人居高临下,甚至也拒绝被男人奉承。她不仅把一直都相当虚伪的骑士时代从政治中驱逐出去,还为后来者开辟了一条道路,她的成就为先前所有女政治家所不能。

19

英国第一位女首相

玛格丽特·撒切尔

Margaret Thatcher

1925—2013

A History
Of Britain
In 21 Women

> "我不是女首相,我是首相。"
> ——玛格丽特·撒切尔

人们经常问我采访名人是否紧张。当然紧张，不管被采访者是谁，有名没名，我都会有点轻微的焦虑的震颤。想把采访做好就难免这样。我总是说哪天我不紧张了，哪天我就得承认我已经变得过分自信自满，而这是危险的。

不过，我确实应该承认在我整个的职业生涯中，只有一个被采访者是绝对把我吓到了的。这就是玛格丽特·撒切尔。你一旦进入她的批评视野，就会发现她有一双最具穿透力的蓝眼睛，似乎能一眼看穿你。开头总是挺好，你到了唐宁街想要采访她，她热情欢迎你，她的声音柔和而充满爱抚……但是你知道你面对的是一个极其危险的造物。任何时候你要是被她发现一点你研究中的弱项，或有什么知识或理解上的欠缺，她的尖牙就会呲出来，她似乎非常享受把你撕得乱七八糟。

我第一次遇到撒切尔是在1979年5月大选后不久，此时国家正在两种极端情绪的蒸煮中沸腾，有人极度欣喜，有人极度沮丧，而这都是因为刚刚发生了一件事：我们有了位女首相。我自然是不喜欢她的。她看起来正是我母亲希望我成为的那种女人：衣着完美无瑕，还经常女性得夸张，头发和化妆一丝不苟，甚至还戴帽子、穿两件套、戴珍珠和钻石胸针——她竟然都没有被20世纪60年代的时装潮流影响过。她从切尔西洪水街的家一步登天搬到唐宁街十号的那天，我就发现我被撕成两半了。

我觉得她的演讲引用圣方济各（St. Francis of Assisi）实在虚情假意，令人作呕："哪里有不和，让我们带去和谐。哪里有错误，让我们带去真理。哪里有疑惑，让我们带去信心。哪里有绝望，让我们带去希望。"可她是个女人！还是个首相！这是我能想象到最神奇、最激动的事。就像很多其他人一样，接下来的11年里我将爱她、恨她。

撒切尔政治哲学的一个基础理念是国家应该退后，个人应该学会自力更生。她第一次考察南部地区就是去索尔斯伯里把钥匙交给正在购买政府救济房（council house）① 的一家人。购买权第二年就被写进了《住房法》（*Housing Act*）。我那时正在南部工作，是个年轻的电视记者。

我从没见过这么多人跑出来见一个政客。索尔斯伯里街道上的情形和现在美国大选的盛况可堪一比。成百上千的人以一种最不英国的方式欢呼着，大叫着她的名字。她的一天从救济房开始，然后在索尔斯伯里转一圈，然后去威尔顿地毯厂，再然后去这个地区的其他小企业。下午快结束的时候，才29岁的我已经萎靡倦怠了，54岁的她却像刚开始那

---

① council house 是英国市、镇、郡等地方当局营造的简易住宅，在英国有着悠久历史。它是政府救济房，一般穷人经过申请就能入住，月租也是象征性的，很便宜。住久了，政府还允许个人低价买下，变成自己的房子。说是救济房，其实经常是独栋的二层楼房，结构比较结实，房间也不小。

样充满活力。

下午晚些时候,因为人群太想靠近她,她身边有六七个高大壮硕的警察围绕保护。混乱中我的摄像师和录音师都不见了,可我还是设法待在了女主角身边。我被痛苦地挤在她的"粉丝"和保护她的警察之间。突然一只手从警察身后伸出来抓住了我的手,把我拉进了圈里。

"来吧,亲爱的,"她笑道,"待在我身边。我们不想让一个有才华的年轻记者给人挤死,不是吗?"我们聊了一会,聊这次民众的惊人反应,还有她当时已经20多岁的龙凤胎儿女马克和卡罗尔。她觉得他们就这样突然被暴露到公众视线中可能会令他们难以承受。她还说她丈夫丹尼斯午饭时间就已经退出活动了,现在很可能正在某处安全地享受着一杯酒。然后,我们到了下一个活动地点,她和我握手,祝我好运,还说:"再见,亲爱的。我相信我们还会再见的。"我真是惊翻了,也气我没法把我们的谈话录下来。

玛格丽特·罗伯茨(Margaret Roberts)生于1925年,父名阿尔弗莱德·罗伯茨(Alfred Roberts),是林肯郡格兰瑟姆的一个杂货店主加虔诚的卫理派教徒,母名碧翠丝。玛格丽特崇拜她严峻的父亲,从他那里学到了努力工作和服务公众的原则。我们对她母亲几乎一无所知。《名人录》(*Who's Who*)中的玛格丽特条目甚至提都没提她,她的第一卷自传也不提她。1961年她告诉《每日快报》(*Daily Express*)的采访者她很爱她母亲,但"从我15岁之后我们之间就没什么话说了"。她也从未提过她姐姐穆丽尔。

玛格丽特幼时生活简单。她家住在杂货店楼上,她帮她父亲经营生意,学会了如何小心管钱,明白了做买卖的基础原理，并开始开发她的政治直觉。她根本没有富裕的托利党王公贵族式的背景，她父亲仅仅是个市议员。她是保守党人，相信不管你的阶级出身是什么，要想出人头地必须完全靠自己，你要知道自己想要什么，还得为达到目标努力工作。

最近有本书写罗纳德·里根（Ronald Reagan）以及撒切尔和这位美国总统的密切关系，此书揭露撒切尔公开演讲时总是很紧张。她告诉此书的作者詹姆斯·罗森布什（James Rosenbush）："我从来都没能完全克服那种恐惧，不，从来没有。有时我一边往台上走，一边心里跟自己说：'来吧，老女孩，你做得到。'但是那点儿恐惧总是跟着我，我从中获得的能量给了我更多勇气，督促我把要说的话说出来。"

她的自我信念是个传奇，从小就是。她9岁在格兰瑟姆上小学时得了一个奖，别人祝贺她运气好，她却说："我不是运气好，我本就该得这个奖。"

玛格丽特获了一项奖学金，上了凯斯蒂文和格兰瑟姆女校，她的成绩单显示她是个学习勤奋、立志不断提升自己的女孩。1942年她成了女生代表，中学最后一年她申请奖学金，想去牛津萨默维尔学院学化学。她被拒绝了，但是别的女孩退出后，她又被录取了。

她师从诺贝尔奖得主多萝西·霍奇金（Dorothy Hodgkin）学习X光结晶学，毕业论文写的是抗生素短杆菌肽的结构。她1947年毕业，获二等学位，但她并未忽略政治。1946年她成为牛津大学保守党协会的会长，开始阅读诸如哈耶克（Hayek）《通往奴役之路》一类的书。哈耶克是个重要的自由市场思想家，他在此书中警告说，官僚的死亡之手会像斯大林的铁靴一样对自由社会构成严重威胁。在BBC的一个电视节目里，彭定康（Chris Patten）曾说，撒切尔经常会在内阁会议的关键时刻里从包里拿出她最喜欢的哈耶克语录来。

玛格丽特的第一份工作是在科尔切斯特的BX塑料公司当化学研究员。1948年她申请去帝国化学公司工作，但遭拒绝。这间公司的人事部门对这个年轻化学家的评价是"此女任性、顽固、有种危险的自负"。

玛格丽特加入了当地的保守党协会，还参加了1948年的保守党大会，她在会上遇见了一个牛津老友，这个朋友告诉她说肯特郡的达特福德支部正在寻找候选人。这个任性、顽固的女人给选拔委员会留下了深刻印象，于是她在年仅24岁的时候成了最年轻的保守党女候选人，吸引了很多媒体的注意。她在达特福德的谋生方式是为J. 里昂公司研制冰激凌的乳化剂。可是达特福德是工党的稳得席位，她没能当选。

但她在1949年找到了一个男人，从此再不必为生计担忧，此人还将终生默默支持她的政治事业，他就是丹尼斯·撒切尔。他们在一次晚宴上相识，那是一个标志着玛格丽特被正式接纳为保守党候选人的晚宴。丹尼斯是个离异、有钱的成功商人，他按照从父亲那里学到的一条人生准则生活："哪怕闭嘴被人当成傻瓜，也好过开口打消别人的疑虑。"他们两年后结婚。

丹尼斯·撒切尔给他的新婚妻子带来很多礼物。他的收入可以供她读律师。她后来一直都很骄傲地说，她的科学和法律教育为她成为一名成功的世界领袖打下了完美的基础。他在伦敦时髦的切尔西买了房子，在乡下也买了房，1953年龙凤胎出生后，她不愁找不到优质的育儿服务。她只在寻找比达特福德更安全的席位时遇到了点困难,因为好几个保守党委员会都不接受一个年轻妈妈竞选议会席位。她的回答是向公众亮明观点,说她希望未来会有越来越多的女性把婚姻和事业结合起来。

正是在这点上,很多本来因她登上英国政坛的最高峰而倍感喜悦的年轻的女权主义者对她倍感愤怒。因为她在首相任期内从未伸手拉过任何一个女人一把,助其进入内阁。她唯一任命过的女性是詹尼特·杨女男爵(Baroness Janet Young),可杨是上院议员,并非民选从政者。每当被问及此事,她总是辩解说将来总会有她提拔女人的一天,不过现在这些保守党女议员还太年轻还不行。可是俊男们不管有没有经验,从来都会被她毫不犹豫地聚拢在身边。

在育儿这个问题上,她非常不具备同情心,可育儿是所有既想成家又想立业的女人都会面临的难题。在20世纪80年代中期和我的一次访谈中,她愤怒声讨"苏联那样的国家,因为我在那儿见到可怜的、苍白的、很小的小孩一大早就被拽着送进托儿所,被迫在托儿所而不是在家待上一整天。不,不,不"。她建议一个有事业心的妈妈"找一小份兼职工作,好让自己的头脑保持活跃,再请个可爱的阿姨或奶奶,每周来照顾孩子几小时"。对那些渴望找到靠得住、承受得起的儿童看护服务,从而能像撒切尔一样享受全职工作的女性而言,说这样的话有什么安慰可言?

当她最终成为确定能选上议员的某选区的候选人时,她的孩子才6岁。如果2008年播出的戏剧式的记录片《玛格丽特·撒切尔:通向芬奇利的漫长进程》(*Margaret Thatcher: The Long Walk to Finchley*)值得信赖的话,那么她认为孩子对她实现成为候选人的抱负是有用的。几个偏向战争英雄而非年轻女人的选拔委员会拒绝了她,但在丹尼斯的帮助下,她开始利用这些男性的老同学关系网所认为的她的弱势——她的女性身份。她把自己装扮成一个明白核心家庭关切所在的女人,因为她自己就有一个这样的家庭。在丹尼斯的建议下,她把头发染成金色,还完善了她调情式的做派。她选择了伦敦北部确定能赢得保守党议席的芬奇利,而且不管男女,委员会的成员她都设法去打动。终于,她在1959年当选为该地的议员。

撒切尔在麦克米伦政府的晋升神速。到1961年时,她就已经成为分管养老金和国民保险的政务次官,1964年工党获胜组阁后,她担任了影子内阁的几任部长。对当时最具争议的两个问题——同性恋合法化和堕胎合法化——她投了赞成票,但对死刑,她赞成保留。

1970年保守党人重新掌权,泰德·希思(Ted Heath)任首相,他任命撒切尔为教育大臣。据说当时的议会领袖威利·怀特劳(Willie Whitelaw)曾警告希思:"她一旦就位,我们就再也除不掉她了。"的确,很快希思和撒切尔就开始对彼此深恶痛绝。

她当教育大臣时犯了她一生中最大、最被人记住的一个错误。她对教育经费做出各项削减,其中有一项是停止向每个小学生免费提供一瓶牛奶。这给她赢得了"撒切尔,撒切尔,牛奶抢夺者"的外号。她后来说这是个宝贵的教训。她"以最小的政治利益招致了最大的政治憎恨"。

从20世纪60年代早期起就有人说她是未来的首相人选,但在1970年玛格丽特却宣布:"在我有生之年将不会出现女首相，因为男人们偏见太深。"才不过四年，当托利党人惜败1974年的大选时，她就站出来与希思争夺党的领导权。她被看作一个右翼的局外人，但她知道如何用她强有力的风格刺激后座议员（即普通议员），也知道如何在下院的茶室里施展魅力，赢得朋友。1975年她成为党首，偕密友及同事基思·约瑟夫（Keith Joseph）一起，很快就把保守党右倾化。约瑟夫其人强烈赞成自由市场的保守主义，还力主削减工会权力。

1979年，在被行业动荡和"不满的冬天"所苦的工党任期结束后，保守党人大举获胜。撒切尔的广告攻势打出的标语是"工党不行了"，她的卖点则是把自己包装成一个讲求实际的家庭主妇，知道如何平衡家庭收支，能被信赖去厘清混乱的国民经济。

接下来的11年间，这个有着经过仔细训练的声音和一丝不苟外表的女人像巨人一般跨骑在英国之上。她把那些"窝囊废"——托利党内那些有着自由主义倾向的人——从内阁中清除出去，还把那些王公大人也清除出去，因为她说这些人对她的态度就像对清洁女工一样，她在自己身边安插的全是与她志同道合的货币主义者。当国家陷入衰退时，她的批评者们要她掉头。她却回击说："要掉你掉，本夫人绝对不掉。"通货膨胀没有得到控制，高居不下的利率吓坏了我们中那些需要付房贷的人，失业人数高达200万，伦敦和利物浦都爆发了骚乱。

民调显示她是有记录以来最不受欢迎的首相，失败似乎在所难免。谁承想1982年4月阿根廷侵略了英国管理的福克兰群岛。英国外交部想要和平解决，撒切尔却丘吉尔上脑，几天内就派兵去了南大西洋。

经过十天的战斗,英国夺回了福克兰群岛。虽然阿根廷死了649名士兵和水手,英国死了255名,但撒切尔对这场冲突的反应却很冷酷,照片中的她像个获胜的英雄一般站在一辆坦克里说:"当你政治生命的一半都花在类似环境的无聊问题上时,突然来了一场真正的危机,这真令人激动。""铁娘子"(Iron Lady)诞生了,她的人气开始飙升。

她在1983年的选举中轻松获胜,从此"大把钱"文化开始生根。民众们开始购买政府救济房,英国天然气、英国铁路、英国电信的股票开始热卖,公共设施开始私有化,伦敦的金融机构也开始不受监管。经济飞涨,但是不平等和无家可归的现象也增加了。长此以往,这种对任何人都开放经济的做法将证明是个灾难。

对于来自巴恩斯利、祖先们终生都在矿井中劳作的我来说,1984年开始的矿工罢工是一段痛苦折磨的经历。我被BBC的时事节目《新闻之夜》(Newsnight)派去报导安·斯卡吉尔(Anne Scargill)开设汤厂的情况,安是罢工领袖的妻子。清晨我站在我外祖父当年工作过的煤矿外拍摄工人纠察队,听他们唱《我们必胜》(We Shall Overcome),看我长大的社区因其唯一的主要工业死亡而垮掉。撒切尔损害了工会的权力,在我出身的工人阶级社区,绝对不会有人提她的名字。

1984年在布莱顿召开的保守党大会让人看到了这位铁娘子的真实本性。爱尔兰共和军布置的炸弹在大饭店爆炸,几乎炸死了她和她丈夫。有5人死亡,34人受伤。但在第二天上午,她以一副似乎根本不为所动的样子站起来发表演说,谴责炸弹袭击者,无比清楚地表明:"此次袭击失败了。所有妄图用恐怖主义破坏民主的行为都将失败。"

当我20世纪80年代晚期遇到她时,我能看出来,她已经沉浸在对自己声望的过分自信中了。她说服自己相信,因为她把里根和戈尔巴乔夫(Gorbachev)撮合到了一起,于是世界上的所有问题都正在得到解决。她跟我说她能和戈尔巴乔夫做交易,他俩1984年在契克斯她的首相乡间别墅会过面,她还和里根有着长期的密切交往。1985年11月,她在日内瓦打造了这两位领导人的一次会谈,讨论双边核军备裁减。1986年,里根和戈尔巴乔夫再次在冰岛首都雷克雅未克的峰会见面,继续讨论这个问题。她无疑在世界上最强大的两个男人间达成了重要的协商,但是当她宣布是她一个人结束了冷战,并把两德统一和苏联解体说成是她一个人的功劳时,她就未免太夸张了。

撒切尔还坚持人头税是她一个人的高招。1987年地方房产税被废除,代之以一种统一税率的社区税,必须人人缴纳,不论收入如何。全国上下到处都有骚乱和游行,人们举着上写"付不起,不愿付"的旗帜。撒切尔拒绝让步。

这是末日的开端。人头税和有关欧洲的争议使她失去了党内的支持,她强烈反对任何有关建立一个超级欧洲大国的想法。还有证据显示,这个先前曾在茶室里吸引了同事们的魅力女人现在已经变得专横粗鲁,哪怕对她最亲密的支持者也是如此。对她施以致命一击的是杰弗里·豪爵士(Sir Geoffrey Howe),她的副首相,前财政大臣和外交大臣。

豪是欧洲一体化的热烈支持者,他反对撒切尔对欧共体政府关系的处理。他1990年11月13日的辞职演说据说出自他强悍的妻子埃尔斯佩斯之手,其中指责首相"开赛时把击球手们派到了球门区,结果第一批球已经投了出去,击球手们却发现球棒早在赛前就被队长折断了"。演讲结束时他说："是时候了,其他人也该想想自己对忠诚的悲剧冲突的反应,我本人就可能已经深陷太久。"半个月后,1990年的11月28日,我们看见撒切尔哭着和丹尼斯离开了唐宁街。

我最后一次采访撒切尔是在1993年她出版自传《唐宁街岁月》时。她答应来我的演播室,这可是我的地盘,不是她的地盘。我想机会终于来了,我要问问她,让她解释解释在她的政治生涯中对她性别的不断提及如何影响了她。过去她总是对此类问题顾左右而言他,不管对我还是对其他记者都始终回答:"我不是女首相,我是首相。"

我还真以为我能说服她,让她为了造福其他那些可能想要进入政界的女性,谈谈她是如何对付那些对她如对清洁工的内阁部长的。我设计了一个这样的问题:"你如何对付那些不能平等对待女性的托利党大人?你又如何看待人们经常说你'用手提包打做坏事的人'这种说法?还从来没人说过男人用公文包打人。还有艾伦·克拉克(Alan Clark)在日记里写他在首相问答时间里如何欣赏你美好的脚踝。密特朗(Mitterrand)总统也说你有着卡利古拉(Caligula)①的眼睛和玛丽莲·梦露(Marilyn Monroe)的嘴唇?"

接下来的那个周末,《星期日泰晤士报》(*Sunday Times*)的广播评论家说这是唯一一次他的收音机"僵住"了的时刻。对我来说这也是个艰难时刻,因为采访者最怕的就是被访者一言不发。我很快转移到下一个问题,直到很久以后我

---

① 古罗马皇帝,以残忍著称。

才意识到原来她以前从来都没听说过这些事。她的新闻秘书伯纳德·英厄姆（Bernard Ingham）非常保护她，给她看的报纸剪报里绝没有任何他认为她无须知道的事。

1992 年撒切尔成了女男爵。政治方面，她在上院仍然活跃，直到丹尼斯 2003 去世，此后她不再经常出席上院活动。2007 年，她的塑像被陈列在议会里她所崇拜的英雄丘吉尔雕像的对面。2013 年她死了，终年 87 岁，享受最高军事荣誉的礼葬。有人为她哭泣，有人则因此欢唱："叮！咚！女巫死了！"对她，始终是爱与恨一样多。

留下来的是撒切尔主义。2016 年前首相大卫·卡梅伦（David Cameron）说："我们都是撒切尔主义者。"撒切尔的政治哲学以一种前所未有的方式塑造了英国：基本服务私有化、政府为中低收入者建设的公共住房被削减、自由市场、针对金融服务的监管被解除，还有那种期待每个人都应独立自强的文化。我们如今所处的国家由她塑造。

但她确实又为女人向前迈出了非凡的一步。雪莉·威廉姆斯有次告诉我她很感谢撒切尔，因为撒切尔证明女人即使是在更年期也能完全用脑。

撒切尔被罢免后，有一天我和大儿子爱德在厨房准备晚饭，听见收音机广播说约翰·梅杰（John Major）将要出任首相。

"妈妈，"只有 7 岁的爱德说，"他们是说约翰·梅杰要当首相了吗？"

"是的，"我回答说，"是这样。"

他想了一会，脸上神情困惑。"但是，妈妈，我还以为那是女人干的事呢！"

20

A History Of Britain In 21 Women

时装设计师,迷你裙和紧身裤的创造者

玛丽·奎恩特

Mary Quant

1934—

"但是我爱庸俗。好品味是死的,庸俗是活的。"
　　——玛丽·奎恩特

我称为"性别地震"的那个时代对我而言始于1964年，从那时起，对英国女性来说，一切都开始变了，过去那个世界被掀了个底朝天。我当时还太小，还不用担心避孕药的来临，虽然它当然曾在解放百万女性方面起到过重大作用。1964年正是我想要当玛丽·奎恩特的恰当年纪。

我母亲欣赏的是玛格丽特·撒切尔式的穿衣风格。她坚持要我戴胸罩，虽然我几乎用不着，还要我穿碧雷斯（Playtex）[1]的束腹，虽然我当时一样用不着。我的头发是她在家用吞克牌（Twink）溶液给我电烫的。我有长筒袜和吊袜带、一条体面的刚到膝盖以下的裙子、一件系扣衬衫或者说两件套[2]，我甚至还有一串珍珠项链。我的鞋有跟，没法穿着走路，更别说跑了。

然后就有了玛丽·奎恩特。1934年她出生于伦敦的布莱克西斯，父母都是威尔士人，名叫杰克和玛丽，都是矿工后

---

[1] 一个内衣品牌。
[2] 通常指内衬和外套。

代。他俩都获得了奖学金读了文法学校，又都上了卡迪夫大学，他们在此相遇，之后都以一等学位毕业，还都接受了教师训练，来了伦敦工作。他们的女儿玛丽就读于布莱克西斯高中，之后在金史密斯学院（Goldsmiths College）① 学习绘画。她在自传《奎恩特谈奎恩特》（*Quant on Quant*）中说，她父母告诉她和她弟弟，他们必须自己养活自己。

"我父母甚至没想过结婚对女孩来说是条出路。他们跟我说得非常明白，我的生活成不成功全在自己。"她从金史密斯学院毕业时拿到了艺术教育的文凭，开始在伦敦西区的高端住宅区梅菲尔的埃里克学徒，埃里克是个高端的女帽品牌，位于布鲁克街克拉里奇酒店旁边。

"二战"刚结束时到20世纪50年代早期，玛丽还小，她迷上了时装。她后来在自传中说她通常都是继承旧衣服穿，但她觉得那些衣服"不是我"。为了得到她想要的衣服，她自己动手做，有时还把旧床单剪了。掌握了制帽手艺后，她很快就凭借专业知识开始设计和制作服装。很明显，时尚就是她的事业。

她先前在金史密斯时认识了亚历山大·普朗基特·格林（Alexander Plunket Greene），1957年他们结了婚。她跟我说格林是个介乎米克·贾格尔（Mick Jagger）② 和保罗·麦卡锡（Paul McCartney）③ 之间的一个人，是有史以来最会跳舞的人，长得还帅。直到他去世，她都超级迷恋他。

---

① 又译作金匠学院，现为伦敦大学的一部分，以美术和传媒专业见长。
② 摇滚乐手，滚石乐队成员。
③ 摇滚乐手，甲壳虫乐队成员。

1955年格林继承了5000镑，再加一个律师兼摄影师朋友阿奇·麦克奈尔（Archie McNair）的帮助，玛丽在英王大道开了一家时装店，起名叫"巴扎"（Bazaar）①。时装店的地下是个饭馆，叫亚历山大，由格林经营。那些日子里，玛丽卖得最好的货品是一种用以给黑裙子提色的白色塑料领子、T恤衫、当作女裙穿的男式羊毛开衫、黑色弹力紧身裤以及一套"疯狂"的休闲睡衣裤。"疯狂"是玛丽自己的用词，这套睡衣裤由她亲自制作，获得了《时尚芭莎》（*Harper's Bazaar*）杂志的专题报道。

　　在她为店铺寻找有趣的新衣的过程中，玛丽觉得批发市场上的款式太少了，她于是决定自己设计制作所有货品。紧身螺纹毛衣、PVC做的表面发亮的衣服以及到膝盖的塑料靴子逐渐被人叫作"伦敦造型"。如果说二十世纪60年代的时尚是场地震，那她就是这酷感的震中，她定义了时髦，和一群耀眼的名人、有钱人活跃在英王大道上，他们要把英国从战后的严峻阴影中拉出来，创造一种崭新的流行文化。

　　她告诉我，生活对她来说成了一个永不结束的派对。她和APG（这是她丈夫名字的首字母缩写，也成了她对丈夫的称呼）人脉宽广，1960年他们受邀参加玛格丽特公主（Princess Margaret）和安东尼·阿姆斯特朗-琼斯（Anthony Armstrong-Jones）的婚礼。为她的闪亮系列拍照的正是这位驸马爷。势利，她说，已经从时尚界消失了。

　　巴扎的橱窗尖叫着传递的都是"年轻"和"买得起"的

---

① 波斯语，"集市"之意。

信息，玛丽引领潮流的时装秀也吸引了诸多时尚杂志的极大关注。1963年她获得了年度最美裙装奖，1966年她因对时尚的贡献获得大英帝国勋章。

不是每个人都喜欢她的设计。玛丽记得有些戴圆顶硬礼帽的男子敲巴扎的橱窗抱怨，大叫她的想法庸俗。她认为这是因为上一代人害怕改变，但她不在乎。1967年她告诉《卫报》的一名记者："但是我爱庸俗。好品味是死的，庸俗是活的。"和四五十年代那些贵族样貌的模特比起来，珍·诗琳普顿（Jean Shrimpton）和崔姬（Twiggy）[①]独树一帜，她们极瘦，双腿细长，有副顽皮女童或假小子的模样。穿玛丽·奎恩特服装的她们代表"摇摆的"伦敦时代里令人震惊的、性解放的、有趣的切尔西女孩。

奎恩特的衣服走红速度如此之快，以至于1961年她又在骑士桥开了第二家巴扎，店铺由特伦斯·考伦（Terence Conran）设计。一名美国制造商潘尼（J. C. Penny）发现并模仿了她的休闲睡衣裤，这标志着奎恩特已经开始走向全球了。一开始她独立工作，自己一人在家做设计，后来她雇了几名机械工。到1963年的时候，她开始向美国出口，到1966年的时候，她已经在和18家制造商合作了。

奎恩特彻底变革了时尚业。在她之前，时尚大多是由位于巴黎的裁缝或高级定制时装屋创造。很少有人能负担得起高级时装，那些想要穿得时髦的人只好先买个样式，再把自己的尺寸交给本地裁缝，让他们定做，或自己在家做。玛丽

[①] Twiggy是这个模特的艺名，twig的意思是树木的小枝、嫩枝，twiggy的意思则是纤细苗条，与其人相貌气质非常吻合。

引入了"买你自己的时髦成衣"的概念。在一个被男人把持的时尚世界里,她还是个经营奇才。她和丈夫解决了定价问题,知道定多少才能赢利。开始时他们把所有东西的价格都定得太低,损失了好多钱。

和已经确立了地位的设计师比如夏奈尔(Chanel)和迪奥(Dior)相比,奎恩特有一个优势。她是她顾客的同代人,她非常明白顾客想要什么。关于迷你裙到底是不是玛丽的发明曾有过争议。有人说迷你裙是法国设计师库雷热(Courrèges)的发明,但是玛丽告诉我她的灵感来自于她见过的一个踢踏舞班的女孩。这个女孩全身穿黑——黑裙、黑紧身裤,裙子短到不能再短,脚穿白色短袜。不过真正的功劳,她认为,还应归于她的顾客。

> 是英王大道上的女孩们发明了超短裙。我当时正在做轻松、青春、简单,穿着能动、能跑、能跳的衣服。我们会按顾客的要求裁剪长度。我的裙子已经是短裙了,可是顾客们还是会说:"再短点!再短点!"

玛丽用她最喜欢的一款车来命名这种短裙,管它叫"迷你裙","迷你"是埃里克·伊斯哥尼斯爵士(Sir Alec Issigonis)为英国汽车公司设计的一款车,1959 年首次制造。她把穿迷你裙的女性定义为"有种奇特的女性感觉,但她们的女性味道在于姿态不在于长相……她们喜欢被人关注,但那是种机智俏皮的关注。她活泼、积极、有主见"。

把迷你裙推向世界的是珍·诗琳普顿，也叫小虾①。为推广迷你裙，1965年她到墨尔本待了两周，其间参加了一次赛马会。那天她不戴帽子，不戴手套，不穿长筒袜，但是戴了一块男表，还穿了一条到膝盖以上3.9英寸（大约10厘米）的白色迷你裙。这是如何改变了我们年轻的生活啊！

玛丽革新的不只是衣服。随着20世纪60年代的推进，她还和维达·沙宣（Vidal Sassoon）接触，请他和她一起诠释时代女性整洁、解放的新形象，他们的联手使得人人都想梳个他的波波头。她到现在也还留着这个发型。她还设计了形状自然、不用钢圈的胸罩，她花了很多时间说服把持内衣业的男士应该如何设计舒服的胸罩。她把紧身裤袜介绍给了美国。舒适一直都是她的目标。

在设计和颜色方面，她丈夫根本不用劝，从来都相信妻子的判断是准确的。他是家里的公关人才。他给胸罩起名叫"愚人陷阱"，还给带有她显著雏菊标志的化妆品系列中的口红起名叫"果冻宝贝"，睫毛膏叫Jeepers Peepers②。

玛丽对化妆品行业的影响是巨大的，但在这一领域工作的男性却经常跟不上她的思路。他们会问她女人为什么需要防水睫毛。答案看起来多么明显，可还是需要玛丽告诉他们：这是因为女人会游泳，还会哭。一道道黑乎乎的睫毛膏流淌在哭泣的脸上实在太不美观！她给男性管理层演示如何

---

① 这个模特姓Shrimpton，Shrimp大概是简称和昵称，意思是"小虾"。
② Jeepers Peepers的命名大概来自Jeepers Creepers，一个表示惊讶和惊喜的感叹词，peepers有眼睛、眼镜之意。有一首1938年的歌唱道：Where'd ya get those peepers? Jeepers Creepers, where'd ya get those eyes? 大意是说：你从哪儿弄来的这副眼镜？天哪，你又是从哪儿弄来的这双眼睛？

使用化妆品,还把男性示范者引入到化妆品部门,过去都是严肃的中年妇女给其他严肃的中年妇女做演示,现在大不相同了!

玛丽生活中的巨大悲剧是1990年她丈夫的去世,他年仅57岁。她和他们1970年出生的儿子奥兰多(Orlando)很爱他,但他一直都是个享乐主义者。1988年他就被告知如果不戒酒,他就只有两年寿命,但他不戒酒。玛丽用"狂暴"一词描述他们的婚姻。她说他"极度好色,所以婚姻很吵闹、很崎岖。我们为此大吵过……但我们的婚姻又很棒。他同时也忠诚。不忠实,但忠诚。我们有过不快乐,但也有过很多快乐"。

亚历山大走了,玛丽用自己名字的权利也没了。命名权早已卖给了一家用她的商标生产服装和化妆品的日本公司,但在82岁的年纪里,她仍然还是玛丽·奎恩特。她从1962年起就开始节食,现在仍旧节食,她说保持一副瘦得皮包骨的模样是无比艰苦的工作。2015年,她受封为二级大英帝国女勋爵,她现在仍去切尔西的一家维达·沙宣发廊剪发。

奎恩特对英国女性的相貌和举止的影响不可估量。一位20世纪五六十年代很有影响的时尚记者欧内斯婷·卡特(Ernestine Carter)曾这样写道:"只有少数幸运儿能出生在正确的时间,正确的地点,还有着正确的才华。在最近的时尚界,这样的人有三个:夏奈尔、迪奥和玛丽·奎恩特。"

奎恩特真正改变了我那代女性的生活。不仅在英国,也在全世界,她把我们从时尚的束缚中解放出来,她的影响至今都在。我已经不再穿迷你裙,但是有很多比我年轻的女孩和某些比我还老的女人都还在穿。我妈痛恨"伦敦造型",

不许我"系带好多扣眼的延伸型腰带,穿黑色紧身裤,化那种可怕的黑色眼妆,涂白色唇膏"。但我现在还保留着我1965年省钱买的那套装束,虽然我已经穿不了了。这套装束我那时只敢私下穿,穿完放朋友家,周六在巴恩斯利汽车站的卫生间换上,然后再出来玩。

我朋友负责化妆和裙子以及紧身螺纹毛衣。我回家前必须在卫生间把脸上的妆洗掉,但是当我们大步走过城市时,我们觉得自己棒极了,是绝对的现代女性。

那么现在呢?经过这些年,我早就没有当年那么瘦了。但是谢谢你,玛丽·奎恩特,给我们带来紧身裤、黑色裤袜和切尔西靴。哪怕是现在,没有了你的天才,我的衣橱、我活动的自如、我的自信和——我猜——自由,我们很多人的自由,都将贫乏很多。

21

A History Of Britain In 21 Women

主张苏格兰独立的民族党党首

妮克拉·斯特金

Nicola Sturgeon

1970—

> "英国最危险的女人。"
> ——《每日邮报》

妮克拉·斯特金的妈妈琼说她女儿"总是很拼,她想干的事总能干成"。她在 2015 年大选中的崛起证明她妈妈是个精确的预言家。斯特金作为苏格兰民族党的新党首和苏格拉议会的首席大臣闯入了英国政坛。

2014 年 9 月,苏格兰全民独立公投后,斯特金接管了苏格兰民族党。这次公投投票率高得惊人,达到 84%,结果却令民族党失望,因为有 55.3% 的人不赞成独立,44.7% 的人赞成独立。前任首席大臣艾历克斯·萨尔蒙德(Alex Salmond)下台,几天后妮克拉宣布她要争取党首之位。

她在演讲中这样说道:

> 今天的我和上周一样,都坚信独立是苏格兰最好的未来。此外,此刻我比以前更相信我们会变成一个独立国家……因为我的任务就是带领苏格兰翻开我们民族历史上的新篇章……我还希望我的参选如能成功,将会把这样一个强大的信息传递给苏格兰的每个女孩和年轻女性:不管你出身如何,不管

你想在生活中做到什么，在2014年的苏格兰，雄心将再不会遭遇玻璃天花板的阻隔。

她在没有对手的情况下赢得了选举，成了党首和国家首脑。她就职时，她8岁的外甥女哈丽叶特正在和家人一起观看。斯特金说：

> 哈丽叶特还不知道男女的收入差距，或者代议机会的不足，或者类似高昂的育儿费用这样的障碍使得很多女性难以开展工作和追求事业的窘境。我热烈希望等她长大以后，不必知道任何这些问题，因为它们都已交给了历史，得到了解决。

她以女权思想坚定地开始其任期。她的内阁2014年11月20号宣布成立，男女比例各占一半。她明显是在做对苏格兰正确的事，因为到2015年3月，苏格兰民族党的成员就增长到了超过102000人，比六个月前公投时增长了四倍。现在苏格兰民族党是英国第三大党。

斯特金的大选呼吁反对联合政府的严厉政策，恢复50便士的税级，允许苏格兰政府财政包干，放弃建造三叉戟的计划，以及废除上院。

不仅在苏格兰，而且在英国各地，当她在各种电视辩论中出现时，她给人留下的印象都无比惊人。一次领导人辩论后，虽然有些报纸会为难她，但英国各地的人们却都在用谷歌查询："我可以投票给妮克拉·斯特金吗？"《太阳报》

（*The Sun*）管她叫"苏格兰韦尔"（Scotweiler）[①]。《泰晤士报》说"当她脚踩六英寸高跟鞋，身着鲜艳套装在国内各地巡视，和崇拜她的粉丝自拍合影时，她就成了大选的决定性人物"。《每日邮报》（*Daily Mail*）说她是"英国最危险的女人"，她则回答："这是《每日邮报》说我说得最好听的一句话。"

伊恩·麦克沃特（Ian Macwhirter）在《海啸：苏格兰的民主革命》（*Tsunami: Scotland's Democratic Revolution*）一书中写道：

> 锋利、聪明、自信、讲求实际：妮克拉·斯特金的形象符合苏格兰人喜欢把自己看成的现代形象。
>
> 工会派报纸只好咽下它们对苏格兰民族党的厌恶，把她放在头版头条加以报道，因为读者喜欢她。这张是强大的妮克拉穿着红裙子发表她的竞选宣言，这张是微笑的妮克拉和善良的老太太们自拍，这张是她在健身房锻炼，这张是她在温迪之家（即儿童游乐室）和孩子们一起咧嘴而笑。在苏格兰，人人都管她叫"妮克拉"，这位"妮克拉"有种只要到场就能传达政治信息的天赋。

作为苏格兰下放议会的首席大臣，妮克拉不参加为竞选

[①] 命名模仿罗特韦尔犬（Rottweiler），一种黑褐色的短毛凶猛德国警犬。

英国议会而举行的大选，但她所在的苏格兰民族党赢得了除三个席位以外的所有苏格兰席位。从高地到低地，从中产阶级的爱丁堡到工人阶级的格拉斯哥，民族党大获全胜。大家都认为是新的党首造成了这种不同。

1970年7月19日，妮克拉·斯特金出生于苏格兰北艾尔郡克莱德河河湾的尔湾市，此前一个月前，泰德·希思领导的保守党刚刚赢得英国大选，苏格兰民族党也第一次向英国输送了一名议员。她出生时，她父亲罗伯特、母亲琼都很年轻，只有21岁和17岁，五年后她妹妹吉莉安出生了。她们的妈妈留在家中照顾孩子，爸爸则是个电工。她说她记忆中的童年是个绝对安全、和周围环境和谐共处的阶段。

妮克拉中学就读的是离家不远的格林伍德学院，此时她家已经搬到了位于尔湾和基玛诺克之间的德雷格霍恩。就是在这间学校里，她对政治的兴趣被她的现代研究课老师唤醒了。英语老师也影响了她，英语老师是个工党市议员，知道她对政治感兴趣，非常肯定她会加入工党，问都没问就给她拿来了一张工党入党申请表。很明显她对自己说："去你的！我要加入民族党。"

她的动力似乎是当时的首相玛格丽特·撒切尔。她后来这样评价撒切尔："我恨她代表的一切东西，这是我民族主义的发端。"在与《女性时间》节目2013年的访谈中，她回忆说：

> 我读书时就加入了民族党……当时经济不好，我身边很多人都失业了，或者很快就要失业，这当然给了我一种很强的社会正义感，同时这个阶段也

给了我一种强烈的感觉，我认为苏格兰由一个我们并没有选出来的托利党政府统治是错误的。

此前不久，在一次为苏格兰独立举行的活动中，妮克拉做了主题演讲，回答了一个人们经常问她的问题，即她为什么没有加入工党而是加入了民族党。"我加入民族党，是因为我当时认为——我现在还这样认为——除非你控制了根本，否则你就不能保证社会正义。"

妮克拉加入民族党时只有16岁。她很快就成了积极分子，放弃了每周五晚的滑冰而投入到政治中。1987年的大选候选人凯·乌尔里克（Kay Ullrich）记得年轻的妮克拉敲她的门，问能否帮她竞选。乌尔里克没能赢得那次选举，但她说妮克拉从那次经历中学到了一个宝贵的教训，即"你可以把竞选搞得很好，你可以干得最勤奋，你可以赢得竞选过程中的所有演讲，你也可以拥有最好的候选人，但是如果你不能赢得选票，那么一切全都是白搭。她很早就知道这个"。

1988年妮克拉进入格拉斯哥大学学法律。她参加了格拉斯哥大学苏格兰民族协会组织的辩论，她的一个同学回忆说她是更有决心而不是天赋突出的那类人。"她每周都来，但每周表现都很垃圾……可是她会一次次地回来，很想把事情做对，也决心要弄清楚怎么做她才能更好。"

1992年她以二级甲等毕业，差一点就能拿到一等。她认为原因在于她花在政治上的时间多于她花在法律上的时间，不过整个90年代她都在当执业律师。几次参选后，1999年，因为比例代表制的选举制度，她代表格拉斯哥当选为苏格兰议会的议员。她还当过民族党影子内阁的教育发言人，她在民族党网站上的简历说："她经常说，如果不是因为学费免除，她绝对不可能上大学。因此她决心只要她在任，民族党将永远不恢复征收学费。"

在2004年的大选中，妮克拉没能赢得戈万的席位，但她和她的竞选主任，同时也是民族党首席执行官的彼得·穆雷尔（Peter Murrell）建立了密切关系。他们2010年结婚，迄今没有孩子。2015年在英国独立电视台的《今晚》（*ITV Tonight*）节目上，她被问及是否计划要孩子，她反问：同样的问题你会问一个没有孩子的男政治家吗？比如她的前任艾历克斯·萨尔蒙德。我认为她的回答很棒。

2000—2009年，她在影子内阁中担任了一些重要职位，包括健康和司法领域。2004年她成了民族党的副党首，2007年她经过第四次努力获得了戈万的席位。如果苏格兰采取的是简单多数票的投票制度，那么她将不得不竞选八次15年才能获得多数票。她之所以能成功当选苏格兰议会议员，是因为苏格兰采取的是简单多数票制加上比例代表制，也叫作附带席位制，或单一选区两票制，即每个选民可以投两票。2007年民族党成了苏格兰议会的最大党，开始作为少数党政府执政。艾历克斯·萨尔蒙德是首席大臣，妮克拉是她的副手，这个职位她一直干到2014年11月她当首席大臣为止。

对她而言，这是一个从16岁就开始的必然轨迹。她知道她将不可避免、无穷无尽地出现在电视和报纸上，因此她努力改进自己的公共演说能力，打磨个人的表现力。她在公众面前处置得当，她会带着一丝蔑视轻松抛开别人对她服装、体重的评价，以及别人给她起的诸如"刺骨甜心"和"能干人"的外号，她让人知道这样的词之所以会用在她身上是因为她是个女人。

但是妮克拉还没能达到她苏格兰独立的目标。独立派虽然失去公投，却在2015年的大选中获得惊人的胜利。妮克拉对第二次公投的时间语焉不详，她告诉《星期日先驱报》（*Sunday Herald*）："我们的宣言会说明我们认为适合举行第二次公投的时间和条件。"欧盟公投的结果更刺激了她想要苏格兰独立的决心。在这次投票中，苏格兰决定留在欧盟内部，之后立刻就有了对宪法问题的讨论。苏格兰能不能阻止英国退出欧盟？苏格兰是否需要通过第二次公投来仓促争取独立？目前还只能静观其变，但是如果她妈妈的预言是正确的，那么妮克拉·斯特金将会对大不列颠的历史产生深远影响。《每日邮报》笔下"英国最危险的女人"很有可能把苏格兰夺走。

后 记

她们都在这儿了。很多世纪以来,这21名女性挑战了人们对女性命运的传统期待,为我们缓慢改变了英国的性别景观。我们很幸运生活在一个由她们帮助创造的国家。

我们不再被专横的父亲包办婚姻,如果还有这样的人和事,法律会保护我们。我们不用生育我们不能照顾的孩子,我们可以享受免费避孕,合法堕胎,我们还可以选择自己想要的性生活,不管是异性恋还是同性恋,还是两者都要,或者都不要。

我们基本上想穿什么就穿什么。当普华永道要求一名年轻女性妮克拉·索普(Nicola Rhorp)上班必须穿高跟鞋时,全国人民都起来抗议,质疑女人为什么不能穿着舒服的平底鞋上班。没人要求男人出门穿什么鞋。

我们有免费上学的平等权利,大学录取的是最聪明、最优秀的学生,不论性别。我们是被认可为具有完全公民权的英国人,但我有时真希望女人们能更珍惜我们手中的选票,因为这是先辈们为我们付出挨打和坐牢的代价换来的。可我们中很多人连投票站都懒得去,这对所有的先辈不啻于是种侮辱。如果我们不能全程参与到民主进程中去，那我们就是在允许我们生存的这个国家继续由男人制造。

不要以为我们现在可以自满，以为一切事都尘埃落定了。法律是很美好，但它改变不了偏见的继续存在。2015年的最近一次大选选出了191位女议员，她们只占全体议员总数的29%。这虽然已是历史最高纪录，但离一半对一半的比例还差了很远。同工同酬仍未实现。收入差距到底多少目前尚不清楚。福西特协会根据全职员工的平均收入情况认为是13.9%，全国统计办公室说"2015年全职员工的收入差距缩小到了9.4%"，但是2016年3月《卫报》的一篇文章却认为"男女全职员工平均收入相差24%"。不管答案到底是什么，收入差距仍然存在，而且差距巨大。

在低收入的保健和休闲行业，女性占劳动力总数的80%。在收入较高的资深商务人士中，只有10%是女性。虽然法律规定不得歧视孕妇，但是每年仍有约54000名女性因怀孕而被迫辞去工作。在顶层，领导富时指数公司的女性比叫约翰的男性还少。

在1971年制定的妇女解放运动的七项要求中，有24小时免费婴儿保育、女性经济独立和法律独立的内容。然而从来没有一届政府为女性承担过可信赖又能负担得起的儿童保育。如果一个女人不能保住工作，或者不得不兼职工作，因为她付不起育儿提供者开出的高昂价格，那么经济独立就无从谈起。

1978年全国妇女解放大会制定的运动的第七条要求是："不管婚姻状况如何，妇女有不受威胁，或暴力对待，或性胁迫的自由，所有那些使得男性对女性的控制与侵犯得以保持下去的法律、设想和制度都必须停止。"

法律都已到位。强奸、性侵、胁迫、恐吓、跟踪和网上谩骂都是非法的。但是我们知道，每年在英格兰和威尔士有大约85000名女性和12000名男性被强奸，但是只有5.7%的强奸案被定罪。家庭暴力也很普遍。全国统计办公室显示，2013—2014年有140万女性被家暴，每星期都会有两名女性被她们的前任或现任伴侣谋杀。2016年初夏，一个女政治家联盟宣布她们决心制止仇视女性的网上霸凌。互联网上的极端色情也随处可见。

在女人和运动方面，尽管妮克拉·斯特金给苏格兰带去了那么多女性力量，尽管她非常厌恶莫里菲尔德高尔夫球俱乐部2016年投票禁止女性成为会员的做法，但她无法阻止此事的发生，她也无法阻止资深高尔夫球评论员彼得·阿里斯（Peter Alliss）建议说女性如果想在该会打球，不如找个会员嫁了。

前路漫漫。20世纪80年代晚期，"后女权"一词开始被用来描述现在的时代，但是没有一个时代像现在这个时代一样被错误地命名。女权主义现在还很必要，就像它对本书中的每一个女性一样必要。我们必须警惕的是漂亮地坐在荣誉之上，相信平等之战已经打赢，认为我们所有人都可以松一口气。

我第一次读到玛格丽特·阿特伍德（Margaret Artwood）的《使女的故事》（*The Handmaid's Tale*）是在25年前。这本小说讲某国被一股极右的宗教势力接管，生育率严重衰落，女人被迫做妻子或女仆，男人则是公共空间和家里的指挥，掌管所有权力。繁殖发生在女仆最具生育力的时候，这时指挥者会骑到她身上，而那个（没有生育能力的）妻子则在一旁观看。这已经很令人吃惊了，但我清楚记得的一个时刻是故事女主角奥芙弗雷德（Offred）去用信用卡，结果被告知不行，因为她账户没钱了，因为女人不再被允许拥有独立收入。那一刻我想："得了，玛格丽特，反乌托邦写得倒挺有趣，但这永远都不可能发生。"

可这确实发生了。就发生在阿富汗。当我穿短裙上大学的时候，这个国家的女性也在享受同样的自由。可是塔利班掌权后，女人如无男人的陪伴已经不能再出门，她们的着装必须从头包到脚，她们也不被允许从事任何工作。在中东，宗教激进组织，比如所谓的伊斯兰国，或达伊什（Daesh）[①]，对待女人比中世纪时还原始。

我们永远都不应假设权利一旦获得就不会被剥夺。我们必须不能放松警惕。非常重要的一点是已经获得的权利必须保持下去，以便我们身后的女孩和女人们能够继续享用。我们所有人，包括男人和女人，都必须支持她们为使事情变得更好而努力奋斗，直至女性获得与男性一样的完全平等。伟大的 21 个英国人从来都没有放弃，我们也不能放弃。

---

① 译注：Daesh 即"伊拉克和沙姆伊斯兰国"对应的阿拉伯文首字母的缩写。

致　谢

感谢安娜·海特洛克(Anna Whitelock)博士和埃莉诺·加兰德(Eleanor Garland)帮我做研究。感谢"一个世界"的我的编辑山姆·卡特(Sam Carter),以及我的经纪人芭芭拉·莱维(Barbara Levy),他们的支持和指导帮我写成此书。感谢塔米辛·谢尔顿(Tamsin Shelton)没让我落入记者的陷阱,那会使我更在乎故事而非事实。还要感谢我的邻居芭芭拉和克里斯帮我遛狗。

译者随笔一　不止 21

李博婷

此书名为《拓荒的夏娃：21 位改变英国历史的杰出女性》。作者是英国广播公司广播四频道《女性时间》的节目主持人珍妮·默里。默里以 21 位女性串联英国历史，介绍从古到今英国各行各业的杰出女性，展示她们如何积极进取，如何奋力拓宽女性的生存空间，如何为女性的尊严、独立、解放、自由和成就而战。默里文笔精简，为全面起见，也尽量涵盖了文学、艺术、科学、医学、政治、社会等领域。但是即便如此，21 个怎么能够？怎么能代表那大量还未被言说的独特群体和个体？我不愿那些我知道、同情、赞叹、敬佩，或者好奇、好笑的女人就此湮灭，因此不妨再举些例子，以为补充，好让她们的生平自我言说，算是我对这本小书最大的情意。

一、宗教神秘主义者：玛杰里·坎普（Margery Kempe）

通常很多人提起欧洲中世纪，就用"黑暗时代"来笼统打发，何其不公？那何尝不是血肉之躯的人类真实活过的千年？文字固然常常不存，但偶尔留下的也颇能令人瞥见当时生活的开阔复杂。玛杰里·坎普就是这样一个留下文字的独特媒介。

坎普生卒年月不详，大约生于1373年，死于1438年后，是诺福克郡林市人。她父亲是商人、市长和议员。她20岁结婚，丈夫也是商人，和她父亲同属基督圣体行会，日后也成了市里的官员，他们二人至少生了14个孩子。生育头胎后，坎普病倒在床，经历精神危机，见到无数魔鬼攻击她，命她放弃信仰、家庭和朋友，甚至鼓励她自杀。她开始发疯、诅咒、打人，她丈夫于是雇人把她关到储藏室。又因她咬啮自己手腕上的血管，他们又把她锁到床上，如此八个月。终于有一天，她见到耶稣问她，为何他不抛弃她，她却抛弃了他。她于是立马痊愈，如常生活。以现代医学的眼光看，这可能只是产后抑郁或孕产妇极度缺乏关爱的表现，只不过在她身上发作得格外厉害而已。

但是从此之后，终其一生，坎普不断声称自己在幻象中见到耶稣、圣母、上帝和其他诸多宗教人物，她与他们交谈，她参与了耶稣的诞生和钉十字架，她是耶稣的新娘。这使她产生幻听幻觉，令她时常在公共场合大哭、啜泣或抽搐，使她每天去教堂祷告，每天两三次忏悔，贴身穿毛衫惩罚自己的身体，发愿吃素守贞，不与丈夫同床。她不加入任何宗教派别，只守自己的戒律。不过她虽无比虔诚，神职人员和俗人却都反感她，多次拿她当异端裁判，林肯主教和坎特伯雷大主教都曾参与对她的审判，但都未能给她定罪。她被当成异端的理由很多，比如她被怀疑是罗拉德派；比如作为已婚妇女，她全身穿白，假扮修女；再比如她自认有类同圣人的能力，能为身在炼狱中者祷告，能判断某人是否被诅咒；还比如她不经教会许可，就公开传教，违背了保罗关于女人不得传教的禁令。

试想：她在公共场合的种种极端反应如何能令人喜欢？凭什么她自认为和上帝有种超乎常人的关系？她经常大哭，似乎很满足于这一举动给她带来的关注，也知道周围人怀疑她这么做无非是为了吸引注意力，等于伪善和欺骗。更有人把她看成变态和疯子。现代眼光或许认为她是表演人格，吸引眼球是她对个人被隔绝、被排斥的一种复杂的心理补偿，但是中古时期如她一般公开彰显个人宗教虔诚的现象却是相当常见之事。当时，鞭笞者经常成群结队行进在街道上，互相轮番鞭打对方，为的是模仿耶稣背负十字架去往行刑地的情景。不过坎普虽未被当成异端定罪，却坐过俗人的监狱，甚至还受到过强奸的威胁。莱斯特市长就曾用拉丁语谴责她是"下贱的妓女、撒谎的罗拉德、对他人施加邪恶影响的人"。

现存史料中不见有对坎普教育情况的记录，她可能没上过学，也不识字，但她让人给她读书，因此记住了很多宗教篇章，会背主祷文、圣母经和十诫。不识字未必记性不好，不识字也未必口才不好。她能多次和教会男权辩论，逃脱他们极力想给她定罪的欲望，说明她不光个性顽强，还脑子好使，口才便给。我们今天从她的"阅读"中可知15世纪的宗教文化被哪些文本塑造。她让人给她读14世纪英国隐士和神秘主义者理查德·罗尔（Richard Rolle）的《爱火》，此书在中世纪广为传诵，书中罗尔把自己的神秘经历分为三种：身体觉得暖和，感到奇妙的甜蜜，唱诵赞美诗时有天乐围绕。14世纪奥古斯丁派神秘主义者沃尔顿·希尔顿（Walter Hilton）也影响了她。她还听过很多遍瑞典女圣人布里奇特（Bridget of Sweden，1303—1373）的《启示录》，她后来的朝圣就是受到了这位曾经生育了八个孩子的女圣人的影响。

布里奇特的《启示录》鼓励信徒去圣地购买免罪符，即教会发行的赎罪纸，认为如此可免除罪人死后在炼狱里受煎熬的时间。坎普于是多次朝圣，为自己、朋友、敌人和炼狱中的灵魂购买免罪符。她因此去过意大利的威尼斯、阿西西和罗马，还去过西班牙、波兰、荷兰、德国、法国。当然最重要的圣地是耶路撒冷，那让骑驴入城的她又一次看见了幻象，差点跌落驴下。在耶路撒冷期间，她朝拜了耶稣的出生地伯利恒、他受洗的约旦河、斋戒40天时曾受魔鬼诱惑的山、他为门徒洗脚的锡安山及其埋葬地。她更在英国各处访圣。大约在1413年，她拜访了闭关修行的著名女隐士——诺威奇的朱莉安，希望得到朱莉安对她与上帝间谈话的认可。朱莉安认可了她，肯定她的眼泪是圣灵存在于人的灵魂的物证，但同时告诫她崇拜行为应有度。

从15世纪30年代起，坎普决心口述自传，这就是那本著名的《玛杰里·坎普之书》。她先是找了个文书代笔，可能是她的长子，但书未完人就死了，因此她又找了第二个写手，可能是她的忏悔师。她的自传从婚后开始，记录她的婚姻家庭，其中的痛苦折磨，比如她曾经营酿酒厂和谷物磨坊，这是中世纪妇女常见的家庭营生，却都遭失败。再比如她总想婚内守贞，却又不断怀孕生育。最终使她摆脱丈夫纠缠的原因竟是她在继承了父亲的丰厚遗产后答应替夫还债。

当然，自传最重要的是记录她所看到的种种幻象、她的神秘经历、她在各处的旅行、她受到的诱惑，以及对她的异端裁判。

此书被广泛认为是第一部英语自传。其意义部分在于了解中世纪的中产阶级女性，包括其世俗和精神生活，尤其是那种用身体和感官来理解上帝的蓬勃的女性神秘主义。毕竟，坎普和当时的宗教女性不同，她是俗女人，却又在白话神学和大众崇拜中构造了重要意义，反映了正统神学和宗教异见——尤其是罗拉德派——之间的紧张关系。后世评论者中，有人不觉得《玛杰里·坎普之书》是事实性的自传，认为它是小说、捏造或有意建构的个人化现实，但无论如何，文字在侧，异常珍贵。书成后，除少量传抄外，几百年间都几乎散失不见，直到手稿1934年在某私人藏书中被发现，从此得以面世。

从那时起到现在，很多人看坎普只觉得她是个不守本分的麻烦女人。从事实的角度说，她确实个性顽强、不屈不挠、难以驾驭，但想到她被剥夺的受教育的权利、表达的权利，她被强加的生育义务，她所遭受的诸多痛苦，她对思想和文字的渴望，她要口述自传的奇思异想，以及最终付诸实现的行动力，我们就不能不对这个女人心生敬佩，并因此遥想感念那无数湮灭在历史中的像她一样的女性。

二、崛起的草根：帕斯顿女人

英国15世纪的私人通信现在保存下来的仅三种：帕斯顿通信、西利通信和斯托纳通信。论规模、内容和时长，帕斯顿通信均是最重要的一种。它的时间跨度近乎百年（1422—1509），通信及文件共计千多份，是英国现今已知最早、最多的私人通信。它是英格兰东部诺福克郡帕斯顿家族四代人与家人和外人的通信，内容涉及财产管理、法律纠纷、战争围城、谋杀绑架、婚姻家庭、私下恋爱、秘密结婚、家族争吵、与邻口角、担忧瘟疫等，是了解15世纪英国社会，尤其是绅士贵族阶层最丰富、最宝贵的第一手资料。对了解中世纪晚期的女性也很重要。因为通常对于中世纪女性，学界和读者聚焦最多的是贵族王室和宗教人士，而帕斯顿家的女人们则属于另一范畴，她们和家族中的男人们一起，属于乱世里崛起的一群草根强者。此处重点要说的是其中三位女性，分别是三代儿媳玛格丽特，三代女儿伊丽莎白，四代儿媳玛杰里。

不过在此之前还须介绍帕斯顿家四代人。

第一代帕斯顿叫克莱门特（死于1419年），是自耕农，他利用黑死病后的人口短缺，占据了百英亩（约40公顷）土地。他的妻子地位更低，据说是个"女奴"（bondwoman）。但他很有远见地送儿子威廉（1378—1444）读法律，于是二代开始发家，从律师开始当上了下议院警卫官，最终成了民事诉讼法官。威廉在诺福克大量买田置地，还娶了富裕的女继承人艾格尼丝为妻，增加了家庭财富。艾格尼丝脾气火爆、不好相处，经常和邻居、子女吵架，却因此为英语语言留下了很多宝贵的口语例子。

三代叫约翰（1421—1466），在剑桥和伦敦的内殿法学院（伦敦四个培养律师的组织之一）学法律，后来成了下院议员和诺福克的治安官，娶了富裕的妻子玛格丽特，妻子为他带来了地产和大屋。他们夫妇是当地要人，至今诺威奇市还有很多他们的遗迹。作为律师，约翰常驻伦敦，交游广泛，朋友中有一位诺福克的骑士和地主约翰·福斯托夫爵士（Sir John Fastolf, 1380—1459），此人正是莎士比亚笔下福斯塔夫（Falstaff）的原型。约翰成了福氏人生最后10年的密友和律师。按照当时惯例，福斯托夫把不动产交由亲友扈从托管，自己则保留收益。约翰因此是他十个不动产承受人中的一个，并最终成了无后的福斯托夫遗产的受益者。说起来真是诡异：约翰宣称爵士死前两天立了口头遗嘱，将其在诺福克和萨福克的所有土地都留给了自己。其他承受人当然不服，纷纷质疑遗嘱的正当性，从此引发了之后一系列的暴力冲突。直至约翰死时，纠纷都未得到解决。

第四代是兄弟二人，都叫约翰。他们从三代那里继承了法律纠纷，围绕凯斯特城堡、考顿庄园和海尔斯顿庄园与福斯托夫的其他承受人争斗不断。凯斯特城堡尤其是福斯托夫产业中的明珠，与之相关的法律纠纷整整缠绕了帕斯顿家20年之久，诉讼费用几乎耗光了他们的资财，也威胁到了四代的人身安全，但却最终提升了他们的社会地位。

说起来帕斯顿家几乎总被地产纠纷所困。先是1448年的第一次危机，当时三代儿媳玛格丽特独自住在格雷沙姆庄园，这是她公公二代帕斯顿所买，但是莫林斯爵爷（Lord Moleyns）声称对其拥有主权，并趁三代不在家，用武力把玛格丽特、家人和护卫强行赶出了庄园，并对庄园进行了大肆破坏。三代向亨利六世递交请愿书，要求赔偿，但是莫林斯太强大，不愿受罚，直至1451年帕斯顿家才收回了庄园。15世纪60年代类似事件又有发生，萨福克公爵洗劫了海尔斯顿，诺福克公爵围困了凯斯特。后者的故事尤其曲折。

1469年，在约克和兰卡斯特两大贵族家族间爆发的玫瑰战争撕裂国家，英国多地处于无政府状态，对凯斯特城堡觊觎已久的诺福克公爵趁机率3000人攻打凯斯特。帕斯顿一方只有四代弟弟小约翰（他曾是公爵的家仆）和30人抵抗。结果帕斯顿家当然不敌，有人战死，有人受伤，火药弓箭都短缺，城堡也被破坏得厉害。玛格丽特和大儿子紧急通信，她对长子的无能怠惰和坐视不管深感失望，说如果再得不到支援，他们将命不久矣。最后帕斯顿家认输，将城堡让出。

不过此事之后，四代大约翰似乎觉醒了。他在接下来的11年间不断状告公爵，意在夺回城堡。换了从前，帕斯顿家只有眼睁睁看着大贵族夺走他们资财的份儿，可如今他们不仅沾上了宫廷的边，还可以亲自参与政治斗争。1471年，帕斯顿兄弟在巴尼特战役中站在亨利六世一边攻打诺福克公爵。1476年公爵去世，老大马上搬进凯斯特城堡，并抢在公爵夫人前从国王处拿到了产权许可，公爵夫人于是放弃再斗。此次胜利将帕斯顿家从乡绅提升到了骑士和国王侍从的地位，而且此事经由法律而非武力解决，说明贵族想借玫瑰战争的混乱中饱私囊已经不可能。乡绅之笔最终战胜了贵族之剑。

帕斯顿通信揭示：一、黑死病后崛起的帕斯顿家能在两代内就从农民跻身乡绅，又用两代从乡绅跻身贵族，说明瘟疫固然使人口锐减，但也给农民带来了好处。二、玫瑰战争在全社会范围内制造了混乱，政府势弱，每个部门的管理都混乱无序。值此乱世，帕斯顿家作为有远见的赌博者脱颖而出，他们愿为攀爬社会阶梯倾尽一切。不管是对与其口角的村民，还是对以权势压人的地主贵族，他们都表现出猎犬般的顽强坚韧。三、当时受过教育的男女似乎都熟知法律。很明显，对有钱人，法律是必不可少的知识。帕斯顿家的影响至今仍在。诺福克郡有句老话说：帕斯顿家从不会有一个穷人，海登家从不会有一个懦夫，康华利斯家也从不会有一个傻瓜。

三代儿媳玛格丽特（1423—1484）是诺福克郡的富裕农民之女，父死她继承了土地和房产。1440年她嫁给了当时已是诺福克大地主的三代帕斯顿，因丈夫长驻伦敦，她便担负起了管家的责任，因此才有了她的104封通信。其中大多都像诚实的管家写给主人的汇报，她向他解释、报账、询问意见、通报消息。她大事小情都记，比如羊糟蹋了干草；栅栏破了，一头小公牛被偷了；家里需要蜜糖；她需要添件新衣；发生了抢劫和杀人；地租难收，管家只收上来了一点；事情太多，她没时间按丈夫的要求把家里的货品列个清单等等。

玛格丽特性格坚毅，聪明能干，是个既平凡又不平凡的女人。独自应付格雷沙姆洗劫时，她面临上千拿弓带箭的士兵，既不哀嚎，也不拿自己当女英雄。虽然她的婚姻是父母之命，订婚后才与丈夫见第一面，但是她似乎很幸福。新婚不久她给丈夫写信说："我愿你戴上我给你寄去的这枚有圣玛格丽特像的戒指，以为纪念，直至你下次归家。你已经给我留下了一个纪念，让我日夜思念着你，包括睡着的晚上。"所谓丈夫留给她的"纪念"，是指他们七个孩子中的第一个。生育繁多，似乎证明他们夫妻关系一直良好。

但是温情之外，也有严厉。帕斯顿通信证明，15世纪英国父母对孩子实行专政，不听话就打，女孩也不例外。艾格尼丝打女儿伊丽莎白打得尤其狠,"经常一周一两次,甚至一天两次,头被打破两三处",而这都是因为女儿固执地坚持自己择夫。心软点的玛格丽特不见得打,但她一样会威胁把爱上管家的女儿逐出家门。兄弟们接受不了姐妹下嫁,认为这样是自取其辱。父亲会和儿子争吵,骂儿子是"蜜蜂中的雄蜂"(意思是勤快人里的懒蛋,只会坐享其成),母亲爱子多于爱女,为了尊重父亲的权威,只得在父子间尽力维持。

玛格丽特的大儿子是个半吊子文化人,爱读乔叟和利德盖特的诗,人生大多数时候都在宫廷打转。玛格丽特一边骂他丢了凯斯特城堡,一边担心他的安全,害怕伦敦肆虐的瘟疫害了他。果真,他死在了瘟疫上。父子失和时,她给丈夫写信为儿子求情:"我明白……你不愿再让儿子进门,也不想再帮他……看在上帝的分上,先生,可怜可怜他吧,想想他已经有多长时间没得到你的任何帮助了,他已经向你屈服,为了得到你的父爱,他将随时尽其所能……"她还给次子求偶,物色了好几个新娘。当她发现女儿在她不知情的情况下私订终身时,她威胁要将女儿赶出家门。最终这两个孩子都缔结了稳定的婚姻。

帕斯顿家三代中唯一的女儿是伊丽莎白(1429—1488),但她并未因此受宠。父亲留给她200镑嫁妆,但条件是她的婚嫁须听从她母亲和其他遗嘱执行人的建议。而她一定是个性情顽强的女子,因为从十几岁起,她就开始不断拒绝母亲和兄弟为她物色的各类婚姻,包括19岁时被提议嫁给一个50岁的鳏夫,此人是福斯托夫的继子。两人年纪相差30岁,家人还认为是门好亲事,说明对有产阶级而言,婚姻首先不是件感情事，扩大资财才是正经。她于是29岁上才和罗伯特·波伊宁斯爵士（Sir Robert Poynings）——苏塞克斯郡一个地主的小儿子——结合，按当时的标准算是非常晚婚了，但这仍然可能不是为爱结合的婚姻。他们育有一子爱德华，后来成了亨利七世信任的大臣。此人任爱尔兰副总督时，以其命名的"波伊宁斯法"非常著名，因为这个法将爱尔兰置于了英国议会的统治之下。玫瑰战争期间，伊丽莎白的丈夫加入约克一方，于1461年战死。10年后，42岁的她再嫁给萨里郡一位名为乔治·布朗（George Browne）的地主，又育有两子。1483年，布朗与继子爱德华·波伊宁斯参与白金汉公爵亨利发起的叛乱，反对理查三世，事败布朗被砍头，伊丽莎白又一次成了寡妇。

四代儿媳玛杰里在英国历史上占有一席之地是因为她对一个词的使用。1477年，17岁的她写信给她的追求者四代小约翰表达爱意，这封信是现今已知英语中最早的"情人节"（Valentine）问候。14世纪晚期的英国，以罗马殉道者圣瓦伦丁命名的这个节日已经和情人联系起来了，乔叟知道这个日子，但英语中真正出现这个词却是在玛杰里的笔下。信中玛杰里称呼约翰为"我真正很爱的瓦伦丁"，说爱他"超过所有的世俗之事"。后世有评论者为其所迷，感叹其中流露出的"爱的力量"，但也有更精明的历史学家认为这背后包藏着更为复杂的动机与操作。因为玛杰里写此信不光为了浪漫，她最要紧的是想解决约翰和她父亲之间关于她的嫁妆的讨价还价的僵局，为此玛杰里邀请约翰情人节来家"把事定下来"。

1477年小约翰已经33岁了。两年后大哥突然去世，他会继承家族财富，但此时大哥健在，他还只是没有产业继承权的小儿子，最可靠的致富手段就是结门好亲事，这是英国实行长子继承制的必然结果，我们已经在无数文学作品中领略过了。约翰的这桩努力10年前就开始了，也至少失败了十次，如今10年过去，对他而言情况不容乐观，也可能正因如此他才把注意力转向了经济条件还算说得过去，但称不上豪富的玛杰里家。要搁过去，野心勃勃的帕斯顿家未必看得上这样的中等人家。

很明显，小约翰嫌未来的岳丈出手小气，而这位父亲又不愿多给，因为他还有别的女儿，未来都得办嫁妆。事情还在僵持。于是第一封热烈的情书发出几天后，玛杰里又写了一封相当实际的信，大胆指出"我父亲顶多只会出100镑和50马克（旧时欧洲用于金银的重量单位，1马克约等于8盎司，或半磅），这的确大大少于你的预期，但是如果你能对此满意，也能对我可怜的人满意，那么我将是这世上最幸福的女子"。在这看似自我贬抑的姿态背后，其实是精明的谈判手段：她在提醒约翰是她，而非嫁妆，才是这桩婚事里真正有价值之物。这委实是个成熟厉害的17岁。

表面上玛杰里告诉约翰信的内容要保密，但其实此事不可能保密。连她的信都很可能并非自己所写，而是文书代笔。甚至连写信的动机也不是她的，而是代表了她父亲的意志：很可能她父亲是想借她的语气和感情来软化约翰，说服他接受一笔不够理想的嫁妆。中上阶层的婚姻从来不是年轻人自己说了算的，全家都须参与谋划。好在事情谈成了，玛杰里和约翰当年结了婚。

不过他们之间应该还是有爱。1484年，玛杰里写信给在伦敦公干的约翰，管他叫"我的甜心"，告诉他如果想久居城市，不如接她同住，因为"我觉得我都有好久没有睡在你的臂弯里了"。此时已是他们结婚7年，生育过好几胎之后了。看来婚姻的每日琐碎并未消磨掉她对他的热情，或许这才是他们之间真正的浪漫？

帕斯顿通信1735年由某古董商从最后一代帕斯顿家族成员的遗嘱执行人那里购买而得，之后不断分散转卖，也不断付梓重出。后世女作家弗尼吉亚·伍尔夫在读到1904年新出的六卷本《帕斯顿信札》时，立刻说乔叟生前一定听过这种语言，说这是一种"实事求是，不含隐喻，适合叙述而非分析，既能表达宗教的虔诚又能言说粗俗的幽默"的语言，并因此明白了乔叟为何会写《坎特伯雷故事集》而非《李尔王》或《罗密欧与朱丽叶》。

到底帕斯顿家生活在一个怎样的世界里？伍尔夫如此想象："笼罩在一切之上的是一种不适和赤裸，是没洗濯干净的肢体陡然套上华丽的衣衫，是穿堂风吹得墙上的挂毯不停扑打，是卧室里带厕所，是风刮过毫无树篱和城镇遮挡的田野，是凯斯特城堡占地六英亩、用坚固的大石建造，是相貌平平的帕斯顿家人不知疲倦地积累资财，为诺福克踩出条条路来……"

三、捡化石者：玛丽·安宁（Mary Anning, 1799—1847）

玛丽·安宁是英国西南多塞特郡、英吉利海峡沿岸莱姆里吉斯地方的化石捡拾者、卖家、地质学家和古生物学家。她最杰出的成就是在世界上首次发现完整的鱼龙、蛇颈龙和翼龙化石，对粪化石（当时叫胃石）的发现起到了重要作用，还发现箭石（即乌贼化石）里有石化的墨囊，其功能犹如现在的头足类动物（如鱿鱼、章鱼、墨鱼）。这些发现改变了科学界对史前生命和地球历史的认识，对地质学成为一门独立学科起到了重要作用。

安宁是贫苦的木匠之女，她父母生育过十个孩子，却只活了她和她弟弟。她婴儿时曾遭雷击，怀抱她的那名妇女和周围站着的两名妇女都丧了命，她却奇迹般地活了下来，并一改之前的孱弱体质，从此强健起来。她好奇、聪颖、活泼的个性也被认为与此次雷击有关。

18世纪晚期，莱姆里吉斯成了中产和富人的旅游度假胜地。奥斯丁小说《劝说》中的情侣来此浪漫订终身，但对生长于斯的穷苦人，如安宁一家，这片海滩的意义却在于化石以及由此生发出的捡化石、卖化石的营生。这里又叫侏罗纪海岸，是英国最丰富的化石沉积地之一。两亿年前的侏罗纪，多塞特还在海面以下，海里多奇特动物，有像蜗牛一样卷曲的贝壳，有长臂膀的乌贼，有长脚能在海底爬行的动物，有游泳的鱼。这些动物的沉积物后来堆积在浅浅的海床上，而此地所谓"蓝色石灰岩"的悬崖区域其实是石灰岩和页岩的层叠分布，很多化石就藏在岩石中。找化石的最佳时节是冬月风雨后，因为风雨会造成岩体塌方，使新化石裸露出来。此时须赶紧挖掘捡拾，以防化石被冲入大海不见。这是极危险的工作。1810年安宁11岁时，她父亲就因坠崖身亡。她自己也几乎死于1833年的一次岩体塌方。那次她虽逃脱，日日伴她探险的狗却被坠石掩埋，死在了她面前。

1677年英国第一次发现恐龙化石，以为是巨人的骨头，也管它们叫龙牙。这些"龙"或"巨人"是被魔法变成了石头？还是死于圣经中的大洪水？无人能答。今天我们都知道地球有45亿年的历史，但在19世纪前，人们认为地球只有6000年的历史。直到19世纪20年代，科学界还认为新物种没有出现，老物种也没有灭绝，如有不同于此的证据，则会想法遮掩过去。因为如果承认物种灭绝，那将意味着上帝造物的不完美，而安宁所发现的化石的独特性给了这种说法以沉重打击。关于生物到底如何进化，她死后不久，达尔文做出了解释，这其中就有她的化石的功劳。

18世纪末19世纪初，收藏化石成为时尚和消遣，后来当人们逐渐明白化石对地质学和生物学的作用后，又变成了科学。安宁的父亲从小带孩子们在海滩上捡化石卖给游客，她家曾在海边摆摊，后来安宁还开了店，雇主来自英美和欧陆，颇有些贵族名流、自然史爱好者、收藏家和科学家。她最多的存货是无脊椎化石，如菊石（俗称蛇石）和箭石（俗称魔鬼手指），也有脊椎化石，这个字正确的英文是vertebrae，但当地人都读作 verteberries，好像是一种莓，有点可爱的感觉。这些化石售价便宜，只卖几先令。时人认为它们有药理或神秘用途。

安宁家是遭歧视的不信国教者，不得上大学，不得参军，也不得进入某些行当谋生。再加安宁是女子，因此受教育有限，只上过一点公理教会的主日学校，但她仍然学会了读、写、画，还自学了地质学和解剖学。她大量阅读并辛苦手抄科学文献，并亲自动手解剖现代动物，如鱼和乌贼，以便理解她所捡拾的化石。她也会发文质疑著名男科学家的论断。时人评价她说：这个年轻女子不简单，她的科学知识精湛，一捡到化石，立刻就知道这是什么。男科学家们也都承认关于化石，安宁所知远胜于任何一个英国人。

安宁在英美地质圈成了名，但是作为女人，她没有资格加入伦敦地质学会。她的科学贡献也不是总能得到认可，虽然她的发现启发了当时的科学家，他们利用她的成果著书立说，用自己的名字给物种命名。而她生前只有瑞士裔的美国自然学家路易·阿加西以她的名字命名了两种鱼类化石。她还一生中几次面临经济危机。有一年她什么化石也没找到，全家穷得几乎要卖家具。安宁最终死于乳腺癌。

2010年，英国皇家学会为庆祝成立350周年，选出了十名对科学发展最具影响的英国女性，安宁荣居其中。其他九位也不妨胪列如下，其中三位就出现在本书中，她们是：卡罗琳·赫谢尔（Caroline Herschel，1750—1848），天文学家，帮助建设了反射式望远镜，发现了8颗彗星，14个星云。玛丽·萨默维尔（Mary Somerville，1780—1872），物理学家。伊丽莎白·加雷特·安德森（Elizabeth Garrett Anderson，1836—1917），英国第一位女医生，女市长，也是积极为女性争取选举权的政治活动家。赫莎·艾尔顿（Hertha Ayrton，1854—1923），物理学家，电机工程师。凯瑟琳·朗斯代尔（Kathleen Lonsdale，1903—1971），晶体学家，致力于有机分子和无机分子的研究。埃尔西·维多尔森（Elsie Widdowson，1908—2000），食品和营养学家。多萝西·霍奇金（Dorothy Hodgkin，1910—1994），化学家，因发现盘尼西林和维生素B_{12}的结构获得1964年的诺贝尔奖。罗莎琳德·富兰克林（Rosalind Franklin，1920—1958），英年早逝的生物物理学家，对于理解DNA的结构做出过重要贡献，但成就直至20世纪90年代才获认可。安·麦克拉伦（Anne McLaren，1927—2007），遗传学家，试管婴儿研究的先驱，直接造就了1978年世界上首例试管婴儿的诞生。

四、摄影家：朱莉亚·卡梅伦

朱莉亚·玛格丽特·卡梅伦（Julia Margaret Cameron，1815-1879），出生于印度的加尔各答，有法国、印度和爱尔兰血统。她父亲是英国东印度公司的官员，母亲是法国贵族后裔。卡梅伦本姓派托，是著名的派托七姐妹之一，派托姐妹以美貌、聪慧和魅力著称，虽然卡梅伦是不美的那一个。当时的英国驻印总督曾把人类分为"男人、女人和派托家的人"三种。

依照当时的习惯，殖民地出生的白人后裔会被送回欧洲受教，因此大多数时候卡梅伦都随外祖母在巴黎和凡尔赛优游度日，直至18岁返回印度。1838年卡梅伦结婚，丈夫年长她20岁，是个法学家。他们夫妇有五个孩子，还养大了亲戚的五个孩子，并收养了一名乞讨的女孩。1848年丈夫退休，全家返回伦敦居住。卡梅伦的一个妹妹萨拉·普林塞普当时租住在肯星顿的小荷兰屋，每周日下午举办沙龙，是维多利亚画家、作家、艺评家、科学家以及政治家（如格拉斯东）最心仪的所在，热爱群居和交友的卡梅伦因此结识了很多社会名流。

1860年，卡梅伦访问居住在英吉利海峡中怀特岛上淡水湾的桂冠诗人丁尼生，被岛上的风光吸引，也迁移至此，并为家宅起名迪姆博拉村舍，迪姆博拉本是她家在锡兰的咖啡种植园（后为茶园）的名字，村舍的装饰风格是拉斐尔前派，加威廉·莫里斯的工艺美术运动，再加印度。此屋现已成为摄影博物馆，永久展出卡梅伦的作品。1875年卡梅伦夫妇定居锡兰。她丈夫深爱此处风光，多年来在此大片买地，差不多算是当地最大的种植园主。前往锡兰时，卡梅伦随身带着两副棺材，因为此时她已60岁，丈夫也已80岁，明显他们是想要埋骨于此了，后来也的确如此。她的临终场景在她的孙辈弗吉尼亚·伍尔夫的笔下简直就是一场魔幻现实主义的表演：鸟儿从热带开着的门里飞进来，窗外的夜空闪烁着明亮的星光，卡梅伦死了，唇上吐露的最后一个字是"美"。

之所以如此执着于美，是因为卡梅伦是个摄影家，"希望捕捉所有来到我面前的美"。48岁时，女儿给了她一个照相机当礼物，她于是开始学习摄影，并且进步神速，两年后即开影展。她虽然生活在维多利亚的全盛时期，却丝毫不传统，或者说维多利亚时代本就是一个既因循传统又勇于创新的时代。卡梅伦敢于对摄影材质进行实验，不仅没有被19世纪摄影术的物理和化学局限束缚，反而对其妙加利用，形成了鲜明的个人风格。在艺术管理方面，她办展览，搞销售，精明地记录作品，懂得如何提升自己的艺术水平和知名度。因此她虽然只干了11年摄影，却留下了1200张优秀作品。

她把天文学家约翰·赫谢尔爵士看成第一个老师，因为赫谢尔也是摄影术的发明者之一，是第一个使用"摄影"一词的人。这个词来源于希腊语，意思是"写光"。当时正是"湿片时代"，拍摄时要把刚刚涂布好的玻璃感光版用胶棉保持湿度，否则干了感光版会作废，而且曝光需要四分钟。卡梅伦的摄影以软焦或曰柔光著称,即故意不对准焦距,并在黑色的背景上用日光或月光,围绕人脸进行精心剪裁,造成一种模糊效果。当时的摄影圈对卡梅伦颇多讥笑。一方面因为她是女性,始终觉得她业余。另一方面鄙视她技艺邋遢,本领粗糙,让她学好基本功再来,但她不在乎。她说当我发现没对准焦距的效果很美时,我就干脆停在此处,不再对焦了。可见艺术有时来自意外和错误。

卡梅伦的作品都是人像,几无风景,这点与其他帝国摄影师不同。后者走遍印度和锡兰,寻找如画的异域,反而她生活其间,却对此无动于衷。因为她觉得美在于人,尤其在于人脸。她说:"如果我们能捕捉住它伟大的真相,用心将其记住,那么人脸的历史将会是我们永不厌倦的一本书。"她的人像基本分为两类,一类是名人近照,一类是历史人物扮演。

关于第一类,她的镜头真实记录了一系列显赫的维多利亚人:博物学家达尔文,哲学家卡莱尔,作家特洛普,诗人丁尼生、布朗宁和亨利·泰勒,天文学家赫谢尔,画家米莱、沃茨、伯恩－琼斯、罗塞蒂,女演员艾伦·泰瑞。他们中很多人都有画像,但卡梅伦的照片却似乎更能捕捉其精髓。例如达尔文的侧面像效果惊人:额头巨大,如悬崖般高高耸起,眼窝深陷,看不见眼睛,但知道眼睛在兀自发光,须发皆白,犹如先知。没有一张达尔文的画像有这样的效果,表达了这样的真实。何况有些人是借了她的镜头才保存下来了影像,因此她的照片越发珍贵。"当这些人坐在我的镜头面前时,我整个的灵魂都想倾尽全力为其服务,我要忠实记录下他们内在的伟大以及外在的五官。这样的拍照几乎成了祈祷的化身。"卡梅伦如此说道。

第二类历史人物扮演如今虽已过时，当时却很风靡，卡梅伦本人也为之无比自豪。当时的风尚，贵族喜欢穿戴起来扮成奥斯曼帝国的皇帝或吉普赛人。于是卡梅伦的家人、亲戚、朋友、仆人都为其充当模特，扮演《圣经》、莎士比亚、弥尔顿、亚瑟王传奇中的人物。女仆会装成圣母、圣艾格尼丝、女诗人萨福，丁尼生会扮演中世纪的行吟诗人，小孩会扮演天使，肩上背着沉重的天鹅翅膀，怀特岛的游客也会被拉来充当亚瑟王传奇中的兰斯洛、桂妮薇、杰伦特或伊妮德。卡梅伦的这些摄影有意模仿油画，有提香、乔托、凡艾克和雷诺阿的素质，虽然不被摄影圈接受，却深得拉斐尔前派画家的认可。对还不能判断摄影是艺术还是科学的维多利亚时代，卡梅伦说："我的梦想就是要使摄影高贵，为其争得高级艺术的品格和用途。"

今天，哪怕许其严肃、真诚和艺术，这些作品中的大多数也都被认为做作幼稚，但其中某些照片却有异常摩登之感，丝毫不似来自19世纪。例如一个意大利男子被卡梅伦拍照后命名为"伊阿古"，这是莎士比亚悲剧《奥赛罗》中构陷奥赛罗和黛丝德蒙娜的恶人的名字。只看造型，这个梳背头、长发齐肩、低垂双眼、微微有点胡楂的人脸特写像极了刚从普拉达的时装秀场上走下来的现代男模。

卡梅伦的镜头之所以有种神秘的活力，部分是因为她坚信照相机是个活人，而她自己只是其幸运的助手。她自言："从一开始，我就用一种温柔的热情对待我的镜头。于我，她已经变成了一个有生之物，有声音，有记忆，有茁壮的创造力。"工作时的卡梅伦"穿黑衣，上面染了摄影的化学药水，闻起来也一股药水味。她胖胖的脸上表情急切，声音沙哑，还有点严厉，但从某个方面说也很吸引人，甚至魅力十足"。

她的风格正是今天很多摄影家向往的风格：实在结合抽象，真实变为奇特。比起卡梅伦当日，今天的摄影术已经不知进步了多少，但是像 Instagram 和 Hipstamatic 这样的应用居然会故意把缺陷（例如镜头光晕和饱和色）引入本来完美无缺的数码技术。这种朦胧效果可以说是 21 世纪的技术对卡梅伦 19 世纪的审美的肯定，但同时也在根本上背离了卡梅伦的理想。因为卡梅伦的艺术表达源于其技术的整体性，她几乎什么都不过滤，而 Instagram 却几乎过滤掉了所有，而且是为所有人过滤掉了所有。

作家弗吉尼亚·伍尔夫是卡梅伦的孙辈，她美丽的母亲朱莉亚·杰克逊是卡梅伦的外甥女，也是姨妈某些最好作品的拍摄对象。伍尔夫心目中的姨姥姥"充满能量、闯劲和不屈不挠的才华"。在没接触摄影前，卡梅伦也曾写诗作文。伍尔夫说她活力充沛，但风格可怕，因此不难理解为什么亨利·泰勒爵士会满怀恐惧期待读她的小说。伍尔夫甚至写了一个嬉闹的喜剧，名叫《淡水》，给她的布鲁姆斯伯里朋友圈演，其中就有丁尼生为卡梅伦充当模特拍照的场景。伍尔夫当然承认姨姥姥是艺术先驱，但也微讽地说，姨姥姥未免太崇拜美人和天才了。她这样写道："炎热的夏天里，火车站的半路上，她穿着流动的红丝绒长袍，和朋友们边走边搅拌着一杯茶。为了表现他们，她什么古怪都敢尝试。为了能和他们多待几分钟，她什么牺牲都愿付出。她爱起人来简直狂热……"

五、侦探小说家：阿加莎·克里斯蒂

哪个英国作家最畅销？是简·奥斯丁还是夏洛蒂·勃朗特？都不是，是写侦探小说的阿加莎·克里斯蒂。哪本英国小说读者最多？是《傲慢与偏见》还是《简爱》？也都不是，是阿加莎的的《无人生还》。

英国人真爱看侦探小说！英国小说里的女侦探也真多，有犯罪学家、赏金猎人、法医、警探、律师、心理学家、心理医生、私人侦探、修女、记者。既有专业侦探，也有业余侦探，甚至还有历史人物，通常是女作家，如简·奥斯丁、夏洛蒂·勃朗特、阿芙拉·本、写《蝴蝶梦》的达夫妮·杜穆里埃、写《为女权辩护》的玛丽·沃斯通克拉夫特。这其中有我喜欢的一个：阿加莎·克里斯蒂笔下的老处女简·马普尔小姐。

阿加莎·克里斯蒂（Agatha Christie，1890—1976），英国侦探小说家，著有66本侦探小说，14部短篇小说集，是吉尼斯纪录认为有史以来世界最畅销的小说家。其小说销量达20亿册，一半是英语，一半是翻译，仅次于莎士比亚和圣经。她是世界上作品被翻译最多的作家，总共被译成了103种语言。《无人生还》（*And Then There Were None, 1939*）被认为是她最畅销的小说，也是世界最畅销的悬疑小说，迄今卖了1亿册。舞台剧《捕鼠器》（*The Mousetrap*）1952年首演，迄今已经演了27000场，还在长演不衰。克里斯蒂创造的著名侦探有两个，一个是比利时男侦探波洛，一个是英国老小姐马普尔。

克里斯蒂出生富家，童年幸福，从小身边围绕着很多能干独立的女性，为她后来创造马小姐提供了基础。她自幼爱看侦探小说，是维多利亚作家柯林斯《白衣女人》和《月亮宝石》以及柯南道尔的"粉丝"。"一战"期间她获得药剂师助理的资格，"二战"期间又在伦敦大学学院医院的药剂部门工作，对毒药有深入了解，因此有《灰马酒店》(*The Pale Horse*，1961)中用铊下毒的关键情节。

她的第一任丈夫给了她"克里斯蒂"的姓氏。此人"一战"时加入空军，官至上校，二人育有一女。克里斯蒂以后再婚，并无所出，终生只有这一女，此女日后成了她庞大遗产的继承人和守护者。此次婚姻期间，曾发生一件怪事，至今无解。即她丈夫有外遇，提出要与克里斯蒂离婚，造成她神秘失踪11天，引起媒体的广泛关注和警察的大范围搜索。最后人们在一间水疗旅馆找到了克里斯蒂，但她为何在此，她自言不知。诸多阐释中，一说巨大刺激后，她的失忆症发作；一说她想自杀，并构陷其夫；一说她躲起来只是为了羞辱丈夫，不想事情升级到了她未曾预料的程度。终于，二人1928年离婚，但她保留了用克里斯蒂的名字发表作品的权利。

1930年克里斯蒂再婚，丈夫是小她13岁的考古学家，专研东方考古，尤其是美索不达米亚文明。他们婚姻幸福，她经常自费陪丈夫考古挖掘，也出钱赞助丈夫的工作，并亲自参与其中，做类似清理象牙、修补陶器、为展品贴标签、现场拍照、写挖掘日志、冲洗相片等工作。她本就游历广泛，去过英帝国所辖的南非、澳大利亚、新西兰和夏威夷，如今更常去东方，如埃及、耶路撒冷、伊拉克、叙利亚。她尤其钟爱叙利亚，在《来告诉我你如何生活》(*Come, Tell*

Me How You Live，1946，一译《情牵叙利亚》）一书中，她记载了在叙期间的逸闻趣事、奇人怪谭和可爱风景。很多考古经历和旅行经历都被她用到了小说里，最著名的当属《尼罗河上的惨案》（Death on the Nile, 1937）和《东方快车谋杀案》（Murder on the Oriental Express, 1934）。

克里斯蒂最常用的小说手法是谋杀发生了，嫌疑人众多，全部各怀机密，最后，侦探会把所有嫌疑人召集到一个房间，当面解释破案思路，指出凶手是谁，而这通常是那个最令人意想不到的人。有时凶手是小孩、警察、故事的叙述者、已经去世的人，有时没有凶手（如《无人生还》），有时每个人都是凶手（如《东方快车谋杀案》）。套路既如此，聪明的读者只需指出那个最不可能之人就找到凶手了。有个说法是，克里斯蒂会写到最后一章才决定谁是最不可能的嫌疑犯，然后回过头来，做必要修改，"陷害"这个人。

虽然是类型小说，但克里斯蒂的作品能给人回味，原因之一在于她对经典文学的援引利用。她的小说题目常来自《圣经》、莎士比亚剧作和文人作品，读者如果懂得，马上就能猜知其意。如《阳光下的罪恶》（Evil Under the Sun，1941）来自《圣经·旧约·传道书》（5：13）："我见日光之下，有一宗大祸患，就是财主积存赀财，反害自己。"《灰马》来自《新约·圣约翰启示录》（6：8）："我就观看，见有一匹灰色马；骑在马上的，名字叫作死……"再如《丝柏的哀歌》（Sad Cypress，1940）来自莎士比亚《第十二夜》中的一首歌："来吧，来吧，死神／把我埋葬在悲哀的柏树下。"《玫瑰与紫杉》（The Rose and the Yew Tree，1948）来自艾略特的诗《四个四重奏》中的《小吉丁》："玫瑰的时刻与紫杉的时刻／持续一样长。"

说起克里斯蒂笔下最受欢迎的侦探，波洛是破案最多的。自1920年首次露面，他共出现在33本小说和54篇短篇小说里。马普尔小姐则从1927年问世，共出现在12本小说和20个短篇里。不过克里斯蒂越来越烦波洛，就像柯南道尔后来很烦福尔摩斯一样。她在日记里说波洛"不可忍受"，是个"自我中心的怪物"。但是柯南道尔杀死了福尔摩斯，克里斯蒂却留下了波洛，因为公众喜欢波洛，而克里斯蒂把自己看成是个娱乐大众的作家。

在最后一本波洛小说《幕后凶手》（*Curtain*，1975）发表后，《纽约时报》以头版刊登了给波洛的讣告，这是迄今为止《纽约时报》唯一一次为小说人物撰写讣告。不过波洛的故事还在续写。2013年，英国作家苏菲·汉娜发表了新的波洛故事《首字母谋杀》，得到了克里斯蒂家族的全力支持，2016年汉娜又发表了《合上的棺材》。

相比对波洛的反感，克里斯蒂喜欢马普尔小姐。她从未把他俩写到一起，因为她觉得波洛是个"完全的自我中心者，不会愿意一个老小姐教他如何破案，或给他提建议。波洛是个职业侦探，他在马普尔小姐的世界里是不会觉得自在的"。马普尔小姐的原型是克里斯蒂的姨姥姥，也是她的继祖母（也就是说她的姥姥和后奶奶是亲姐俩儿），以及姨姥姥身边那群闺密。马普尔和她姨姥姥有个共同点，就是"对所有的人和事都不盼着好，可是事实经常以令人害怕的精确证明她们是对的"。马普尔起初是个喜欢幸灾乐祸说人八卦的老女人，人不大好，不过在后期作品里，她开始变得善良起来。在BBC近年的电视剧改编里，她尤其变成了个聪明机灵的好老太太。她不工作,但有收入;不是贵族,也不是乡绅,但有教养,是个"淑女",因此可以看成是英国侦探小说中常见的那类"绅士侦探"的反面。她所受的教育深刻全面,懂艺术,懂尸检,懂解剖。再加上敏于观察,心思细腻,因此常能在三言两语间,甚或八卦闲聊间看出蹊跷端倪,从而轻松破解苏格兰场的男警察们破不了的奇案谜案。

我之所以爱这个小老太太,是因为英国从精英文化到人众文化,都有无数这种自尊自在,毫不自怨自怜,安然度日的中老年女性。1846年的夏洛蒂·勃朗特"对未婚女子和永不结婚的女子的命运思考得很多",她认定:一个没有父兄扶持的未婚女子,能安安静静、坚韧不拔、自食其力地度过一生,到了45岁或更高的年龄,还能保持着清楚的头脑、愉快的性情、坚强的性格,能享受简单的乐趣,能经受必不可免的痛苦,能同情别人的疾苦,并在力所能及的范围内济贫助人——"这样一个未婚女子,世上没有比她更值得尊敬的人了"(杨静远译《夏洛蒂·勃朗特书信》)。再借用另一个英国女侦探小说家及诗人、古典学者和文学评论家多萝西·塞耶斯(Dorothy L. Sayers,1893—1957)的话说:"时间和磨难会驯服一个自在的青年女子,但一个自在的老年妇女是任何人间力量都无法控制的。"

译者随笔二 女亦英雄

周　颖

现代著名作家弗吉尼亚·伍尔夫曾经说："英国的历史是男性家系的历史，而不是女性的。对于父辈，我们多少总了解一些情况，知道他们的卓越之处。他们或是步兵或是海军，或许出任公职或是制定法律，但是关于我们的母亲、祖母和曾祖母们，有什么流传下来了呢？只有传说。某一位很美，某一位长着红头发，某一位曾被皇后亲吻过，除了她们的名字，她们结婚的日子和所生子女的数目，我们对她们一无所知。"这本书的作者珍妮·默里所做的一切，就是要改变这个"男性家系的历史"。她以独到的眼光，以飞扬的激情，以耐心、细致、孜孜不倦的挖掘，让沉积于历史暗河中的女性经验渐渐浮出水面。当我们读到这一篇篇故事，我相信我们会同默里一道坚信，历史由男女共同创造。

发明自我

"没有榜样可模仿，没有道合者可认同，于是她不得不在'发明'的字面意义上发明出自我"，默里援引的传记作者玛格丽特·沃特斯形容玛丽·沃斯通克拉夫特的这句话，我认为也可以描述书中所有女性。发明的字面义是首创，是革新，是从无到有。这些女子统统要突破被社会和传统规定、限制、指派的一成不变的女性角色，凭借不懈的努力活跃思想、开拓心智，最终寻求到——更准确地说创造出——真实、理想、自由、多姿多彩的自我。

凭借什么方式发明自我？最有效的方式是教育，更准确地说，是自我教育，因为女性仅仅在一百多年前才获得与男性平等的教育权。事实上，女子在政治和法律上被界定为"人"，也不到一百年的历史，默里告诉读者："直到1929年，加拿大五名女性向伦敦枢密院提出人案，才促使枢密院同意女性在法律中被界定为人。"所以我们看到，玛丽·沃斯通克拉夫特只受过区区几年的正规教育，学会读书写字后，她所有的知识，"全凭自学习得"；另一个玛丽（玛丽·萨默维尔）亦天资聪慧，却因妹妹早亡，父母"认定其早逝同过多的智力活动相关"，被双亲下了禁学令，于是她所有学习只能"转入地下，悄悄地进行"；甚至到1874年，还有人撰文反对女性接受教育，宣称教育"会引起她们的过度劳累，导致生育能力的下降，有时还会引起'神经甚至精神的紊乱'"，言之凿凿，振振有词。

贵族女性的情形要好一些，有相对良好的教育条件，却也无法同她们的兄弟相提并论。一个明显的区分男女智力的分界线，就是含纳希腊文和拉丁文在内的古典文化教育。玛丽·沃特利·蒙塔古夫人（Lady Mary Wortley Montagu）是18世纪最有文学才华的女子之一，她想学习拉丁文，却也只能偷偷进行。让我们想象一下这帧画面：少女玛丽在父亲的书斋里全神贯注地读书——其实不大可能全神贯注，她总得分点心去留意书房的那张门，时不时抬头看一眼，因为不知道哪位家人会突然闯进来，或者负责清扫的仆人推门进来，总之，一有风吹草动，她就得停下来，要么顺手从书架上抄起一册书，盖在她正在阅读的拉丁文上，要么合上书本，以最快的速度把它插回书架，然后装作若无其事的模样，在书房踱步。当时家人都以为她在读传奇小说哩。"这世间没有哪种人比有学问的女人更受鄙视，更容易遭到众人的嘲讽"，她后来在书简里愤愤抱怨道。

当然，蒙塔古夫人没有被这类浅俗之见缚住手脚。她不但成为举国闻名的博学之士，还同其他博学的女人交朋友。她写诗，写散文，尤以写信见长，洋洋洒洒、长篇大段地写，把所见所闻所想一股脑儿写进去。其中，她陪伴丈夫就任土耳其大使期间写成的书简，已经成为英国文学经典名篇。1753年，她致信女儿，交流怎样教育外孙女。她说，希望外孙女能爱上读书，这样的爱好不但会让她感到满足，还会令她幸福，因为"没有哪种娱乐比读书更便宜，也没有哪种快乐比读书更持久"。她还说，女孩读书有天然的便利，假如男孩把时间耗在这上面，就会被认为不务正业，虚度光阴，会招来冷眼、责骂，女孩就不同，反正她没办法在哪个行当上一步步攀升，她的时间自然也就没那么宝贵，少了外在的压力和干涉，爱读什么就去读好啦。显然，她希望外孙女与书为友，也希望女儿在教育外孙女的时候，不要受性别标准的影响，给她更多阅读的自由。

阅读得偷偷进行，写作更加如此。奥斯丁的家人虽说都是小说迷，且并不为此感到难为情，但她在提笔创作的时候，也要时刻提防来访的客人。寓居乔顿期间，那张咯吱咯吱作响的门给了她很好的掩护。而范妮·伯尼创作《伊夫琳娜》，对于家人都是一个秘密，所以誊抄的时候遇到相当大的麻烦："白天我只能逮住空子抄一点，因此晚上的大部分时间我不得不熬夜干活。"熬完夜还不能睡懒觉，照样得早早起床，整个上午既不能读，也不能写，必须先当好乖乖女，把针线活一丝不苟地完成，待到下午才能伺机读书写字，熬到深夜方能誊抄小说，还得小心遮掩，不然难逃继母的指责。

默里刻画范妮·伯尼，借重了传主本人的文字，这实在是非常聪明的一招，正像盖斯凯尔夫人写夏洛蒂·勃朗特的传记长篇援引夏洛蒂的书信一样。范妮不光小说写得精彩，她的书信和日记也常有精彩的瞬间与生动的场面。我们看她对大文豪约翰逊的描写："仆人通报约翰逊博士驾到。他长得实在是丑：高大壮硕，腰却弯得厉害，几乎弯成了两截；他的嘴巴动个不停，仿佛在咀嚼什么；他用一套古怪的方法捻弄他的手指，扭动他的双手。他的身体来回摆动，像个跷跷板似的。他的双脚没有一刻安静。总之，全身上下就没个消停的时候。他的穿着——考虑到是那样一个场合，还有受邀赴宴，他已经穿上了他认为最体面的衣服——同他本人一样与众不同：一顶大的假发，黄褐色大衣，金纽扣，衬衫没有折痕，黑色精纺毛线袜……他近视得厉害，若不是史雷尔夫人向他伸出手来，他甚至连她也认不出来。"这样的文字是不是很有趣？是不是丰富了我们心目中约翰逊博士的形象？少女期的范妮害羞寡言，写起日记来却滔滔不绝，笔墨纵横，直抒胸臆，无所顾忌。她后来的经历相当丰富，当过夏洛特王后的御前女官，见过拿破仑那张苍白的脸，据说还同路易十八讲过话哩。这等经历拿出来，本来就有足够的吸引力，再经她那生花妙笔一描摹，自然就有不可磨灭的文学价值。而默里挑选的一段，涉及范妮与病魔抗争的私密体验，可谓前无古人后无来者，读来尤其令人心惊悲魄、神魂震动。

重视教育与自我教育，是书中女性的共通点，连女王也不例外。"这张脸，我承认，或许羞于露面，但含藏于这副头脑的思想，我绝不羞于展现。"伊丽莎白一世给兄弟爱德华写这封信的时候，只有 16 岁。她十分清楚教育和智慧的价值，而且毫不掩饰自己的骄傲。她在泰晤士河北岸蒂尔博里港的战前演讲，鼓舞人心、激发斗志，不仅在战争史上非常有名，在演讲史上也非常有名，与丘吉尔在"二战"英国存亡关键时刻鼓舞国民斗志的演讲堪可一比。尤其是她作为一名女性，保持温婉优雅的同时，还语调铿锵，意志坚决，表述有力。她用了很讲究的修辞——大量的排比和短句——将自己要与大家"同生死、共患难"的决心清楚地传达给士兵。

伊丽莎白当然算不得英国历史上第一位女王，仅在都铎一朝，她之前就有简·格雷和玛丽一世。简·格雷是亨利八世妹妹的外孙女，以聪慧好学著称，却不幸有个野心勃勃的舅舅。此人使尽各种手段，说服爱德华六世临终前将简指定为继承人，结果使简在位仅九天就遭废黜，半年后被处死，白白做了宫廷斗争的牺牲品。伊丽莎白的异母姊玛丽上位时人气极旺，堪以"众望所归"形容。然而，迅速聚拢的人气来得快，去得更快，玛丽即位后一心要复辟罗马天主教，将已经确立新教为国教的英国拖入残酷、恐怖、不得人心的宗教纷争,还下令烧死300名新教徒,落下"血腥玛丽"的恶名。Bloody Mary在英文里甚至与女巫同义。所以,英格兰形成统一的国家之后,把女王当得有声有色的,伊丽莎白确实是第一人,甚至说她是无双的英国君王,也不算夸张。

伊丽莎白取得如此成就,当然要归功于她的天资与教育。有一位女性在伊丽莎白的成长中发挥过重大影响,此人并非其生母安,却是亨利八世的另一位妻子凯瑟琳·帕尔。帕尔嫁给亨利八世是迫于君命,没有选择。当时她正在热恋中,爱上了国王死去的第三任王后简·西摩的兄弟托马斯·西摩,虽然西摩后来一心想往上爬,不择手段,以致陪了性命,还落得身后骂名,但在这会儿还没有暴露野心家的面目。亨利向帕尔求婚的时候,已经年迈体衰,性格暴躁多疑,废黜了两任王后,还将另两位冷酷无情地送上了断头台。已有心上人的帕尔在矛盾与纠结中勇敢地接受了国王的求婚,成为亨利八世的最后一任王后。身为继母的她像母亲那样对待亨利的三个孩子,努力缓和他与两个女儿的关系,劝说他将玛丽与伊丽莎白重新纳入王位继承人名单,还与时为威尔士王子后来成为国王的爱德华建立了良好关系。

英国君王中,亨利的情感生活一直是热点话题,不断被写成历史小说,拍成影视剧。这也不奇怪,跌宕起伏的情感纠结本身就很戏剧化,历来属于讲故事的好素材,况且国王的情感生活不单单聚焦于情感,还牵涉到英国的外交政策、宗教改革、宫廷内讧等诸多复杂多变的社会因素。亨利六任王后中,只有帕尔与第一位王后阿拉贡的凯瑟琳堪负国母重任。帕尔对英国历史的贡献有两点尤为瞩目:第一,她重视文化和教育,善于独立思考,敢于形成和表达自己的观点,是英国第一位以自己名义出书的女性。1545年，她出版《罪人的诉苦》(Lamentation of a Sinner)，用的不是古英语，而是莎士比亚式的较为现代的英语，对英语、英国文化以及英国女性的历史均贡献了她的智慧。第二，对伊丽莎白的影响。帕尔延请著名的人文主义学者到自己家里，给伊丽莎白和爱德华当家庭教师。1544年亨利亲征法国，帕尔以摄政身份代理国政。伊丽莎白在继母身旁，目睹王后处理战时供给、管理财政、召集大臣会议、签署皇家公告，举重若轻，处置得当，表现出非凡的管理才能。这于11岁的小伊丽莎白而言，无疑是极好的学习机会，一般认为帕尔作为摄政的行为、威严、人格魅力及宗教信仰在继女伊丽莎白身上打上了深深的烙印。

职场的先行者

这本书的女性，有许多是一个行业或职业的开创者：第一个女职业作家、女天文学家、女数学家、女医生、女市长、女议员，英国小说之母，计算机科学之母……作为先行者，她们好奇、坚忍、无畏，敢于穿越没有地图也没有航标的领域，堪称勇气可嘉。默里写她们满怀勇气的同时，也写出了她们因天性或因性别不平等而呈现的害羞、谦卑和不自信，这种倾向在20世纪之前尤其明显。一方面，她们坚定、执着、努力追求理想，另一方面，她们也困惑、犹疑、估量不准自己的位置。当范妮·伯尼与画家乔舒亚·雷诺兹、帕默斯顿勋爵同坐一张餐桌，听他们谈起很可能暴露她作者身份的一首诗，她"怕得要命，浑身直哆嗦"，感到"无比的心烦意乱"；卡罗琳·赫谢尔，这位著名的女天文学家，

"极娇小、极温柔、极谦虚、极朴实",几乎没有朋友,也不与外人交往;玛丽·萨默维尔被媒体誉为19世纪享誉欧洲的顶级科学家,她撰写的《论物质科学的关联》在当时引起的巨大反响堪比今天霍金的《时间简史》,然而亨利·布鲁厄姆请她出山,翻译法国数学家拉普拉斯的天文学巨著《天体力学》,她的第一反应是对方过高估计了她,"对我的学问一定怀有误解"。

当然,她们当中也不乏自信张扬的人物,比如阿芙拉·贝恩。贝恩是17世纪末的奇女子,诗歌戏剧小说无所不能,还是英国文学史上第一位职业女作家。在她之前,也有喜欢舞文弄墨的女性,但她们要么是出身贵族,比如满脑子幻想、爱和自己辩论、沉迷于涂鸦的纽卡赛尔公爵夫人,要么是怀抱自娱自乐的目的,比如才德兼备、能诗能画、被德莱顿写入颂诗却不幸早死于天花的安·吉利格鲁(Anne Killigrew)。贝恩不同,她是被债务逼入监牢,不写作就没有活路的中产阶级女性。成为职业人,在贝恩所处的17世纪,不是什么光彩的事情。job一词有通过腐败途径或不光彩行为而授予职务的意味。在18世纪塞缪尔·约翰逊编纂的词典里,这个词意指"琐屑、无足轻重的工作",或者指"低级、卑微、赢利、商业事务"。今天意指职业的另一个词,"profession",在当时也有特定的意涵:最初它为进入神职体系的誓言,于是有"宣言、承诺、表白"之意;后来才指受过专门训练因而适合或胜任的职业,尤指神职、律师、医生这三种通过人文教育——即绅士而非商人或手工艺人接受的教育——方能进入的职业。根据罗宾·拉科夫(Robin Lakoff)的《语言和女性地位》(*Language and*

Woman's Place），这个词直到今天还有性别的区分。He's a professional 和 She's a professional，意思大不一样：前者指他是一个医生、律师或者其他行业的从业人员；后者含义暧昧，暗指"她是一个妓女"。所以，贝恩以写作为业，既需要才气，也需要勇气。从今天的眼光来看，其作品并非没有缺憾，然而重要的是，她卖文谋生，为那些稍通文墨又缺钱花的妇女开了先河，带动了一批女性投身于写作。正是在为女性开创新道路的意义上，维塔·萨克维尔－韦斯特盛赞贝恩，说她"在女人所能获得成就上的典范作用，比她作为文人更重要。"

贝恩的创作集中在 17 世纪八九十年代，包括 15 部喜剧、12 卷小说和大量诗歌。默里甚至说贝恩的戏剧有 19 部之多，倒也不奇怪。2017 年 7 月《泰晤士报文学增刊》刊载一篇文章，说波士顿公共图书馆近年上传至网络的珍贵资料中，有一出匿名喜剧，从措辞、文风与故事套路来看，极有可能为贝恩所作。总之，她是一位相当高产的作家，戏剧语言活泼，充满讽刺，汇集了——借用伍尔夫对贝恩的评价——"平民身上的所有优点：幽默风趣、鲜活有力、胆气十足。"她写于 1688 年的小说《奥鲁诺克》被公认为第一部反奴隶制的小说，已经纳入 18 世纪英国文学的经典。

女性拿起笔意味着独立思考的开始，意味着自由之幕将徐徐启开。伍尔夫说，假如她重写历史，一定会对这个事件大书特书，因为它的重要性超过十字军东征或玫瑰战争。写作成本低廉，只要一支笔，一打纸，就可以开始。"家庭生活的平静不会被一支钢笔的沙沙声打破。"伍尔夫在演讲里对女性听众如是说。她还说，廉价的纸张也是女人在写作方面的成功先于其他职业的原因。

随着西方社会进入现代,工作或职业变得意义重大。查尔斯·泰勒在《自我的根源》中将这个变化同个人主义文化的兴起相关联,他认为正是个人主义文化的三个特征——珍视独立自主,重视自我探索尤其是情感方面的自我探索,强调幸福生活包括个人对义务的承担——赋予了生产性活动与家庭以特别的意义。工业革命拓宽了职业渠道,职业人的出现,是现代社会一个相当重要的变化。如果说"profession"在约瑟夫·艾迪生(1672—1719)时代尚专指在神学、法学和医学领域谋职,那么自18世纪下叶以降,这个词的外延发生了极大的扩充,逐渐涵盖老师、店主、商人、工厂主、药剂师、公务员、工程师、外科医生、银行职员、大学教授等各门行业。

然而,变化依然存在性别区分,至少在赋予生产性活动和职业以意义的时候,存在明显的男女有别。伊莱恩·肖尔瓦特在《她们自己的文学》中指出,工作的福音在19世纪英国仅仅是男性的福音,既可满足个人兴趣,又符合公共利益,做到追求理想的同时,不负社会之期望。对于女子呢,工作仅仅意味着为他人付出劳作,而且是得不到报偿的劳作,自我发展意义上的工作被认为与"理想女性内含的品质——服从他人、约束自我等——发生直接的冲突"。男子的存在是自为的存在,要让自己的才能得到充分发展,这既是他的权利也是他的义务。至于女子,社会提倡她始终为他者而存在,服务于家人、无私奉献、完全忘我。"男主外、女主内""家庭天使"这样的观念在维多利亚时期得到进一步强化。

正是在这样一种社会语境下，这时期有见识的女性纷纷表达了她们的不满。伊丽莎白·巴雷特·勃朗宁写下长诗《奥萝拉·李》，探讨女性困境和从困境突围的可能。奥萝拉对追求者罗姆尼说："我也有我的天职——我有 / 上天赋予我的工作要做。"在另一处，她宣称："艺术家的本分是既要存在，又要有所为"（The artist's part is both to be and do）。另一位女作家盖斯凯尔夫人在《夏洛蒂·勃朗特传》中愤愤不平地写道，人们希望男孩"在生活中扮演一个积极的角色，要他有所作为（to do）；而女孩呢，只要活着就好了（while they are only to be）"。维多利亚时期女性主义代表人物芭芭拉·利·史密斯·博迪雄也发出了"我们需要工作"的呐喊，并给出了宗教上的理由：既然女子和男子一样，同是上帝的儿女，那么就应该承担对上帝的义务。上帝将人类送往人间，是要他们尽最大努力推动这个世界前进。这是神赋予人的使命，完成这一使命，是全人类的责任，不论你是贫是富，不论你来自哪个国家，也不论你是男是女。明了这样的语境，我们再看默里笔下的女性拓荒者，也许会添一分理解、敬佩和感激。

笨伞太太与提灯女神

为什么是 21 位杰出女性？默里说是基于个人喜好。不过作者有意避开南丁格尔，我还是颇感意外。她更愿意讲述玛丽·西科尔的故事，或许因为南丁格尔的话题过于熟悉，老调重弹没有新鲜感；或许因为西科尔乃平民出身，需要克服更大的阻力，不像南丁格尔出身显赫，天然有充足的资源；还或许在作者看来西科尔与南丁格尔的贡献不相上下，区别不大。著名历史学家西蒙·莎玛为BBC电台录制从公元前3000年一直演绎到20世纪的纪录片《英国史》，第13集取名"维多利亚和她的姐妹们"，讲到一部分女性在性别区分极为严苛的环境下敢于冲破束缚，追求理想，为社会贡献一己之力，也重墨突出西科尔的艰辛与努力，而几乎不提南丁格尔。

其实南丁格尔不应被忽略。她是一个很关键的人物，只要谈护理事业，谈女性的职业化进程，我们就没法绕开。最近正好读到她的一部分作品、传记和书信，我想在此多说几句。

默里认为，南丁格尔的家庭背景是她广积人脉、发挥影响的前提。但默里似乎没有意识到，淑女身份于南丁格尔，也曾构成巨大的阻力。家人听说她要去当护士，反应之强烈，反对之坚决，照南丁格尔自己的话，"仿佛我要去当一名厨娘"。

或许比厨娘更糟。研究19世纪英国职业化进程的专家W. J.理德指出，维多利亚早期，女子的职业选择十分有限，而且遭到歧视。倘若她有一点积蓄，可以开个小店，做点小买卖，但身份要比从前低一等。她可以写作，但女人当作家，绝不是风光的事。她可以进入演艺行业，但戏子的名声不好，只稍强于妓女。家政服务更没门，因为侍候人不是个体面活。总言之，中上流社会女子的职业通路"极少，不稳当，还随时可能惹来众人的非议和貌视"。体面人家的女子倘若不得不自谋生路，那"她就是怪人一个，众人眼中的非我族类，有类于我们今天的同性恋，属于让社会感觉不舒服、内疚、挨批评的，没什么建设作用的那一类人"。

至于护士，则几乎是最卑微最不入流根本谈不上尊严的行业。所以，凡从事这行的女子，均出身低微，且名声不好，十之八九酗酒成性。伦敦一家医院的护士长告诉南丁格尔，她所见的护士，"没有一个不是醉鬼，不道德的行为充斥着每一个病房"。

具体是一个什么形象呢？我们不妨参照一下文学的描写。狄更斯塑造过一个颇滑稽的人物，名唤甘普太太。Gamp 在英文里意指"旧伞"，尤指"笨重的大伞"，所以甘普太太其实就是笨伞太太。正如风灯是南丁格尔的象征，旧伞是甘普太太的符号。同一时代，同一行业，反差如此之大，恰好可以说明南丁格尔的功绩何在。

甘普太太在狄更斯的好几部小说中都出现过，我们来看她在《马丁·翟述伟》里一副什么尊容：她随身总携带着一把伞，"一副嘶哑嗓子，一双潮乎乎的眼睛，穿一件锈不拉几的黑袍子，因为爱吸鼻烟，把这袍子弄得更不像样。一张脸又红又肿，酒气喷人。……不管是给产妇接生，还是送人归天，都是一样的兴致盎然，饶有滋味"。此人只要有钱就捞，连丈夫遗体也拿来卖钱，对病人当然不可能有半点怜悯，别人是死是活，她毫不关心。病人在甘普太太的眼里，同没有生命的物件没有两样。她像"一位老行家凝神细看一件真赝莫辨的艺术品"一样，打量病床上受罪的年轻人，把他那"两只乱动的胳膊贴着身子按住了，要瞧瞧他一旦身亡，停尸待殓的时候该是什么样子"。狄更斯写甘普太太，用尽漫画笔法，可以说无一刻不诙谐，无一处不嘲讽。所以说，家境好的女孩当护士，那简直是有辱门风。南丁格尔的父亲几次就女儿是否适合从事护士职业广询意见，得到的全是否定的答案。

父亲极其重视女儿的教育,当然不希望女儿从事这样"低贱"的工作。说"极其"并非夸张,他确实是将自己生平所学倾囊相授。姐姐对学问兴致一般,作为次女的南丁格尔却学得津津有味,兴味盎然。她们不仅学习音乐、写作、各种现代语言,同时父亲还教给她们历史、拉丁文、希腊文和数学。南丁格尔16岁同父亲一起读希腊文的荷马史诗,后来她到欧洲大陆游历,遇上僧侣或修道士,倘若语言不通,就用拉丁文同他们交流。这样的文化修养,在所有英国女性中,绝对是凤毛麟角。优质的教育使她敏于观察、勤于思考、善于分析和总结,为将来她在护理事业开疆辟域打下了坚实的基础。

尽管家人强烈反对,南丁格尔依然认定护士是她毕生的事业,是上帝的神召,于是尽一切可能积累医疗和护理方面的知识与经验。1854年克里米亚战争爆发,给了她实践理想的机会。英法联军登陆克里米亚半岛,《泰晤士报》记者从前线发回长篇报导,讲述英国战地医院条件如何恶劣,护理人员怎样紧缺,伤兵又如何得不到照顾而大批死亡。报导刊出,伦敦民众哗然,迅即掀起风波,直接影响到政府决策。南丁格尔的挚友军务大臣希尼·赫伯特说服内阁主要负责作战的纽卡斯尔公爵,征得首相阿伯丁伯爵同意,请南丁格尔以"驻土耳其英军医院护理长"的身份率领38名护士开赴前线支援。

常人眼里的南丁格尔通常是在克里米亚战争中救死扶伤、夜晚手执风灯巡视病房的"提灯女神",或者是在伦敦圣多马斯医院创建护士训练学校、开创护理行业的先行者。

但这其实还只是南丁格尔的一个侧面。她抵达战场后,很快意识到英军问题重重:国内主管部门缺乏远见,准备不足;战场主事部门又被繁文缛节缚住了手脚,推诿责任,管理混乱,效率低下。于是,她定期向赫伯特写信报告前线情况,并就战时医疗用品的供给、运输、装卸、分配等各个环节该如何进行主动出谋划策。她甚至发现自己身兼数职:后勤、采办、厨师、护士、咨询、管理、外科助手,几乎涉及斯库台医院给养的方方面面,按她自己的话来说,护理倒成了她"被迫领受的职责里最不重要的一个"。

战争结束后,南丁格尔运用统计学知识分析在克里米亚医院收集的海量原始数据,寻找影响士兵健康的相关因素。她从宏观层面的医疗管理、医院建制、军医准入条件、军需物资供给、士兵的膳食与洗涤服务,到微观层面涵盖通风、水源、光照、下水道、环境清洁等细节在内的医院设计,条分缕析,展开论述,提出大量建议,最终形成篇幅长达565页的《关于影响英国军医院管理因素的札记》。南丁格尔从小热爱数学,后来又得到统计学先驱威廉·法尔的指点,善于运用一种色彩缤纷、半径不等、比统计数字更形象直观的扇形图表,让数学功底不强的人迅速把握其要旨。比如她分析克里米亚战争的士兵死亡率,读者一看图表就明白,恶劣的卫生状况是掠取伤兵生命、导致高死亡率的主因。她尖锐地指出,假如军医院的卫生状况得到有效改善和治理,会有一半士兵的生命免于牺牲,医院改革如箭在弦,不可不发。报告有理有据,立论严密,打动了包括女王在内的政府高层人员,使她倡议进行的军事医疗改革最终得到官方支持。当然,整个过程非常复杂,几经艰难与反复,南丁格尔倾尽全力，动用她可能动用的一切资源与人脉，最终推动了这场改革。据说几年后，一位美国卫生专家见到这本札记，感慨万千，说假如美国军方在南北战争中能照这份报告实施改革，将挽回几十万士兵的生命。

方才提到的札记，仅为其著述之一种。克里米亚战争后，南丁格尔选择了隐居生活，在健康状况糟糕的情况下，闭门谢客，笔耕不辍，撰写并出版了200多部书籍、报告和手册，内容涉及医疗、护理、公共卫生、济贫院等方面，积极、努力、坚持不懈地推动英国在公共卫生领域的改革。在这个意义上，说南丁格尔是颇有影响力的幕后政治家，也不算夸张。公共卫生领域的改进极大改善了国民的生活质量，使英国人的平均寿命从40岁延至60岁。默里说："南丁格尔和她的护士队除了在战斗趋于白热化的时刻给士兵以安慰和照顾，还能有更多的贡献吗？"这个评价显然有失公正。

1855年，被丈夫家暴对待却无法离婚的卡罗琳·诺顿夫人上书维多利亚女王，痛陈已婚女子完全没有法律地位，得不到法律保护的落后现实：英国妻子没有财产权，甚至她的衣服和首饰在法律上也不属于她自己，丈夫想拿走可以拿走，想卖就可以卖掉；妻子不能立遗嘱；她自己的劳动所得，不论是体力劳动挣来的工钱，还是智力活动得到的报酬，在法律上归丈夫所有；她不可以离开丈夫的家，但他有权搜查可能收容她的朋友或亲戚，迫令她回到自己身边；如果妻子不忠，丈夫可离婚再娶，但不管他道德如何败坏，行为如何放荡，妻子不可同丈夫离婚；只有生命或肢体受到威胁的情况下，妻子才可以申请分居；倘若分居，妻子便自动放弃对子女的抚养权，所以诺顿夫人自己的三个孩子遭丈夫绑架，生生与母亲隔离，既不许探望，也不让接近，其中一子因照顾不周病亡。英国上议院厅今天仍然高悬着一组寓言壁画，其中一幅名为《正义之精神》。据说画中的正义女神，模特就是这位饱受婚姻之苦而无法逃离婚姻最终奋起争取自己权利的诺顿夫人。画家丹尼尔·麦克利斯将她选为正义女神的化身，既是向她致敬，又颇有反讽之意，因为她的案例所体现的，恰恰是英国法律在性别上的极端不公正。诺顿夫人写这封信是在163年前，今天的女性已经在教育、就业、法律、政治等各个领域取得与男性相对（很遗憾只能说相对）平等的权利。我们享受的自由与平等，委实要归功于先行者的努力。没有她们，就没有我们的今天。

参与改变英国历史进程的，当然不止21位女性。读者如有兴趣，不妨听一听BBC四频道由默里主持的《女性时间》栏目，每期有不同的话题，也有不同的女主人公。这个栏目以坚持女性主义立场、追溯女性历史经验、关注热点女性话题为特色，吸引了众多听众。传记作家兼历史评论家萨拉·格里斯特伍德在推荐词里称赞默里"熔热情与质疑为一炉的风格"标志着"长期以来她对英国国民生活所做出的贡献"。此言不虚。

翻译这本书，缘起是钱满素老师的推荐。钱老师是国内研究美国文学和文化的重要专家，也是我在社科院外文所英美室很敬重的前辈。任务能如期完成，则要感谢李博婷博士的通力合作。博婷专精英国文学，中英文都很好，我们各自承担一半的篇幅，我译前10章，她译后11章，然后互相校对。也因为此书，我们得以结识东方出版社非常负责、经验丰富的黄珊珊编辑,曾就书名、体例、翻译细节反复商讨,在此一并致谢。

默里开篇将矛头对准维多利亚时期著名文人托马斯·卡莱尔,批评他所宣扬的历史观:"整个世界的历史,就是一部伟男子的传记。"我猜想她希望反其道行之,写一部女伟人小传。铸造历史,巾帼不输须眉,这篇译者随笔姑且就取名《女亦英雄》吧。